JN197905

ライブラリ 読んでわかる心理学 7

読んでわかる 児童心理学

藤本浩一・金綱知征・榊原久直 共著

サイエンス社

監修のことば

　本ライブラリは，心理学を初めて学ぼうとする方に，自学自習によって心理学がわかるテキストを提供することを目指しています。

　心の科学である心理学は，幅広いテーマの内容を多彩な研究方法を使って解明することで，日進月歩をきわめています。その結果，心理学に興味をもち始め，自学自習に取り組もうとする方にとって，心理学の各テーマを一通り学習しようと挑戦しても，その内容を理解することは難しいものとなってきました。

　このような現状のもと，「ライブラリ　読んでわかる心理学」は，多岐にわたる心理学のテーマに対応して用意された各巻を，それぞれ主体的に自学自習することによって，その内容を効果的に理解できるように編まれました。関心をもった巻から自習することで，心理学の基礎概念の意味やことがらの理解を深めることができます。また，興味をもって学習できるように，章の概要をはじめにまとめ，読みやすい日本語で記述するよう心がけました。さらに，学習成果を深められるように，章末には参照できる文献を紹介し，学習した内容を確認するための復習問題を掲載しています。

　大学や短大の授業で心理学を学ぶ学生のみなさん，自宅でテキストを用いて心理学を学ぶ通信教育部の学生のみなさん，さらに公認心理師，認定心理士，臨床心理士，心理学検定といったさまざまな資格・試験をめざすみなさんが，本ライブラリを自学自習の教材として積極的に役立てられることを願っています。

監修者　多鹿秀継

まえがき

　本書のねらいは，まずライブラリ名の通り本書を読めば児童心理学がわかることです。現代心理学では100年以上前から実験や調査を重ね，様々な分野に研究対象を広げて多くの成果が得られています。それらについてやさしく解説することは必ずしも容易ではありませんが，この本を足掛かりにしてさらに興味を持ったならば，別の本も「読んでわかる」ようになっていただければ嬉しく思います。

　次に，学ぶ楽しみ，つまりわかると楽しいということを念頭に置きました。誰でもわかると楽しく，学習にやる気が出てきます。ADHD傾向のある男子中学生を研究室で検査したときのことです。付き添いのお母さんや塾の先生が解けなかった問題を，ヒントを与えられながらでも解けたときに，彼は両手を挙げてバンザイしました。日頃勉強がはかどらないことから逆に勉強なんてと軽視していた彼にとって，勉強っぽい問題ができたことはよほど嬉しかったのでしょう。このように，わかることは私たちに喜びをもたらします。実は生後6週の赤ちゃんの微笑は，因果関係を理解できたときの喜びを表しているという説があるくらい，私たちにとって理解することはより基本的な欲求と結びついています。

　3番目には応用です。この本を手にした皆さんは，学ぶとはどんなことか，すなわちどのような学習観をお持ちですか。もしかしてこれまでの学習経験から，勉強とはどこかにある答えを覚えることだと思っていませんか。資格試験や単位を取るためにはそれも必要でしょう。確かに心理学にはいろんな実験・観察・調査や専門用語が数多くあります。しかし，それらを覚えるだけでなく，積み上げられた成果を応用して新しい答えを導き出すことこそが学ぶ目的なのです。特に本書の後半では児童臨床やいじめの問題が取り上げられています。皆さんには，教育現場や子育てで答えのない問いにぶつかったときに，考えるための枠組みとして本書を役立てていただければと思います。

著 者 一 同

目　　次

第12章　学校における人間関係　　215

第13章　い じ め　　233

第14章　不 登 校　　255

第1章

子ども理解のサイエンス

　児童とは通常 6 歳から 12 歳までの小学生の子どものことを指します。本書ではもう少し年齢幅を広くとって，子どもの誕生から思春期の到来までを視野に入れて，子どもとは何か，子どもをどう育てるかについて，考える枠組みを提供します。

　この章では成長発達する子どもを，まず生物学的な存在として，ほとんど生まれつきの豊かな能力や特徴があることについて，従来の研究を紹介します。次に，社会的な存在として子どもが多くの関係性の中で生きていることを確認します。

1.1　生物としてのヒトと社会的存在としての人

　子どもについて学ぶ学部・学科に進学した学生に志望動機を尋ねると，まずは子どもが可愛いからと答えます。確かにこれは幼児教育を志す上で大切なことですが，では子どもはどうして可愛いのでしょうか。オノマトペ（擬声語・擬態語）の繰返し語としては「ガンガン」や「ざわざわ」などがありますが，可愛いものには，ふわふわ，つるつる，てくてく，よちよちなどが挙げられます。これらはすべて赤ちゃんに通じる語ですね。赤ちゃんは柔らかくて丸くて小さく，ひ弱だからこそ，私たちは可愛いと思ってしまいます。

　ヒトに限らず子犬や鳥のヒナもやはり可愛いもので，幼体は親に可愛いと思わせる生物学的な特徴を持っています。赤ちゃんや子犬やヒナは，成体に比べて前額面が傾斜し，頭頂部が突き出ていて（図 1.1），これをベビーシェマと呼びます。赤ちゃんの側から積極的に「私可愛いでしょ，大切に育ててね」というメッセージを親に送っているようです。加齢とともに顔がやや上向き加減になってきて可愛さが必要なくなります。また，若い女性はどうでしょうか。同年齢の男性に比べて童顔，肌が柔らかくきれい，ぽっちゃりしている，比較的小顔など，大人として成熟しているにもかかわらず赤ちゃんに通じる可愛さがあることから，一種の「幼形成熟」といわれます。若い女性が可愛いことは，子孫を残すための生物学的な戦略ともいえるでしょう。

　さて，周りの世界がどうなっているかを見たり聞いたりして知る働き，すなわち認知はどのように発達するのでしょうか。1960 年頃の教科書には新生児は満足に目が見えず耳も大きな音にわずかに反応する程度で無力な存在だと記されていたようですが，その後の研究で生後直後に赤いボールを目で追ったり，耳も掃除すればちゃんと聞こえているなど，赤ちゃんが実は有能であることが多くの研究により明らかになりました。といっても，鳥の刷り込み（インプリンティング；図 1.2，図 1.3）と同様に，環境からの刺激づけがあってこそ生まれつきの能力が十分に発達することは言うまでもありません。

　ベビーシェマは赤ちゃんが親のこころを動かす例ですが，分娩も赤ちゃんがきっかけを与えます。脳内の視床下部で作られるオキシトシンというホルモン

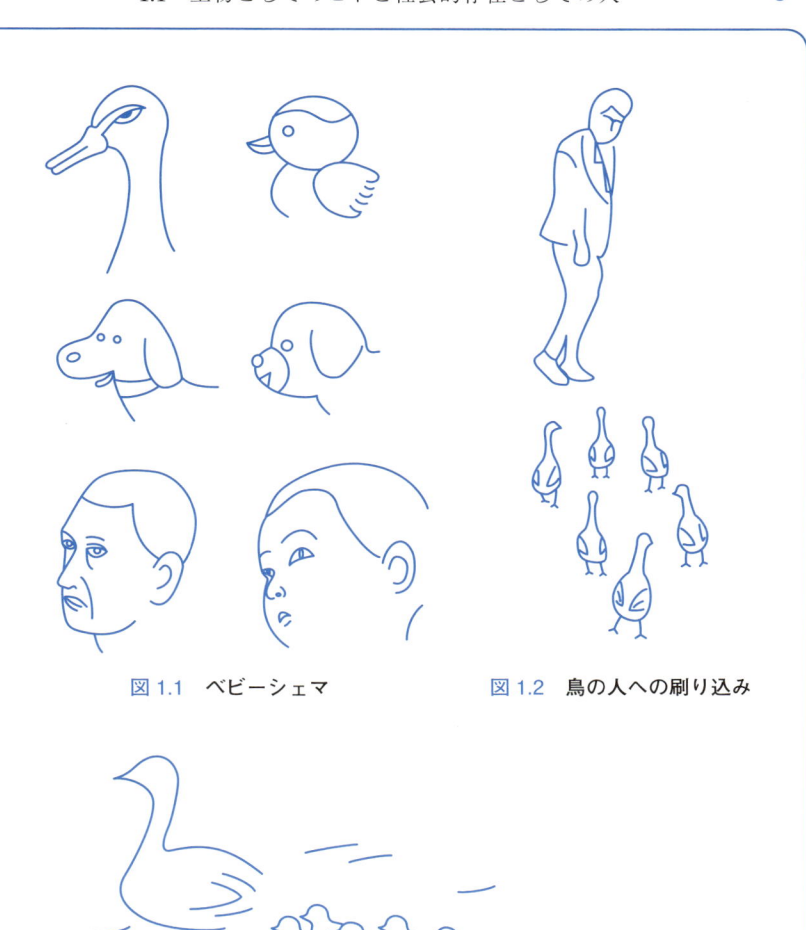

図 1.1　ベビーシェマ　　　　図 1.2　鳥の人への刷り込み

図 1.3　鳥の刷り込み

離巣性の鳥のヒナは生後すぐに見た動くものを親として認識し，後追い行動をする
ようになります（刷り込み）。通常，後を追う対象は本当の親ですが，動物行動学
者ローレンツは自分を対象としてヒナに刷り込みを行いました（図 1.2）。刷り込み
は生後一定期間を過ぎると機能しなくなります。この学習可能な期間を臨界期と呼
びます。

には子宮筋の収縮を促す作用があり，分娩初期には胎児のストレス反応に誘発されて分泌することが知られています。お腹の赤ちゃんがもう出て来たいとサインを出してからお母さんが産むのです。

オキシトシンは母乳の分泌を促したり，母性行動を誘発したりする作用があり，子どもの側からも母親のにおいを嗅ぎ分けたり，愛着を示したりすることに貢献します。オキシトシンによって母子間の絆が強まり，雌雄（男女）のペアが認識し合い，互いが結びつくことに喜びという報酬を与えます（永澤ら，2013）。こうしてみると脳内物質の分泌など生理的なメカニズムが母子を結びつけ，赤ちゃんを社会的存在へと駆り立てているといえます。

母子が互いに関心のある同じものを同時に一緒に見る「共同注視」，時間をおいて見る「共同注意」や，互いを模倣する行為は，私たちが社会的存在であることの証です。人はその後の長い養育期間において，家族の中で，学校で，さらには社会・文化との相互交渉を通じて，社会的な刺激を受けて成長発達していきます。

1.2 子どもの社会的感性

新生児に2種類の図形を見せる実験を行うと，直線的な図形よりも曲線的な図形を好み，ランダムな図柄よりも顔のような図柄の方を好みます（図1.4）。こうした「人」への選好は生後数日から見られるので，やがて視線を検出できたり養育者と注意を共有できたりするまでに発展する過程が，生得的なシステムであるかのようです。他方で，新生児は顔そのものでなくても上半分に要素が集中する図柄なら十分好みを示すことなどから，生き物（？）の刺激への選好（図1.5）という初期の偏りが，その後繰り返される経験によって養育者の容貌や人種などの好みに特殊化していくとも考えられます。遠藤（2013）は，自閉症児が乳児期から人への興味が乏しく，養育者との共同注意（表1.1）が弱いという点について，それが生得的であるとの前者の立場を紹介した上で，もしも後者の経験と学習を重視する立場ならば，と議論を続けています。すなわち，自閉症の素地のある子どもが元々人への興味が乏しくて養育者と視線を

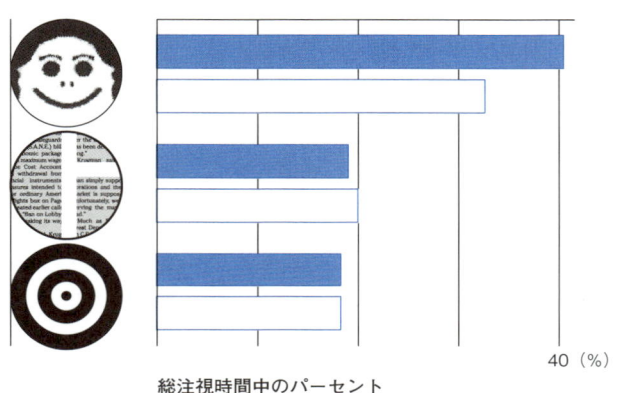

総注視時間中のパーセント

図 1.4　乳児の顔図形の選好（Fantz, 1961 より）

2, 3 カ月児（上段は 2, 3 カ月児，下段は 3 カ月児）は単純な図柄よりも顔図柄を長く見ました。

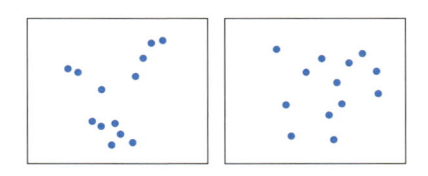

図 1.5　生物的動き（Simion et al., 2008 より）

生物的動き（雌鶏の動き：左）と非生物的動き（右）の光点のアニメーションを新生児に見せると，左への注視時間が長くなりました。

表 1.1　社会的関係の発達

二項関係	他者（養育者）と子どもの相互的コミュニケーション関係
三項関係	生後 9 カ月頃から相互交流に自他以外のモノや人が導入される
共同注意	子どもが他者と同じ対象に注意を向けること
社会的参照	対象への養育者の情緒的反応を見て，子どもが対象を評価する

合わさず，相互交渉について拒否的で社会的な刺激を受けることが少ないと，社会的存在であるための学習の機会が奪われて，結果的に社会性が乏しくコミュニケーション不全に陥るというのです。

　従って自閉症児に限らなくても，子どもの社会性を引き出すためには養育者は「人」として魅力的な方が良さそうです。赤ちゃんは養育者が魅力的だから繰返し注意を向けて他者との相互交渉を学習し，やがては視線や情動を共有できるようになります（図 1.6，図 1.7，表 1.1）。実際に，ほとんどの親は可愛い我が子に対して魅力的に振る舞おうとします。母親も父親もあやしたり笑いかけたり，赤ちゃんが笑ってくれるまで努力を惜しみません。そして赤ちゃんの笑顔が再び養育者の魅力を引き出すという良い循環が生まれ，その中で私たちは他者の存在を自分に取り込みます。

　教育についても同様のことがいえるのではないでしょうか。教育とは教え込むことではなく，魅力的な教材と教師が元々の子どもの準備性に働きかけて子どもの興味を引き出し，経験による学習を促すことと考えられます。

1.3　子どもを取り巻く環境

　子どもは家族・学校・地域・職場・社会・文化といった社会的な関係の中に人として存在します。個人は直接集団と関係し，集団は社会の中に位置づけられます。旧ソビエト連邦出身のアメリカの心理学者ブロンフェンブレンナー（Bronfenbrenner, U., 1996）は，子どもを取り巻く環境を以下の 4 つのシステムに分けました（図 1.8）。まず家族や学校などで直接経験する人間関係であるマイクロシステム，次にマイクロシステム同士の関係としてのメゾシステム（例えば家族と学校，地域と職場の関係など）です。3 つ目は子どもが直接関係しない外部の事柄であるメディアや教育の仕組み，夫婦関係などのエクソシステム，そして全体の底流で個人の信念の基礎となる文化や社会通念というマクロシステムです。私たちは自他共に直接・間接に相互に影響し合って暮らしているのです。

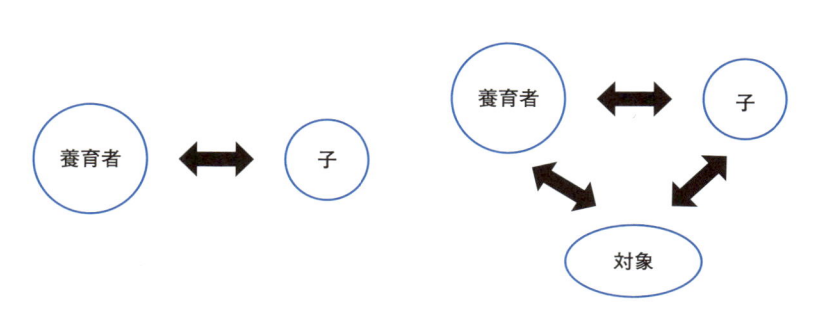

図 1.6　二項関係
養育者と子どもが対面して交流を図ります。

図 1.7　三項関係
自他以外にモノや人が相互交流に引き入れられます。

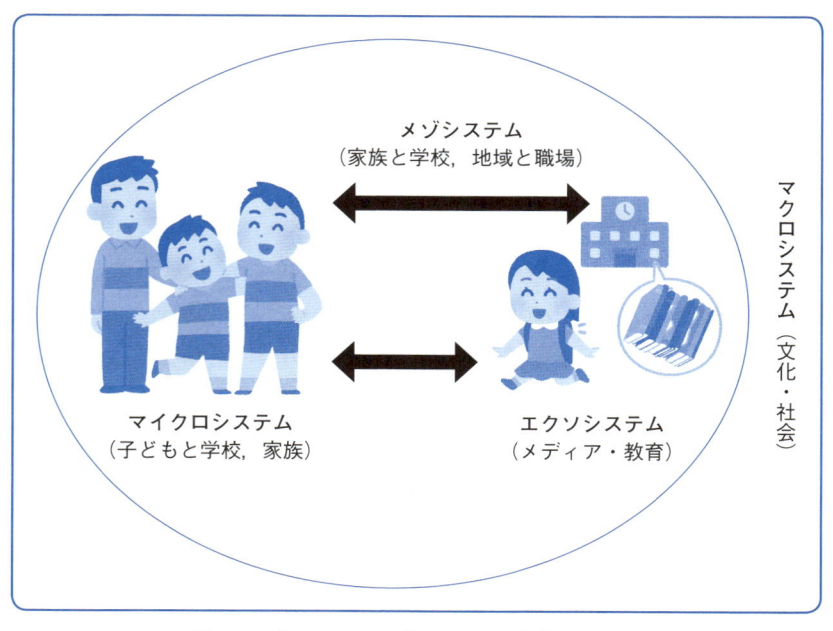

図 1.8　ブロンフェンブレンナーの環境システム

1.3.1 家族と子ども

　寂しく心細いとき，誰かとくっついていたくなる，こうした情緒的な絆をボウルビィ（Bowlby, 1969）はアタッチメントと呼びました。これは愛着と訳されていますが，「愛」というよりも一人で抱えきれない不安や恐怖や痛みを重要な他者と分かち合い軽減させることです（図1.9）。

　子どもは養育者との十分な相互作用を経験し，応答的な人間関係を築くことができると，「他者は自分を助けてくれて，自分はその援助に値する存在である」という筋書き（スキーマ）や台本（スクリプト）を持ち，後の人間関係も円滑に進みます。他方，もしも母子関係が醒め切っていると，子どもは新たな対人関係に出会ったときに，「人生は自分で切り開くもので人は助けてくれない」という信念を持つでしょう。このように乳幼児期の養育者との経験によって，世界や他者と自分の関係をこころにイメージすることを，内的ワーキングモデルと呼びます（Bowlby, 1973）。

　子どもは養育者から受け取るばかりでなく，子どもが親に影響を与えることがあります。遠藤（2013）はアタッチメント研究を概観して以下の事柄を紹介しています。最初は愛情豊かな母親でも発達障がい児を育てる難しさで次第に冷静になり，結局乳児は回避タイプに向かうことがあるようで，そうならないように母子関係を良い方向に導く意識的努力が必要でしょう。

　また，アタッチメントの個人差はほとんど遺伝によらないことや，さらに，来談者中心療法で有名なロジャーズ（Rogers, C.）の優しく肯定的な人格は，安定したアタッチメントに由来するとか，修道女の自伝調査では幼少期を楽しみや喜びといった肯定的なことばで回想した者は，恐怖や不安等のことばを用いた者に比べて長寿である，などが示されています。また，幼少期の対人的な経験はその後の生活の満足度に影響するため，思春期以降の愛着についても研究されています（George et al., 1984）（表1.2）。愛着形成について肯定的なシナリオを身につけることが大切で，親子関係に限らず，成人女性が失恋して男性不信に陥っても，リカバリーのチャンスはめぐってくるはずです。

　親の養育態度が子どもの性格に影響を及ぼすことはよく知られています。島（2014）は大学生191名に質問紙調査を行い，親の養育態度をケアと過保護の

図 1.9　アタッチメント

表 1.2　青年期・成人期の愛着 (George et al., 1984)

軽視型（A）	初期の愛着経験の影響を軽視し，親を理想化・正当化し，記述と記憶に矛盾がある。
安定／自律型（B）	愛着経験の重要さ・影響を認識し，親との関係を客観的に矛盾なく記述し評価できる。
とらわれ型（C）	過去の愛着経験にとらわれ，両親へ混乱，揺れ，怒り，受動性がある。
未解決型（D）	愛着関連の心的外傷があり，未解決で，喪失・虐待を語る際の沈黙，否認の失敗など。

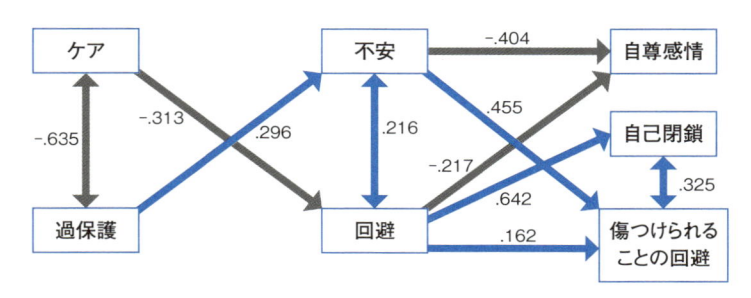

図 1.10　親の養育態度の認知と子どもの社会的適応の関係 (島, 2014)
数値は因果の大きさ・強さの推定値を表します。

2 要因からの評価と，自身の社会的適応とがどのように関係するかを調べました。結果は図 1.10 の通り，ケアを十分受けたという認知は自尊感情とつながり，過保護は不安や傷つけられることの回避と関係しました。このように親からケアを受けたという認知がこころの安定に役立っているといえるのです。

1.3.2　公教育と子ども

　家庭では元気でよくしゃべるのに，園や学校では無口でおとなしい子どもがいます。本人にはそれなりの事情があるでしょうから，よく理解してあげて家庭と学校それぞれの集団間の連携を図るとよいでしょう。

　養育者によって幼児教育に求めるものが異なります。小学校の準備のために数字や文字を教えてほしいとか英才教育を施してほしいなどの声があり，とりわけ私立幼稚園では保護者からの要求に敏感なようです。しかしながら一斉に盛りだくさんの情報を教え込むやり方で果たして子どもの能力を十分に引き出すことができるのでしょうか。内田（2016）は，国語・算数・体育などの小学校教育を先取りした一斉保育を行っている幼稚園・保育園の園児に比べて，自由遊びの時間が多い自由保育の園児の方が，かえって語彙力が高いことを示しました（表 1.3）。なお語彙力は，4 つの絵の中から問題の単語に最もふさわしい絵を選択させるという絵画語彙検査で調べられました。

　内田は続けて，命令や禁止による強制型のしつけよりも，親が子どもを尊重し，自由な雰囲気で一緒に遊ぶ共有型しつけで育った子どもの方が，小学校に入っても主体的・自主的に学ぶことを指摘しています。

　一概に幼児早期教育が悪いわけではありませんし，私たちは知識を身につけてこそ推論や類推が可能になるので，子どもの社会化には知識獲得が不可欠です。ただ，本格的な知識教育の前に実体験・工夫・類推など必要なことを「遊び」や交流から習得することが大切なのです。そして何よりも楽しんで行うことで学習が定着することが脳科学の研究からもわかっています。

　小学校に入れば習得すべき知識が増えてくるので，自由に好きなものだけ勉強するというわけにはいきません。かといって興味・関心を無視して教え込んでもうまくいかないでしょう。これは教育の方法として，従来から，ある程度

コラム 1.1　語彙の発達と習い事・しつけ・保育形態

　幼児が事柄を表現することばをどれだけ多く持っているかという語彙力について，内田・浜野（2012）は，習い事との関連を検討しました。その結果，習い事をしている子どもの方が語彙力得点が高かったのです（表1.3）。幼児教室でことばや問題の解き方を教えられたから語彙が増えたのでしょうか。内田らは，学習系と芸術・運動系の習い事の間で語彙力の差がなかったことから，文字・数字を習わせたせいばかりではなく，日常と異なる場面で先生などの大人たちのことばを聞き，そこに集まる子どもたちと会話する体験を通じて，コミュニケーションが豊かになったと解釈しました。多くの人と話す機会を設けて様々な体験をすることが有用なのです。

　次に彼女らが語彙力と親のしつけについて調べたところ，語彙得点が高い子どもは「共有的しつけ」を受けており，低い子どもは「強制的しつけ」を受けていました。

表1.3　幼児期の語彙力得点と習い事などの関連（内田ら，2012より作成）

種　別	語彙力得点　高群	>	低群
習 い 事	学習系，芸術・運動系	>	なし
し つ け	共有的	>	強制的
園 の 方 針	自由保育	>	一斉保育

　「共有的しつけ」とは，親子のふれあいを大切に，子どもと楽しい経験を共有するという考えのしつけ方で，高所得者に多く，または低所得層でも家庭の蔵書数が多いと子どもの言語・語彙能力が高くなります。他方，罰を多く与えて子どもの行動を規制しようとする「強制的しつけ」では，3歳から5歳を通じて語彙得点がやや低い傾向がありました。しっかり育てようという親の思いとは裏腹に，厳しい家庭の子どもは言語表現も抑制されかねないのです。

　幼稚園や保育園での方針も子どもの語彙力の発達に影響しそうです。彼女らの調査結果によれば，小学校の学習を先取りして訓練し教え込む一斉保育の園よりも，自発的な遊びを大切にして自由遊びの時間が長い子ども中心の自由保育の園の方が，子どもの語彙力が高かったのです。幼児早期教育の功罪はいろいろとありますが，自分で考え工夫する幅を持たせることの方が，子どもの将来にとってはメリットが大きいといえるでしょう。

の内容範囲を系統立てて教える系統学習と，問題の解決を自分で見つけ出す努力をしてこそ学習が身につくという問題解決学習の対立として議論されてきました。前者は知識偏重として批判され，また，後者は手間がかかって効率が悪いなどと言われました。このような論争は何度も形を変えて登場してきました。

市川（2008）はこうした対立を解消できる「教えて考えさせる授業」を提唱し，興味・関心を引き出す自発的な学習といっても無から有は生じないとして，ある程度の事柄を教える知識教育を前提にしています。そして「教える」時間と「考えさせる」時間を区切るだけでなく，教えられた事柄をどれほど理解できているかを子ども自らがチェックするメタ認知を強調しました（表1.4）。

大切なことはすでに獲得した知識と新しい知識を関連づけ，少し難しい内容なら軽い・重いヒントを与えて後押ししてあげることだと考えられます。そのためには，子どもの学習状態についての感受性が求められます。子どもが大人になる社会化への道には，他者と交流して学ぶことや学校教育で習得することなどが数多くありますので，幼児期からの教育もその流れの中で考えていきたいものです。

1.3.3　社会・文化の中の子ども

個人の発達は所属する社会・文化の影響を受けます。日本の保育園・幼稚園では幼い子どもたちが円になって座り，廊下ではきちんと並びます。大勢の他者を基準にして自分を合わせ，みんなで何事かを成し遂げようとする姿勢が，今日の日本の繁栄をもたらしたことに間違いはないでしょう。しかし，日本人の横並び意識である相互協調的価値観がマイナスに働くこともあり，他者の目を気にするあまり子育て不安が増大するという指摘があります。個人の価値観を抑えて周りに従おうとする日本人の特徴は，正義感を理解できるはずの中学・高校生になってもいじめの傍観者が減らないという傾向を生み出します。日本の教育は総じて世界に称賛されています。文化は大きな枠組みですので，不都合な一部分だけを取り換えることは難しいでしょう。

表 1.4　**メタ認知の分類**（三宮，2008 より作表）

メタ認知的知識	人間の認知特性についての知識	個人内：英語は得意だが算数（数学）は苦手だ
		個人間：A さんは B さんより理解が早い
		方略：好きなものは勉強がはかどる
	課題についての知識	難しい問題は時間がかかる
	方略についての知識	内容：（どのような方略か）
		手続き：（その方略はどう使うのか）
		条件：（いつ使うか，なぜ使うか，どんな効果があるか）
メタ認知的活動	メタ認知的モニタリング……認知についての気づき・予想・点検・評価など	
	メタ認知的コントロール……目標設定・計画・修正など	

1.4　子どもの教育と支援

1.4.1　メタ認知

　後の章で述べますが，目や耳で受け取る感覚に基づいて理解・判断・推論することを認知といいます。さらにどのように認知するかといった，認知を対象化することを**メタ認知**と称しています（**表1.4**）。メタ認知には知識やモニタリング，コントロールがあり，子どもが自律して問題を解決していく上で必要な事柄ですので，それらを獲得できるように支援します。例えば記憶に弱さがあるお子さんには，記憶力そのものを鍛えることは難しいので，記憶の仕方つまりメタ認知的な知識を教えます。すぐに感情的になるお子さんには，自分がどうなっているのかという**メタ認知的モニタリング**を練習し，行動をコントロールする仕方を学んでもらいます（**図1.11**）。

1.4.2　行動変容を促す方策

　経験による行動の永続的変化を学習と呼びます。勉強だけでなく生活習慣の獲得などもすべて学習の結果です。子どもの行動をより良い方向に導くための学習については後の章で取り上げます。後ろ姿で示すモデリング，説明して納得してもらうなど，ほめる・叱るという基本のほかにも方法があります。

1.4.3　通訳であり，媒介者であること

　子どもは教材やメディアなどを通じて社会・文化的な産物を手に入れます。しかしテキストやテレビ放送があり，図書館があっても，そのままでは消化不良になる場合がありますので，子どもにかみ砕いて与える工夫が必要です。その意味で親や教師は自覚的な**媒介者**といえます。子どもは親・教師・同胞を通じて様々な事柄を獲得します（**図1.12**）。

　また，発達障害児の支援という点からは，例えば自閉症の世界と健常の世界をつなぐ通訳の役割が求められます。健常児の世界では「親切にしてもらったら有難うと言う」と自閉症児に伝える，あるいは自閉症児は「挨拶のことばを投げかけて返答しなかったとしても，それはあなたが嫌いだという意思表示で

図 1.11　成績が良くなる要因

図 1.12　子どもと環境をつなぐ自覚的な媒介者

はない」ことを健常児に伝える通訳がいると，互いに共存できるでしょう。

参 考 図 書

遠藤 利彦（2013）.「情の理」論──情動の合理性をめぐる心理学的考究──
　　（pp.94，第 4 章他）　東京大学出版会

数井 みゆき・遠藤 利彦（編著）（2005）. アタッチメント──生涯にわたる絆──
　　ミネルヴァ書房

矢野 喜夫・岩田 純一・落合 正行（編著）（2016）. 認知発達研究の理論と方法──
　　「私」の研究テーマとそのデザイン──　金子書房

ローレンツ，K. 日高 敏隆（訳）（2006）. ソロモンの指環──動物行動学入門──
　　早川書房

復 習 問 題

1. 赤ちゃんにとって魅力的な人とはどんな人でしょうか。
2. 内的ワーキングモデルは誰によって作られるでしょうか。

コラム 1.2　アタッチメントの個人差

　母子間のアタッチメントの個人差を，エインズワースら（Ainsworth, M. D. S. et al., 1978）はストレンジシチュエーション法という連続実験状況で調べました（表 1.5）。まず場面 1（図 1.13）では玩具のある部屋で 1 歳半前後の子どもが母親と一緒にいて知らない女性が入ってきます。その後母子と未知の女性が入れ替わり出入りし，母親との別離や再会時の子どもの様子を観察します。

　その結果，最も多かったのは，母親と一緒で元気に遊び，母親がいなくなると突然泣き出し，母親が戻ると落ち着きを取り戻すという（B）安定型でした（66％）。次は（A）回避型（22％）で，母親が去っても平気で遊び続け，戻ってきても無視し遠ざかろうとしました。第 3 の少数派は，母親が去った後に動転して泣き叫び，母親が戻ってきてあやしても機嫌が直らない（C）アンヴィバレント型（12％）でした。（A）や（C）に比べて，（B）の安定型は，母親への基本的信頼感が確立されていますが，各タイプの比率は国や文化によって異なります。後に（D）無秩序型という親に接触を求めながら回避する矛盾した行動や不安を示すタイプが加わりました。

表 1.5　ストレンジシチュエーション法の 8 場面

場面	母親	子	女性	場面	母親	子	女性
1	○	○	○	5	○	○	×
2	○	○	×	6	×	○	×
3	○	○	○	7	×	○	○
4	×	○	○	8	○	○	×

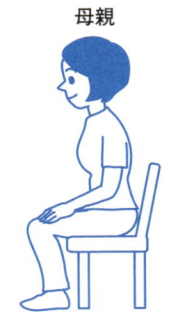

図 1.13　ストレンジシチュエーション法での母子と女性

第2章 発達の理論

　赤ちゃんは生命をつなぐ使命を帯びてこの世に出てきます。新米の親は「生まれてくれて有難う」と声をかける一方で、赤ちゃんには赤ちゃんの事情があります。世界がどんなものか、どうやって生きていけばいいのかわからず、また、自分という意識もありません。

　赤ちゃんにとって主たる養育者は、見知らぬ世界の中で自分を理解し援助してくれる大切な人です。ベビーシェマのようにその人に可愛がられる特徴を発揮して、未熟な自分を養育してもらいます。赤ちゃんの笑顔は母性を引き出し、赤ちゃんの方からも親に愛着を深めて、こころの絆をつくります。

　情緒的なつながりだけでなく、赤ちゃんはこの世界はいったい何なのか、見るもの聞くもの触るものについて知る必要があります。そもそも何も知らない状態からどのように知る状態になるのでしょうか。知る・理解する・判断する・推論するなどの頭の働きを心理学では認知と呼んでいます。この章ではまず認知の発達について代表的な理論を見ていきます。

2.1　ピアジェの認知発達論

　私たちは自分の知らない事柄に出会ったときに，まずは自分の知識を当てはめようとします。しかし見聞きする新しい経験がその理解と食い違ったら，「おや，おかしいぞ」と解釈を修正して別の理解を得ます。例えば，もしもアマゾンの奥地の人にテニスラケットを見せたら，魚を捕る網と思うかもしれません。やがてテニスラケットで遊んでいる人たちを目にしたら，なるほど遊び道具か，とわかるでしょう（図 2.1）。

　スイスの発達心理学者ピアジェ（Piaget, J., 1896-1980）は，人が知らないことを知るようになる過程を，同化，調節，均衡化ということばで説明しました。先の例でいうと，見たこともなかったテニスラケットを魚を捕る網だと考えることは，未知の対象をそれまでの理解の枠組みに当てはめる作用です。これを同化と呼びます。また，遊び道具だと気づいたように，解釈と現実との不具合が生じたために対象の性質に応じて自分の理解を修正しました。これを調節と呼びます。そして同化と調節を繰り返しながら一定の理解に達することを均衡化と呼んで，ひとまずこれで理解が落ち着いた状態になります。私たちはこうして自分なりに世界を理解し，適応していくのです。

　赤ちゃんと大人では，当然ながら理解の中身が違います。その発達はどのようなものでしょうか。ピアジェは単に知識量が増えるなどの量的発達ではなく，赤ちゃんや幼児，大人のそれぞれの理解の枠組みが新しく作られ，発達するという認知の質的発達を考えました。認知は哲学的には認識と言い換えられるので，ピアジェの説は発生的認識論と呼ばれます。

　赤ちゃんは削った鉛筆について，先の尖ったところが指に当たると痛い，手で何とかつかめる，という自分の感覚や手の運動という枠組みで理解しています。私たちは鉛筆とは真ん中に鉛の芯が通っているもので，また，筆記具に分類されるという抽象的な概念操作を行います。このように各段階で理解の枠組みは異なり，それに応じた段階の名称がつけられました。ピアジェは綿密な観察と実験の結果，表 2.1 のような認知発達段階を提唱しました。

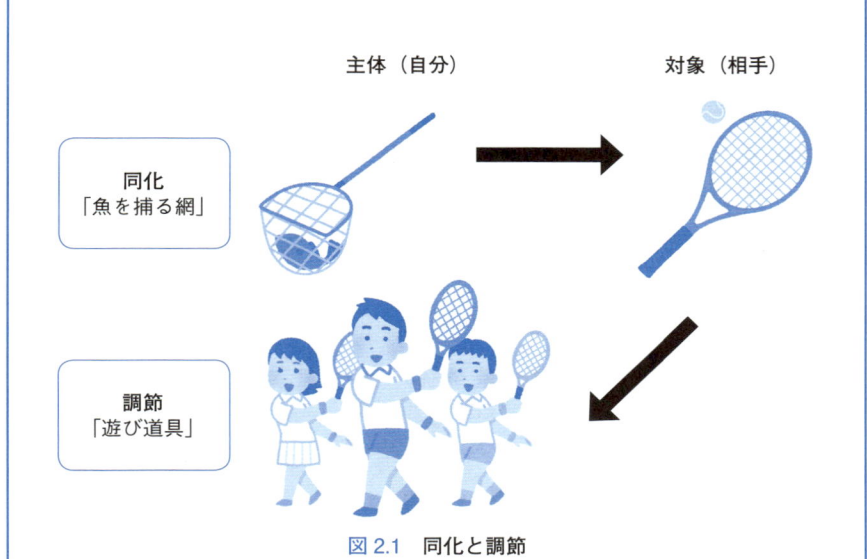

同化
「魚を捕る網」

調節
「遊び道具」

図 2.1　同化と調節

表 2.1　ピアジェの認知発達段階

名称	時期	内容	特徴
感覚運動期	0 歳〜1.5, 2 歳	痛い・すべすべなどの感覚とつかむ離すという運動で理解する。	循環反応, 指しゃぶり。
前操作期	1.5, 2 歳〜7, 8 歳	イメージや不確かな印象で理解する。	ごっこ遊び, アニミズム。
具体的操作期	7, 8 歳〜11, 12 歳	具体的なことなら論理的に考えられる。	保存概念の獲得。
形式的操作期	12 歳以降	抽象的なことを受け入れ, 体系的に考える。	算数から数学に。方程式など数式の理解。

2.1.1　感覚運動（的知能）期

　まず，誕生から1歳半ないし2歳までは**感覚運動（的知能）期**と称し，手で触ったり口に入れたりした感覚や，赤ちゃんができる範囲の握る・離すという運動動作によって，対象がいわば命名されます。赤ちゃんは感覚と運動という枠組み（**感覚運動的シェマ**）で対象を理解しようとします。赤ちゃんが何でも口に持っていくのは，目の前の対象が口の中や唇でどのように感じられるかを調べようとしているのです。

　感覚と運動を使って初めてわかる試行錯誤の段階から，見聞きした対象の表象を作れるようになると，実際に手を出さないでも対象を眺めただけでわかった気になります。**表象**とは，目の前の対象（presentation）に対応する頭の中の代理物（re-presentation）です（**図2.2**）。私たちは目の前にリンゴがなくても赤く黄色いリンゴの映像的な表象が想起できますし，リンゴは果物に分類されて産地として青森県を連想するなど，概念的な表象も持ち合わせています。ピアジェは1歳半頃に表象ができるとともに，やがて次の段階に移ると考えました。

2.1.2　前 操 作 期

　1.5，2歳から7，8歳までは，対象を形や長さなどの見た目で判断する段階で，頭の中で論理操作できる前の段階という意味で，**前操作期**といわれます。対象に手の届く範囲まで近づいて自分の感覚や運動を使わなくても，少し遠くから見たり聞いたりして対象の表象を作って理解する方が，世界の理解がより広がります。その一方で，見かけで判断することは次の段階のことばによる理解よりも様々な不正確な面があることを，ピアジェは子どもにインタビューしたり実験したりして示しました。

　中でも2歳から4歳は**象徴的思考**の時期で，科学的根拠のない見かけからくる印象で物事を把握しようとします。これらの特徴を否定的にとらえず，この時期に小石をあめ玉に見立てるなどたくさんの**ごっこ遊び**を行い，ファンタジーを膨らませることが，豊かな成長・発達につながります（**表2.2**）。

　4歳から7歳にかけて，ことばが発達して考えがまとまりますが，論理的な

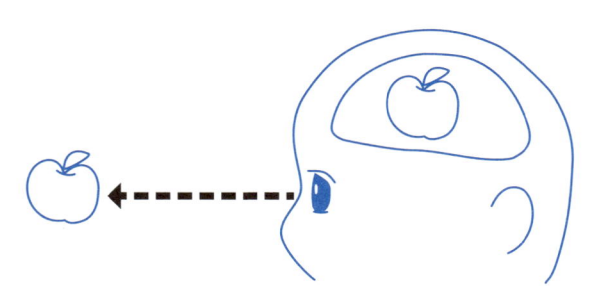

図 2.2　表象

視覚的イメージ，音声表象（「リンゴ」）など，脳内の現実の代理物を表象（re-presentation）といいます。

表 2.2　子どもの因果認識（波多野，1966 より作成）

種別	質問の例	第1期 5〜6歳	第2期 7歳〜	第3期 10歳前後
実念論	人はどこで考える？	口で考える，耳で考える（思考を声と同一視）。	頭に指をやれば考えが触れる／外から空気が入ってくる。	11歳以降，正答をよどみなく言える。
	夢はどこから来るの？	夢は外から来て外で行われる（夢と現実を混同し，夢を物質化する）。	夢は自分から出るが自分の外にある（矛盾，二律背反）。	夢の内的なもの。目の中や頭の中に現れる。
汎心論（アニミズム）	○○は生きている？	太陽は我々を照らすから生きている／山は何もしないから生きていない（人間中心で目的論的）。	動くものは生きている，風・川・雲・波・草。	第3期：自力で動くものは生きている，第4期：動植物。
人工論	雨はどこから／どんなもの？	雨は天からの水，神様が降らせる（神様は？）大人の人。	雲は降りてきて水を吸って，雨を降らせる。	雨は空気が水になる。
	川や湖はどうしてできた？	大人が掘って水を注いだ／神様のおしっこ。	職人が掘って水を引いた。	地理的説明。

判断はまだ難しく，**因果関係**を科学的にとらえられません。また，ピアジェ
は巧みな保存実験で，見た目で判断する曖昧さを明らかにしました（**図 2.3**）。
液量の保存課題では，幼児の目の前で 2 つの同形のコップに同量の水を注ぎ，
同じであることを確認させた後で，一方を形の違う容器に移し替えて，どちら
が多いか，両方一緒かと尋ねました。すると 3，4 歳児は細長いコップの方が
多いとか，平たい容器の方が多いと答え，理由を聞くと，高さが高くなったか
らとか，底辺が広くなったから，などと，見かけに惑わされてしまいます。7
歳頃になると，高さが高くなった分，底面積が小さくなったから（＝**相補性**），
元に戻せば同じだから（＝**可逆性**），元々同じだったから（＝**同一性**）と判断
できて，見た目が変わっても数や量は変わらないという**保存概念**を獲得します。
前操作期の幼児は非保存の状態にいます。ただし後の研究から，子どもはピア
ジェの実験で示された年齢段階よりももっと早く現実的な判断ができることが
示され，ピアジェは子どもの能力を過小評価していたという批判があります。

　また，自分と同じ状況にいる人は自分と同じ経験をしていると思い込むこと
を**自己中心性**といいます。幼児が人形を送ってくれた遠くのおばあちゃんと電
話をしながら，テレビ電話でもないのに，ホラきれいでしょう，と言うのは，
自分もおばあちゃんも電話で話をしている，自分は人形を見ている，ならばお
ばあちゃんも人形を見ていると思い込んだ結果で，自分の視点からしか考えら
れず，他者の視点に立てないことを表しています。これはわがままというより
も，認識の限界を意味します（**コラム 2.3**（3 つの山問題）参照）。

2.1.3　具体的操作期

　7，8 歳から 11，12 歳までを**具体的操作期**と呼びます。これは具体的なこと
なら論理的に判断できる時期です。保存課題をクリアできますし，リンゴ 1 個
が 120 円なら 2 個で 240 円といった問題も論理的に考えを組み立てて解けます。
これを x = 100 なら 2x はいくらか？という問題に置き換えても私たちにはほ
とんど違いがないと思われますが，小学生にとっては大きく異なります。なぜ
ならリンゴや円は具体的ですが，x や 100 という数値は世の中に存在しない抽
象的な概念ですから，抽象的な事柄をいったん受け入れて論理操作を行うこと

コラム 2.1　ピアジェの認知発達段階の特徴（1）

問 1　次の質問に 4 歳児はどう答えるでしょうか。おはじきを数えてごらん（「（A1）イチ・ニィ・サン・シィ（B1）イチ・ニィ・サン・シィ」。うん，じゃあこうしたら（B2 のように広げて）今度は（A2 と B2 では）どっちが多いかな，一緒？（図 2.3）

問 2　同じく 4 歳児に同じ形の 2 つのコップに同じ量のジュースを入れて見せ，B1 を B2 に入れ替えてからどちらが多い，一緒？と尋ねたら答えは……（図 2.3）。

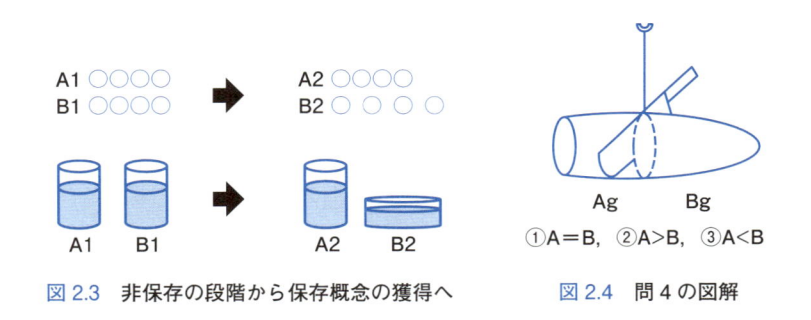

図 2.3　非保存の段階から保存概念の獲得へ

図 2.4　問 4 の図解

①A＝B，②A＞B，③A＜B

問 3　小学 3 年生に次の文のどこがおかしいかを尋ねたらどう答えるでしょうか。「昨日大阪湾で 50 年は生きたと思われる 3 つの頭を持つ恐竜の 3 歳の頃の化石が見つかった。」

問 4　次の問題に解答して下さい。先細りの大根を左右どちらにも傾かないところで紐でくくって吊り下げます。そこから包丁で 2 つに切ってそれぞれの重さを測ったら，どちらが重いでしょうか。あるいは同じ重さでしょうか（図 2.4）。

問 5　次の問題に解答して下さい。無色透明の液体が 4 種類あり，これらに指示薬 G を混ぜると黄色に変色します。どうすれば黄色に変色させられるかを調べて下さい。

指示薬 G　　　1　　2　　3　　4

図 2.5　問 5 の図解

になり，具体的操作期の子どもには難しいものです。

　同じく，スズメは鳥だ，鳥は空を飛ぶ，だからスズメは空を飛ぶといった現実に即した三段論法はできますが，ネズミはネコより大きい，ネコはゾウより大きい，ではネズミはゾウよりも大きいかという問題は，現実と反対の仮定を必要とするので，解くためには抽象的な概念操作（または特殊な訓練）を要します。

2.1.4　形式的操作期

　11，12 歳以降になると，抽象的なことも論理立てて考えられる形式的操作期に達します。解決すべき問題があると，思いつくままにいくつか試してみるという試行錯誤的な方法ではなく，系統的に実験を行って解き方をくまなく調べ尽くすことができます（図 2.5）。ヒトが洞窟に棲んで自然の脅威にひれ伏して生きていた時代から，天文学や建築技術が進み，現代文明にたどり着きました。それは形式的操作のおかげでしょう。

　中学生になると算数が数学に替わります。1 年生の最初の授業で先生が黒板に線を引き，「一点から始まって無限に伸びる線を半直線という」などと抽象的な説明をすると，それまで比較的成績良好だった生徒が挫折することがあります。前項で見た通り，小学生の算数では個数や金額という具体的な事柄によって論理操作しますが，中学生以降の数学では，未知数が出てきて，現実にない事柄を頭の中で処理する困難を克服しなければいけません。そして慣れてくると鶴亀算よりも連立方程式の方が都合良く，具体性を離れた形式的操作の方が便利に感じられるようになります。

　もっとも私たちは中学生以降すべての事柄に抽象的な論理操作を行っているとは限りません。簡単そうに見えることには思いつきの判断や試行錯誤で済ませようとします（図 2.4，図 2.6）。円いケーキを 5 等分するのに，中心角が 72 度などと意識することはなく，適当に切り分けたりします。それどころか迷信やまじない，縁起担ぎを行ったりします。すなわち，私たちは赤ちゃんのときから身につけた感覚運動的な理解の仕方から形式的操作までをすべて携えたまま発達していますので，案外不確かな判断をしてしまいます。例えば血液型性

コラム 2.2　ピアジェの認知発達段階の特徴（2）

問1では4歳児は「長いから」「高いから」「広いから」などという視覚的な印象でどちらが多いと答えます（**非保存**の段階）。7, 8歳以降の具体的操作期になると，可逆性（元に戻したら一緒），相補性（広いが低いなど），同一性（元々同じだから）などの概念操作により，見た目は変わっても数や量は変わらないという**保存**概念を獲得します。

問3では，「3つの頭を持つ恐竜なんていない」と具体的・現実的でないことをまず指摘する小学生も多いでしょう。形式的操作期に至る頃になると，「3つの頭を持つ恐竜」というあり得ないことを受け入れて，事柄の論理的な矛盾，すなわち50年生きたものが3歳のときの化石でいるはずがないことに注目します。

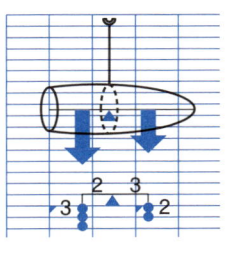

図 2.6　天秤問題

問4はどうでしょうか。平行にぶら下がっているので半分に切ったら同じ重さになるのは当たり前，と考えた人は健全な常識の持ち主です。しかし図2.6の天秤の図と比較して下さい。（支点から重心までの距離）×（重さ）を考えると，$2 \times 3 = 3 \times 2$ で釣り合い，正解は A > B です。間違ってしまうのは，形式的操作期に至っていても，すでに獲得した具体的・感覚的なやり方で簡単に済まそうとするからなのです。

問5は形式的操作期になると抽象的・体系的に計画しますので，$G + 1 \sim G + 4$，$G + 1 + 2 \sim G + 3 + 4$，$G + 1 + 2 + 3 \sim G + 2 + 3 + 4$，そして $G + 1 + 2 + 3 + 4$ の合計15通りです。

表 2.3　**小学校と中学校の各教科における教育目標の違い**（文部科学省，2018）

	小3〜4	中1〜2
国語	経験した事や想像した事等を書く。登場人物を具体的に想像する。	情報の根拠の適切さを考える。登場人物の言動の意味を考える。
社会	特色ある地域の様子を自然環境や人々の活動等に着目して捉える。	事前活況／人口や都市／村落／産業などの主題を設けて考察する。
理科	光と音の性質等について調べ，差異や共通点をもとに問題を見出す。	レンズや音の性質の規則性や関係性を見出す実験を行い，発見する。

格占いをそのまま信じることは，数多くの血液型分類のうちなぜABO式分類だけが性格と関係するのかとか，世界の特定周辺だけでしか話題にならないこと，体の問題から性格を決定するのは飛躍があり過ぎることなどを考慮すると，とても形式的操作を行う大人のやることだとは考えられません。これは非論理的で，人事の面接で利用されたりすると**ブラッド・ハラスメント**（ブラハラと略すようです）と言われても仕方ありません。このように，大人の思考にも意外と落とし穴がありそうです。

　文化や時代にかかわらずすべての民族が形式的操作期に達するとピアジェは考えたようですが，その後の研究によって辺境に住む人々では認知発達段階が遅れ，形式的操作に至らない場合もあることがわかりました。かといって彼らが知的に劣っているのではありません。羅針盤なしで島々を夜に船で移動する海洋民族は，星座の位置を詳しく記憶できたり，魚の絵をリアルに描けたりします。生活の必要性によってどのような能力が発達するかが決まるといえます。

2.2　ヴィゴツキーの理論

　ロシアの心理学者ヴィゴツキー（Vygotsky, L. S., 1896-1934）は，言語発達についてピアジェと異なる見解を唱えたことで有名ですが，ここでは発達が人や文化との関わりによって促される点に注目します。

　ピアジェの認知発達論によると，人は同化・調節という環境との相互作用を通じて自らの認知構造を作り上げます。その過程で他者との交流は表向き登場せず，いくらか孤独感さえ漂うというと言い過ぎでしょうか。その一方で，ヴィゴツキーは，人は社会や文化の中でこそ発達すると考え，**最近接発達領域**，**媒介**，**外言**から**内言**，などの考え方を提唱しました。

　最近接発達領域は発達の最近接領域ともいわれ，子どもが「一人でできること」のすぐ上の水準です。それは「誰かに手伝ってもらってできること」で，子どもが一人ではできないことを，見よう見まねやヒントをもらったり，大人からことばで教えてもらったり，また，みんなと一緒にやることで刺激づけられたりしてやっとできるようになります。ただし，単に結果としてできるだけ

コラム 2.3 幼児の絵は知的リアリズム

幼児が描く絵には，イモ畑の土中にあるはずのイモが，ゴロゴロと土の上に転がり，しつけに厳しいお母さんの口が大きく真っ赤に塗られているように，事物の形の制約を越えて子ども自身の体験が溢れていて，面白いと感じられます。かつてフランスの児童画研究家リュ

図 2.7 **視点の混合，透明画**
(Luquet, 1927)

ケ（Luquet, 1927）は，7，8歳くらいまでの子どもの絵のこうした主観的表現を知的リアリズムと名づけて，それ以降の視覚的リアリズムと区別しました。その特徴として上から見たような擬展開図，図 2.7 のような視点の混合，透明画などがあります。

後の研究者フリーマンら（Freeman & Janikoun, 1972）は，取っ手のついたコップを取っ手が幼児から見えない位置に置いて，見える通りに描くように促しても7，8歳以前の子どもは取っ手のあるコップを描くことを報告しています。この段階ではモノが特定の視点からどう見えるかが意識化されず，絵にも描かれません。子どもは絵の中で，そのコップはどこから見ようと取っ手がついたコップなのだと表現しているようで，対象の典型的・代表的な形の絵だといえます。

6歳前後の子どもに「走っている人」を描いてもらったのが図 2.8 の絵です（藤本，1979）。奥行きの重なりを表現できるのはだいたい8，9歳以降です。

ピアジェの「3つの山問題」（図 2.9）では，複数の立体を特定の視点から見た光景を意識化できるのが9歳以降であると示されています。3つの山の模型を幼児に調べさせた後で正面に座り，横や後ろにいる他児から見たらどう見えるかをそれぞれの光景を描いたカードから選ばせると，自分が見ている光景を選んでしまいます。

ピアジェは「自己」視点を選んだことを強調して，空間的自己中心性という特徴があると指摘しましたが，幼児には他の要因でも難し過ぎる課題なので自己にこだわる積極的な意味はないと議論されています。

1年生 3年生
（男） （男）

図 2.8 **走姿勢描画**
（藤本，1979）

図 2.9 **3つの山問題**

でなく，こうしたらできると気づき，次からは自分でできるようになり，さらには少し違うことにも応用できるようになります。問いの答えだけでなく，やり方がわかることに力点が置かれ，メタ認知を獲得することともいえるでしょう。

　子どもは未知の事柄に対して，ことばや図式といった心理的な道具を媒介にして理解します。ヴィゴツキーは，特にことばを媒介にしてより高いレベルの概念的な思考に至ると考えました。

　早逝したヴィゴツキーの理論を発展させて教育に活用する営みがあります。その一つはイスラエルの心理学者フォイヤーシュタイン（Feuerstein, R., 1921-2014）の媒介学習理論です（コラム2.4）。彼はピアジェに学び，ヴィゴツキーと共通の考え方により独特の教材を工夫して，多年にわたり教育実践を行いました。その理論によると，私たちは環境との直接経験により学ぶことに加えて，人を媒介にして，さらには文化を媒介にしてより複雑で抽象的な事柄を学んでいきます。とりわけ発達に遅れのある子どもたちは，物理的環境が与えられても独力では十分に学べないので，彼らに代わって大人が入力情報を選び，整理して提示し，適切な処理方法のヒントを与え，そして表現の仕方に気づかせることで，彼らと環境を媒介する必要があります。それは明確な意図を持った自覚的な媒介者であり，教師や親です。できない子どもの代わりに大人がやってしまうような強い媒介よりも，いくらかヒントを与えて解き方を促す弱い媒介が推奨され，ヴィゴツキーの「すぐ上の」最近接発達領域に至る具体的な方法が，独自の教材による問題解決で示されているとも考えられます。ヴィゴツキー理論では「道具」は主にことばを意味しましたが，フォイヤーシュタインでは知能テスト問題のようなたくさんの「道具（instrument）」が開発されました。一見非言語的な図形問題でも，ことばを駆使して解決することが求められ，最終ゴールがことばによる抽象的な概念的思考である点でヴィゴツキー理論と共通しており，また，ピアジェ理論の最終段階である形式的思考と通じるものがあります。

コラム 2.4 フォイヤーシュタインの理論と実践——子どもは社会の中で

　子どもは社会の中で学び，文化的影響を受けます。ヴィゴツキーは子どもは単に刺激（S）に受動的に反応（R）するだけでなく，外界に能動的に働きかける存在であり，大人と子どものコミュニケーションを通じて大人が持っている意味や科学的概念が子どもの内部へと内面化されると考えました（高取，1991）。人は道具を使用してものと関わり，言語を使用して人や自分の内面と関わる（道具と言語による活動の媒介性）と指摘しています（同前）。

　ピアジェの発達論を学んだフォイヤーシュタインは，ヴィゴツキーの道具や言語による媒介及び学習過程における子どもの能動性などと似た理論を以下の通り提唱し，実践を展開しました（藤本・芦塚，2006）。典型発達の子どもは通常の環境から刺激 S を取り込み，適切に処理して表現できます（S — O — R）が，独力で十分に刺激を処理して学ぶことができない子どもたちには，彼らに代わって入力情報を選び，整理して提示し，ヒントを与え，そして表現の仕方に気づかせる大人が，彼らと環境を媒介する必要があります（図 2.10）。それは明確な意図を持った自覚的な養育者・教師・親です。私たちは環境との直接経験に加えて，人や文化を媒介にして，より複雑で抽象的な事柄を学びます。

$$\boxed{\text{S}}-\boxed{\text{H}}\,(人)-\boxed{\text{O}}\,(有機体：子ども)-\boxed{\text{H}}\,(人)-\boxed{\text{R}}$$

図 2.10　自覚的な媒介者（H = Human）

　教科の個別性によらない教材が開発され，その例としてレーブン・マトリクスを用いた問題（図 2.11）が難易度の順に並べられています。子どもの成績に応じて軽いヒントから重いヒントまでを工夫して与え，視覚的な教材であってもことばによる思考の組み立てで解決することを重んじ，他の教科に応用できることを目指します。視覚障害児にも使用できるように，山本ら（2012）によって触覚教材版が開発されています。

○ ☆	○ □	□ ☆
☆ □	□	☆
○ □	○	？

選択肢：1 ○，2 □，3 ☆，4 ○□，5 ○☆，6 □☆，7 ○□☆

図 2.11　レーブン・マトリクスを応用した推論課題（？は 1 〜 7 のどれ？（答えは巻末））

2.3 エリクソンの人生周期

　アメリカの心理学者エリクソン（Erikson, E. H., 1902-1994）は人生を 8 つの段階に分けて各段階で解決すべき課題を設定し，こころの発達を考察しました（エリクソン，2017）。とりわけ青年期の課題である，過去から来て未来に向かう自分とは何かを決定する**アイデンティティ**（**自我同一性**）の形成は彼の理論の中でもっともよく知られており，他の発達段階においても人が周囲との関係でどのようにして自分を作っていくかが意識されています。各段階では達成すべき課題と，うまくいかなかったときの危機が対比され，6 対 4 くらいで達成できればまずは良好な発達といえます。その概要は以下の通りです（**表2.4**）。

1. 乳児期（**基本的信頼** 対 **基本的不信**）

　赤ちゃんに愛情を持って親が授乳や世話をする中で，赤ちゃんは自分が受け入れられていることを確認し，自分を取り巻く世界を信頼することができます。逆にかまってもらえなかったりすると，世界は自分に背いているとして不信感を持ってしまいます。母乳の出が少なくて粉ミルクに頼ったとしても，あるいは歯が生えてお母さんが授乳中に痛くて拒絶したとしても，親の育児の質次第で危機を乗り越えて基本的信頼感を手に入れることができます。

2. 幼児前期（**自律性** 対 **恥**，**疑惑**）

　トイレ・トレーニングがうまくいくと，不快な状況を自分自身でコントロールできるという自律の感覚を手に入れることができます。しかしうまくいかなければ恥を感じ，さらにこんなことがあっていいのかという疑惑の念を持つに至ります。

3. 幼児後期（**自主性** 対 **罪悪感**）

　筋力が発達するにつれて活動範囲が増え，それまで養育者に依存していた状態から今度は自分が主導権を握れるような自主性ないし万能感に満たされますが，いたずらが過ぎて叱られたりするうちに罪悪感を抱きます。

4. 児童期（**勤勉性** 対 **劣等感**）

　活動は単なる遊びを超えて，何かを作る（＝仕事）方向にシフトします。子

表 2.4 **エリクソンの心理社会的発達段階**（エリクソン，2017 を改変）

段階	時期	特徴
基本的信頼 対 基本的不信	乳児期	養育者と基本的信頼感を形成して人を喜んで受け入れるか，人に期待せず防衛的で無気力になるか。
自律性 対 恥，疑惑	幼児前期	不快な体の状態を自ら（トイレ）で解消できるか，失敗や親の過度な統制で恥・疑惑の念を持つか。
自主性 対 罪悪感	幼児後期	筋力の発達に伴う活発さで競争を自主的に楽しむか，競争に敗れ・叱られて罪や不安が生じるか。
勤勉性 対 劣等感	児童期	学校で学び・理解し・作る勤勉性の感覚を得るか，自分には価値がないとして劣等感に陥るか。
自我同一性確立 対 自我同一性拡散	青年期	社会的な役割を自発的に引き受けながら自分らしさを目指すか，真の自分を見失うか。
親密性 対 孤立	成人期	他者との精神的な融合か，うわべの付き合いだけの孤立感か。
世代性 対 停滞	壮年期	次世代を確立し導くか，停滞・退屈・対人関係の貧困化，自己への没入。
統合 対 絶望	老年期	人生での重要他者を受容するか，やり直すには遅過ぎると嫌悪する。

表 2.5 **なりたい職業**（日本 FP 協会，2018．ソニー生命，2017 より改変）

	小学男児				小学女児		
1	サッカー選手	4	ゲーム制作者	1	看護師	4	保育士
2	野球選手	5	建築士	2	パティシエ	5	デザイナー
3	医師	6	YouTuber	3	医師	6	獣医
	高校男子				高校女子		
1	IT 関連	4	公務員	1	公務員	4	教師
2	ものづくり	5	学者・研究者	2	看護師	5	漫画家
3	ゲーム制作者	6	パイロット	3	芸能人	6	保育士

どもはすでに仕事をする存在として姿を現します。しかし勉強にしろお手伝いにしろ，他児と比較して劣等感を持つこともあり，「自分が何かの役に立つことはあり得ない」と思い込み，未熟なままに固定されてしまう可能性があります。子どもが学業で認められる喜びを得て，才能を伸ばしていくためには，信頼できる教師が必要です。学校教育で支援を受けて，器用さと知性を上手に使い，誰かと分業して技術を獲得して有能感を味わいます。そして単調で機械的な仕事を超えて，より自由なアイデンティティを思いめぐらすことが求められます。

5. **青年期**（**自我同一性確立** 対 **自我同一性拡散**）

　仕事と学校の間の時期であり，社会の中でどのように生きるかを問い直します（**表 2.5**）。子ども時代に描いた夢物語ではなく，自分の能力や性質と社会との関連を現実的に吟味し，過去から未来につながる連続した自我同一性を築き上げなければなりません。そのためにはしばらく猶予期間（**モラトリアム**）が必要でしょう。様々な体験に自分を没頭させる自己投入や，自分を見失いそうになって思い悩む危機を経験してこそ，しっかりしたアイデンティティが作られます（**コラム 2.5**）。

　成人期以降は，「愛」，「次世代の育成」，そして「人生の統合」へと向かいます。

コラム 2.5　自分らしさを育てる

　アイデンティティの確立には，自分とは何かと思い惑う**危機**と，何かに没頭する**自己投入**が有効です。マーシャ（1966）はアイデンティティの状態を 4 つに分類し，**アイデンティティ・ステイタス**と呼びました（**図 2.12**。p.211 参照）。自分らしさを自らのこころの中に探し回るよりも，これと思ったことに熱心に打ち込むうちに確固とした自分を作っていけるでしょう。個人主義に陥らず，他者と相互交渉しながら自分を少し超える活動に熱中する中で，新たな自分を発見し，より自分らしく成長していきます。

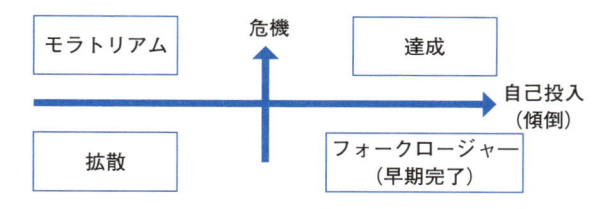

図 2.12　マーシャのアイデンティティ・ステイタス（Marcia, 1966）

　ヴィゴツキーは現状では無理ながら誰かや何かの助けで到達できるすぐ上の段階を**最近接発達領域**（発達の最近接領域）と名づけ，頭一つ背伸びすることと述べました。さらにホルツマン（Holzman, L., 2014）は，他者や社会・文化による媒介（力添え）よりも自他の活動を強調し，「発達は，自分でない人物をパフォーマンスすることで自分が何者かであるかを想像する活動となる」と述べ，共に学び，模倣し，活動することの相互作用を通してアイデンティティが形成されると説きます。演劇や作品の制作，日常の諸活動の中で，私でありかつ私以外の者である経験によって，新たな自分を見出すことができそうです。少し無理してやってみたことを続けるうちに，新たな一歩を踏み出すことができます。

　ベム（Bem, D. J., 1967）の**自己知覚理論**によると，自分の行動を振り返って自分がわかる側面があるので，活動を通じて新しい自分を見出すことができそうです。自分が行ったことを振り返って初めて，自分はこんなことを思っていたのかと気づくことがあります。自分と少し違うという違和感を持ちながらも思い切って行動しているうちに，新たな自分を見出し，それが自分自身となっていくことでしょう。

参 考 図 書

氏家 達夫・高濱 裕子（2011）．親子関係の生涯発達心理学　風間書房

エリクソン，E. H. 中島 由恵（訳）（2017）．アイデンティティ──青年と危機──
　　　新曜社

中村 和夫（2004）．ヴィゴツキー心理学　完全読本──「最近接発達の領域」と
　　　「内言」の概念を読み解く──　新読書社

波多野 完治（1966）．ピアジェの児童心理学　国土社

フォイヤーシュタイン，R.・ランド，Y.（編著）グレアム，L. B.（訳）（2000）．
　　　「このままでいい」なんていわないで！──ダウン症をはじめとする発達遅滞者
　　　の認知能力強化に向けて──　関西学院大学出版会

復 習 問 題

1. 知らないことを知ることができる過程を，ピアジェの「同化」「調節」「均衡化」
ということばを使って説明して下さい。
2. エリクソンの人生周期の前半で，乳児期から児童期までの 4 段階について説明し
て下さい。

第 3 章

学習とやる気

　幼児を連れたお母さんがおもちゃコーナーの前を通り過ぎようとすると，その子は「○○買ってほしい」とおねだりして「ヤダヤダ絶対に買って〜」と一歩もそこから離れようとしなくなりました。お母さんは他に買い物の予定があり，その日はおもちゃを買うつもりもなかったので困ってしまいました。さて，あなたならこんなときどうしますか。きつく叱り，無理に手を引いて歩き出しますか，それとも根気強く説明するとか，仕方がないから買ってあげるでしょうか。また，時折見かける光景としては，お母さんが子どもを置き去りにして遠ざかり，でも気になるから物陰に隠れて見ていると，子どもは最初のうちは大の字に寝てワーワー泣いていたのが段々と心配になり，今度は起き上がってお母さんを探しに走り出すなんて，とても日本的ですね。

　一般的なしつけは，ほめる・叱るですが，そうした直球勝負ばかりではなく，いろいろな変化球があります。

　本章では学習に関する理論をしつけの方法に当てはめながら検討し，さらに学習に向かうやる気について解説します。

3.1　学 習 と は

学習とは経験による比較的永続的な行動の変化と定義されますので，たまたま一度だけうまくいって二度とできなかったといったようなことは学習ではありません。親のしつけや学校教育，または自分自身で学ぶという学習によって，人は環境にうまく適応して生きるすべを身につけます。勉強だけではなく，お稽古事や日常行動の習得も学習の結果です。

3.2　条件づけ学習

3.2.1　オペラント条件づけ

ほめる・叱るという手段でしつけをすることは，報酬や罰による条件づけです。行動主義心理学者スキナー（Skinner, B. F.）は，新しい行動がどのようにして身につくのかをネズミを使って実験しました（図3.1）。狭い箱に仕掛けがあり，そこに入れられたネズミがあちこち動き回るうちにたまたまレバーを押し下げると，エサ皿に小さなチーズ片が出てきます。それを何度も繰り返すうちに，ネズミがレバーを押す回数が頻繁になってきます。このように，最初は偶然だったレバーを押し下げるという行動が，エサ（＝強化子）がもらえることによって強化されます。これをオペラント条件づけ（道具的条件づけ）といいます。私たちが勉強や仕事をするのも，結局は点数や給料，称賛などの報酬による条件づけといえるでしょう。親は子どもをほめるという正の強化や，叱るという負の強化によって，しつけを行っています。

3.2.2　強化スケジュールと消去抵抗

一貫したしつけが良いとは誰もが言いますが，それはどうしてでしょうか。条件づけの過程から考えてみましょう。

エサやご褒美という報酬が与えられなくなると，ガッカリしてついにはその行動が消えてしまうはずです。何回ガッカリしたら行動が消えるのかを消去抵抗といいます。また，条件づけを行うときに，報酬を与える頻度や期間を

図 3.1 道具的条件づけ（左）と古典的条件づけ（右）

狭い箱に入れられたネズミは，レバーを押し下げるとエサ皿にエサが出たので，最初は偶然だったレバー押し行動が強まりました（スキナーのオペラント条件づけ）。イヌに元々あった生理的な刺激（エサを食べる）—反応（唾液を出す）の組合せに，エサと音を繰返し同時提示したところ，音だけで唾液が出るようになりました（パブロフの古典的条件づけ）。

定めて強化する計画を**強化スケジュール**と呼び，毎回報酬を与えて条件づけする手続きを**連続強化**，何回かに1回あるいは何分かに1回報酬を与えて強化することを**部分強化**と呼びます。例えて言えば，連続強化は自動販売機で，お金を入れたら必ず飲み物が出てきます。部分強化の例は月給もありますが，典型的なものは魚釣りや，弱小チームのプロ野球の応援，そしてギャンブルなどで，時々しか恵みが与えられません（**表3.1**）。

　ここで消去抵抗と強化スケジュールの関係を考えてみて下さい。消去抵抗が大きい，すなわちいったん条件づけられた行動が長く残るのは，連続強化と部分強化のどちらで条件づけられた行動でしょうか。答えは部分強化です。時々しか報われないからこそ，もしかして今度は，と期待していつまでも未練が残ります。ギャンブルや弱小チームの応援がなかなか止められない理由はここにあります。

　しつけの場面に当てはめてみると，子どもがせっかく良いことをしても親が見ていなくてほめないことがあり，悪いことをしても親の気分で大目に見たりするのは部分強化といえます。そうすると子どもは，悪いことをしても叱られないことがあるので，不都合な行動が消去されにくくなります。また，勉強面でも間違ったやり方で誤答になっても，もしかして同じことをして今度は正解するかもという不適切な期待を抱いて，なかなか間違いを消せなくなるはずです。ですから連続強化，すなわち一貫したしつけが良いと考えられます。

3.3　モデリング（観察学習）

　子どもは親の後ろ姿を見て学ぶといわれます。親子の性別に注目すると，男の子はお父さんの笑い方や歩き方の影響を受けるでしょう。筆者の知るとても進歩的で第一線に活躍する女性の娘さんは，将来を見据えて，「あの母の娘なので自分が専業主婦になることはないでしょう」と述懐されていました。

　20世紀初頭に活躍した**精神分析**の創始者フロイト（Freud, S.）は，子どもが性役割を獲得する過程を，エディプス・コンプレックスという仮説を基にして説明しました。それによると，男児は母親に性愛を抱き，ライバルの父親を

表 3.1 オペラント条件づけの用語と内容・事例

用語	内容	事例
強化	望ましい反応に報酬を与えて再び反応を起こさせるように強めること。	相手が喜ぶことを設定したり相手のためになると意識させることばを工夫する。
強化子	強化のための報酬。	ほめる，シールやスタンプを用いる。
般化	似た刺激で同じ反応が生じること。	仲良しの友人に親切にしたことを他の人にもできるようにする。
弁別	似た刺激で違う反応が生じること。	正答と誤答に至る過程を区別させる。
消去	強化手続きがなく何度も刺激提示されると，やがて反応がなくなる。	間違った解答方法はさっさと消してしまうように指導する。
強化スケジュール	ギャンブルや月給のように時々しか報酬がない手続きでの強化（部分強化）か，自動販売機のように常に報酬が与えられての強化（連続強化）か。	親や教師が気分で子どもをほめたり叱ったりする（部分強化）か，望ましい行動には必ずほめて，不都合なことは見逃さずに毎回叱るか（連続強化）。
消去抵抗	強化子がない状況が続いても反応がどれくらい続くか，で調べる。	時々しかほめない・叱らないというしつけ（部分強化）では，間違った行動を修正しにくい（消去抵抗が大きい）。

亡き者にしたいというこころのわだかまりを持ちます（**エディプス・コンプレックス**）が，父親と戦っても勝ち目がなさそうなので作戦を変更します。母親の愛情を得たい，その母親はどうやら父親を好きみたいだ，ならば自分が父親みたいになったら母親は自分をより一層愛してくれるだろうと考えて，父親と自分を同一視し，父親の一挙手一投足を自分に取り入れます。その結果，父親の生き方を見て，その行動や価値観などを引き受けるのです。女児の場合はその逆で，エレクトラ・コンプレックスといいます。

　こうした一連の仮説には無理があり，女性版のエレクトラ・コンプレックスは成立しないだろうと批判されましたが，スタンフォード大学のバンデューラ（Bandura, 1975）は，上記の説明のうち，性愛とかコンプレックスという面倒なことを省いたとしても，観察することで学ぶということはあるとして，様々な実験を重ねました。迷路を作ってゴールにチーズ片を置き，スタート地点にネズミを放すと，最初はぎこちない動作で何とかゴールにたどり着いたものが，何度も繰り返すうちに素早くゴールに到達して迷路を学習します（**図3.2**）。これはスキナーの条件づけと同じく，エサによって行動が強化されたわけです。ところが次にそのネズミのすぐ後に初めてのネズミを置くと，すでにチーズが食べられていて報酬がないにもかかわらず，先輩のネズミの後を追ってゴールにたどり着きました。このネズミは，この手続きを繰り返すうちに素早くゴールに到達するようになりました（迷路学習ができました）。このときの学習はエサという報酬なしに成り立ち，先輩ネズミの動作を見ただけで学んだので，**観察学習**（**モデリング**）と呼ばれます。先輩ネズミがエサを得ることで代わりに恩恵を受けたので**代理強化**といえます。また，複数の個体がいる状況なので，社会的学習とも呼ばれています。

　バンデューラは続けて，小部屋で女子大学生が人形をいじめる場面を幼児に見せて，その影響を調べました。すると女子大学生が出ていった後で，残った幼児はやはり同じように人形をいじめたのです（**図3.3**）。幼児は乱暴な女子大生をモデルにしてしまいました。では映像にしたらどうでしょうか。実際に目撃した以外にビデオで見せたり，アニメにしたりしても，一度見てしまうと結果は同じで，幼児は人形をいじめました。今度はスピーカーから「そんなこ

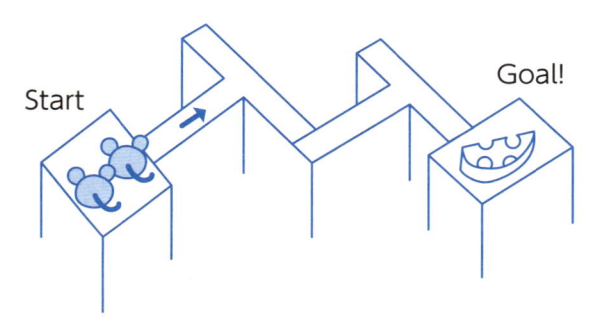

図 3.2　ネズミの迷路学習

すでに学習したネズミの直後に未学習のネズミを続けてスタートさせると，先のネズミの後をついて行き，ゴールにたどり着きます。エサが得られなくても何回か後には学習が成立します。

図 3.3　観察学習

子どもの見ている前で大人が人形をいじめると，その子が 1 人になったときに人形をいじめるようになります。実物でなくビデオでも観察学習は行われます。

としてはダメですよ，悪い見本ですよ，まねしないでね」と放送しながら見せても，やはり幼児は人形をいじめてしまいました。見ることの効果は大きくて，言って聞かせるよりも見せる方が，例え映像であっても影響が大きいということです。

観察学習とは，単に行動をまねることではないとバンデューラは主張して次のような実験を行いました。隣の部屋でミニカーに乗って遊ぶ子どもの様子を幼児に見せながら，手元の赤いボタンを押せばハンドルが熱くなってその子が遊べなくなり，青いボタンを押せばハンドルが回しやすくなると説明します。するとあらかじめ戦いのビデオを見た子どもは，風景ビデオを見た子どもに比べて，赤いボタン，つまり他児の遊びを邪魔する方を選択する率が高かったのです。そのことから，攻撃的なビデオを見て行動そのものをまねるのではなく，攻撃性自体が学習されてしまったと考えられます。この点からすれば，子どもに見せるテレビ番組には注意する必要があるといえるでしょう。また，攻撃的な子どもは，親の厳しいしつけの姿を見て学んだのかもしれません。

3.4　認知説

子ども自身が理解し納得できるように説明し誘導して，より上の理解に至る手助けを行う方法です。ほめる・叱ることによって条件づけをしたり，モデルを見せたりする外側からの直接的な働きかけもさることながら，子どもの発達段階を考慮しながら自ら理解できるようにわかりやすく説明し，認知の発達を支援することが大切です。

親の言うことをとにかく聞きなさいとか，そんなことをしたらおまわりさんに叱られるよと言うのは権威主義的しつけで，子どもは外側からコントロールされることを学ぶでしょう。それよりもそのおもちゃはＡちゃんのものだから勝手に取ったりしないのよ，と所有権の理解を促したり，お薬は苦いけれど飲んだら元気になるよ，などの論理的しつけの方が，子ども自身の認知の発達を促すと考えられます。また，日本のお母さんがよくやるように，そんなことしたらＡちゃんが困るでしょうとか，お母さん悲しいな，などという共感的

コラム 3.1　ペアレント・トレーニング（野口，2009 より）

以下に，オペラント条件づけを応用した**ペアレント・トレーニング**を紹介します。

1. 具体的な言い方を心がける（条件づけようとする行動を伝える）

「ちゃんとして」や「いい子にして」など曖昧な言い方ではなく，「こんにちはと挨拶するのよ」や「ここに並ぶのよ」などわかりやすく。

2. 良い面を増やして悪い面を減らす（正の強化を行い，理解を促す）

①ほめことばをかける，②何が良いかを伝える，③理由を説明する，④もう一度ほめる，の順です。例：「お弁当箱を忘れずに台所に出せたのは良かったね，えらい」。ほめられると脳が元気になるので，本人にプラスになることをほめます。

3. がんばり表を作る（成功体験を作る，達成感を味わわせる）

目標とする行動のリスト（がんばり表）を作って○をつける，できたねシールを貼るなど，自分自身をほめる工夫をさせるとやる気が出ます。

4. 前もってのお約束（望ましい行動の例示）

子どもにしてほしいことを説明し，練習して約束させる。例：今月はおもちゃを買わないこと，おもちゃ屋さんの前で駄々をこねないことを約束させる。

5. 親子とも不安を減らして落ち着きを取り戻す

親自身が怒鳴って親子関係を悪化させるのではなく，深呼吸する等の工夫をします。また興奮した子どもを別室で待機させるタイムアウトも有効です。

6. 行動を分析する

言うことを聞かない，泣き叫ぶなどの行動も条件づけの結果です。その状況を観察して条件づけし直します。例えば母親が叱っても父親が仲裁し，結局は子どもの要求が通ってしまうことがあるので，両親の協力が必要です。

7. 怒鳴る・叱る以外の方法

叱るよりも共感的表現が有効で，「～したい気持ちはわかるけど」と言って気持ちを受け入れてあげましょう。受容と言いなりになることとは別物です。負の強化（叱ったりたたいたり）は親への怖れや反発を招くので，その代わりに「しまった体験」を導く目的で，①特権を取り去る（テレビ視聴時間の制限），②もう一度させる（ソファから飛び降りたら，静かに降りるようにやり直させる），③責任を取らせる（汚したら自分で拭く）などを試みたらいいでしょう。

しつけで誘導すると，相手の気持ちを重んじる「気持ち主義」が作られ，人のために努力しようとする向社会的行動につながると思われます。

3.5　学習性無力感と学習アイデンティティ

　自分はできるのだと思えばやる気も出てきます。こうした有能感はうまくいったという経験を重ねることで学習されるでしょうし，逆に無力感も学習してしまうことがあります。

　ペンシルベニア大学のセリグマン（Seligman, 1991）は，イヌを 2 つに仕切られた箱の一方に入れて電気ショックを与えたら，仕切り板を突破して安全な方の部屋に逃げられるかどうかを観察しました（図 3.4）。普通の状態のイヌはあっさりと移動できたのですが，実験の前にあらかじめ嫌というほど電気ショックを与えられ続けたイヌは，仕切り板を少し押したら不快な電気ショックを避けられるにもかかわらず，じっと耐えるばかりでした。このことからセリグマンは，後者のイヌの場合，どうせやってもダメだという無力感があらかじめ形成されたため，簡単な努力を放棄してしまったと考えました。これを学習性無力感といいます。教育やしつけの面で，間違っても子どもたちに無力感を学習させてはいけないですよね。ただし，人間はこの実験のイヌよりももう少し柔軟で，この種の実験ではなかなか無力感を形成しないという見方もあります。

　自分が勉強や運動ができるかどうかという学習能力についての信念である学習アイデンティティは，成功・失敗という経験によって作られるとともに，重要な他者から言われたことばによっても影響されます（表 3.2）。親や教師から，「意外とできるじゃないか，実力あるね」とか「キミは面白い考え方をするよ」などとほめられると，肯定的な学習アイデンティティが形成されてやる気も出てきますが，「算数のセンスがないね」と言われると，もう算数の苦手意識ができて，後の数学嫌いにまで発展してしまいます。勉強の得意不得意はふとした分岐点で大きく振れてしまいますので，指導者は子どもが肯定的な学習アイデンティティを維持できるようなことば掛けをするように気をつけたいものです。

図 3.4　学習性無力感

電気ショックから逃れられない経験を繰り返したイヌは，仕切り板を破るという簡
単な努力さえしなくなり，床の電気ショックを甘んじて受け続けました。

　学習アイデンティティは自分への気づき，つまり自己認識であり，頑張るか諦めるかのスイッチのオン・オフに関係します。ある女の子は中学生になってから始めた陸上で，いつか全国大会に出ると宣言します。親はさすがにそれはないだろうと思って見ていましたが，中3で全国大会に出るほどの好成績を残しました。自分が望む姿を強くこころに思い描き，自分はできるのだという強い信念をもつことが，良い結果を生み出したのでしょう。

　肯定的な学習アイデンティティは，自分はできるのだという**自己効力感**とも言い換えられます。自己効力感は赤ちゃんの頃から芽生えます。赤ちゃんにとって，ワーッと泣いたら大人が近づいて抱き上げてくれたという経験があれば，まだはっきりした自己意識はないものの自分の力で世界の一端を変えることができるという効力感を持つでしょう。しかし，いくら泣いても誰も何もしてくれないという経験を繰り返すと，自分の力は限られている，やっても無駄だと思ってしまうかもしれません。後者の場合，赤ちゃんがあまり泣かなくなると忙しいお母さんは楽になりますが，はたして物事に積極的にチャレンジするような子どもに成長するでしょうか。

　親がダメ・無理と厳しく子どもにブレーキをかけ続けると，親の言うことをよく聞く自己抑制的な子どもになるかもしれません。しかし，人前で意見を言えるような自己表現を促すためには，子どもを受容し，ほめて励まして子どもの自己効力感を育てることが大切です。

3.6　自己決定理論

　これから宿題をやろうと思っていた小学生が，親に「早く宿題しなさい」と言われ，「せっかくやろうと思っていたのにやる気がなくなった！」と言うのはよくあることです。これはあながち言い訳ではなく，いつ何をやるかは自分で決めてこそやる気が出るものです。このように，他者から強制されると心理的に反発することを**リアクタンス理論**といいます。また，スタンフォード大学のレッパーら（Lepper et al., 1973）の実験では，お絵かきが好きな幼児に絵を描いたらご褒美をあげると約束して描いてもらったら，その後の自由時間にあ

表 3.2　学習アイデンティティに影響を与えた事柄

肯定的	学習系	友達に数学の自己流の方法を教えてもらってから数学の順位が上がった／数学の先生にほめられたからクラスで 2 位になった／勉強を頑張っていたら親にほめられてもっとやろうと思った
	芸術系	アニメの模写をして友達にほめられてだんだん描けるようになった／ピアノで賞を取って自信が湧いた／美術が苦手だったが毎回の課題を頑張ったら少しずつうまくなった気がする
	運動系	先生に運動の才能があるねと言われて走るのが得意になった／中学の体力テストで足が速い方だと知り，前向きに運動に取り組めるようになった／代表選手に選ばれて走りが得意になった
否定的	学習系	勉強ができないのは遊んでばかりいるからと親に決めつけられ反発した／国語が苦手で本読みで恥をかく，漢字の読みも間違う／テストの点数をみんなの前で発表されて嫌になった
	芸術系	ジャニーズの歌を歌ったら母親から「音痴過ぎる」と言われて歌うのが苦手になった／描いた絵を笑われてやる気が失せた／ピアノ発表会で詰まってしまってからピアノを弾かなくなった
	運動系	小学校で陸上部に入りたかったが，顧問の先生に「足がとても遅いから入るな」と言われ，走るのが嫌になった／跳び箱で太腿の内側を打って苦手になった

まり絵を描かなくなりました。これは**アンダーマイニング効果**といって，絵を描くことがその楽しみ自身に動機づけられていること，すなわち**内発的動機づけ**が，報酬という絵を描くこと以外の事柄によって動かされる**外発的動機づけ**によってかえって低下してしまったと考えられます。このように自分で決めたことは頑張って上手にできるけれど，人に言われたことはあまり気乗りがしないということを**自己決定理論**といいます。

　これは，次に述べるように外発的・内発的動機づけの問題です。

3.6.1　外発的動機づけと内発的動機づけ

　報酬には金銭や物品，ほめことばなどがあります。行動を起こし，方向づけ，コントロールする過程は**動機づけ**といわれ，金銭や物品などは行動の原因が自分の外にあるので**外発的動機**づけと呼ばれます。それに対して，知的好奇心や活動自体の楽しみなどは自分のこころの内にあるので**内発的動機**づけと呼ばれます。かつて教育界では内発的動機づけが過度に強調され，リアクタンス理論で見たようにご褒美によって勉強するのを促すことは結局は子どものやる気を奪うものだとして，外発的動機づけが悪者扱いされた時期がありました。もちろん知的好奇心や自らやる気を出して勉学に取り組むことは最も尊重されるべきですが，ご褒美も使い方によっては有効で，そもそも私たちは報酬を求めて働きます。

　報酬には様々な形があります。子どもに勉強させるためにいちいち金品を与えているとクセになり，それがなければ勉強しなくなりかねないし，第一お金もかかります。それなら，表を作って「**できたねシール**」を貼るなどの工夫をすればいいでしょう。大人でも，その日にやるべき事柄を書き並べて，できたらチェック欄に印をするという **To-Do List** を作って仕事をする人もいるのではないでしょうか（**表 3.3**）。ドイツ語で博士論文を書くほど優秀なある大学の先生は，今でも毎日の勉強時間を手帳にグラフで描いて，自分の楽しみにしているそうです。少しの工夫でできる「自分へのご褒美」は良い方法で，報酬によって脳が活性化し，思考や判断を受け持つ大脳の前頭葉に刺激を与えることになります。

コラム 3.2 認知カウンセリング

こころが病んだら心理カウンセリング，学業不振なら認知カウンセリングです。前者に比べて知名度が低いので，ここで市川（2014）を引用してご紹介します。

成績不振の児童生徒の学業相談に，メタ認知的知識・モニタリング・コントロールを念頭に互いに原因を話し合い，学習者自らが学習方法を見直して有効な学習態度を獲得する援助を行います。

まず児童生徒の学習観を問い直します。勉強とは丸暗記で結果重視，練習量（問題を多くやればいい）・環境依存（良い先生や学校に通えば自動的に成績が上がる）ではなく，意味理解を目指し，思考過程や方略を重視し，失敗を活用することだと考えを改めます。一方的なアドバイスではなく，心理カウンセリングと同じく傾聴・共感を大切にして信頼関係を作り，自立した学習者を育てます。

以下の技法があります。

1. **自己診断**……勉強しているのに成績が上がらない，うまく問題が解けない，という学習者に，何が原因かを自ら説明できるように促します（これはメタ認知的活動のセルフモニタリングに該当します）。

2. **診断的質問**……つまずきの原因を自分でうまく説明できないときに，相談者がもしかしてこんなことかもと問いかけてみます。セルフモニターを支援します。相談者はつまずきのレパートリーを多く持った方がいいでしょう。

3. **図式的説明**……具体的な学習内容について図表を用いてわかりやすく指導するだけでなく，学習者自身が同じように図表を有効に使えるようにします。

4. **比喩的説明**……英語の語順を機関車と客車に例えるなど，比喩で説明します。比喩に限界があることを指導者は頭に置いておきましょう。

5. **仮想的教示**……わかったことを人に説明することで理解が確かになりますので，「知らない人に教えるつもりで私に教えて」と促します。

6. **教訓帰納**……ある問題を解いた後に「この問題をやってみたことによって何がわかったのか」という教訓を引き出すことで，獲得した解き方を別の問題に応用する，つまり学習の転移を促します。

なお，指導者側でも取組みを振り返って，子どもの学習の変化に注目し，より良い指導になるように自らモニタリングとコントロールを行います

3.6.2　自己決定理論の 5 つのミニ理論

　櫻井（2012）によれば，自己決定理論は次の 5 つのミニ理論を含んでいます（表 3.4）。

1.　認知的評価理論

　アンダーマイニング効果のように，やる気についての内発的動機づけの効果は変動しますし，他方で外発的動機づけといえども自分にとってそれをどうとらえるか（認知的評価）によって，やる気につなげることができます。

2.　有機的統合理論

　受験期になると勉強が面白いからだけでなく，やらなければいけない学習を何とか自分自身のこころの安定やさらには人生の目標に位置づけて取り組む必要が生じます。この理論では外発的から内発的までの間のグラデーションが示されます（図 3.5）。外発的動機づけに一番近い「外的調整」は賞罰を意識していますが，次の「取り入れ的調整」では，外的要因で行動する自分について，試験勉強や与えられた仕事を「やらないとマズい」「やっておけば安心」「命令に従うだけの自分じゃないのだ」といった罪悪感や自尊心で脚色します。「同一化的調整」では活動をさらに自分にとっての意味や目標と関連づけることができて，さらに内発的動機づけに近い「統合的調整」では，人生の最終目標として位置づけます。4 つを順に例示すると，「勉強したらご褒美をもらえるぞ」→「宿題しないと気持ち悪い」→「勉強することは良いことなんだ」→「将来の自分の人生設計のため」というところでしょう。

　岡田（2010）は，小学生の段階では，教師の指示に従う外的な動機づけか，興味や関心で自律的に学習に取り組むかのどちらか一方のみが強い傾向があるのに対して，中高生は複数の調整方略が働いて学習に取り組むという調査結果を示しました。興味や楽しさから動機づけられている生徒は，同時に不安や恥などの感情からも動機づけられていました。受験期には他者との学力差の比較など外的評価が顕著になるので，興味や関心といった自律的な動機づけを持つことが難しくなり，外的な義務を自分の側に調整するようになります。子どもは成長するにつれて，やらなければいけない社会的要請をできる限り自分に引き寄せて，やる気を持って勉学に取り組めるように発達していきます。

表3.3 効果的な強化の方法

事項	内容
To Do List	勉強環境を整える：□机の上を片づける，□30分は続ける／小学生の生活：□前日に持ち物を用意する，□朝起きたら歯を磨く，□食後に食器を下げる，□帰ったら手を洗う／友達同士：□1日1つ相手をほめる，□相手のことを聞く
トークン	できたねシールを貼る，勉強した時間を棒グラフにする，（ダイエットのためには）毎日体重を測ってグラフを作る
肯定的しつけ	（否定）食べないと病気になるよ→（肯定）？／（否定）勉強しないと成績が下がるよ→（肯定）？／（否定）ゴミを捨てたら怒るよ→（肯定）？／（否定）授業中騒ぐな！→（肯定）？／（否定）服装がだらしない→（肯定）？／（否定）掃除当番をサボるな→（肯定）？

表3.4 自己決定理論の5つのミニ理論（櫻井，2012より改変）

ミニ理論	概要
1. 認知的評価理論	内発的動機づけが環境要因によって変化することの理論。
2. 有機的統合理論	外発的動機づけと内発的動機づけの間を分類しつなげた。
3. 因果志向性理論	上記の分類をパーソナリティ特性と考えた。
4. 基本的心理欲求理論	人の基本的心理欲求を，関係性，有能性，自律性の3つを想定し，これらが実現すると幸せに生きられるとした。
5. 目標内容理論	人生に内発的な目標と外発的な目標があり，その達成に向けて努力すると幸せになれるが，過度な外発的目標は努力しても虚しさを味わうことになる。

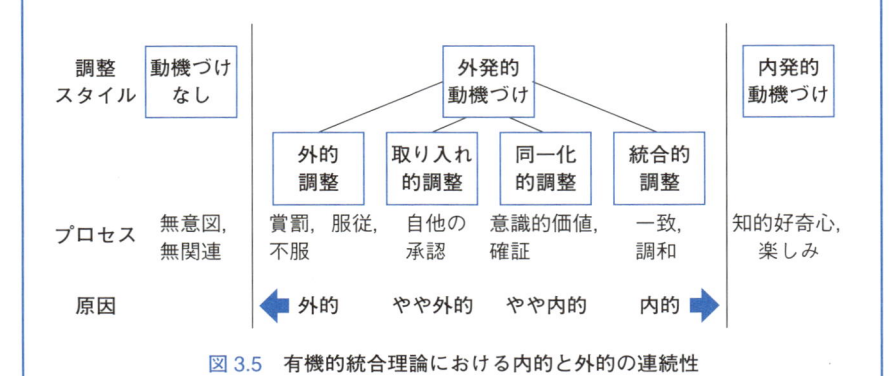

図3.5 有機的統合理論における内的と外的の連続性

3. 因果志向性理論

内発的動機づけから外発的動機づけまでの段階をそれぞれパーソナリティ化したような理論で，自己決定して生き生きと行動する**自律的志向性**タイプ，他者の決定に従い嫌々行動する**統制的志向性**タイプ，無気力で非行動的な**非自己的志向性**タイプに分けられます。教育の目標は，自律的志向性タイプを育成することといえるでしょう。

4. 基本的心理欲求理論

関係性，有能さ，自律性という3つの基本的心理欲求を想定し，それらが実現できれば精神的に幸せに生きることができるという理論です。

5. 目標内容理論

人生には内発的目標と外発的目標があり，内発的な目標は，人と仲良くして人間として成長する，社会に貢献する，などで，目標達成に向けて努力したり目標が達成されたりすると，精神的に健康になり幸福感を味わえます。外発的な目標は，お金持ちや有名になり，美人やイケメンとして称賛されるなどです。これらを追求することは悪くないのですが，過度になると他者を見返してやりたいなどとネガティブな感情に陥るので，社会貢献などの内発的な目標を同時に持つことでこころのバランスを保つことができる，と考えるものです。

3.7 成功・失敗と原因帰属

事柄の原因を何に帰するかを「**原因帰属**（causal attribution）」といい，その分類を「**統制の所在**（locus of control）」といって，内的帰属—外的帰属，安定—不安定に分けられます。**表3.6**は「どうしてそんなにテストの成績が良かった（良くなかった）の？」と尋ねたときの，児童生徒の答えの分類です。

スポーツ大会の日本人優勝者へのインタビューで「コーチをはじめ，支えてくれた皆さんのおかげです」と答えるのを見ることがあります。これは**外的帰属**といい，成功（失敗）の原因を自分以外に求めます。同じことを敗者に尋ねると，「努力が足りなかったから」「これが自分の実力だから」といった**内的帰属**を示し，「相手が強かったから」「試合会場が完全アウェーだったから」と

コラム 3.3 学習の悩み診断とアドバイスに向けて

児玉・石隈（2015）は，中高生 1,000 名以上に学習についての悩みを尋ね，その回答を分析して学習態度が認知・行動・情緒の各側面に分類できることを示しました（**表** 3.5）。

認知面では，学習に関わることを肯定する「関与肯定」，勉強は大変で時間と努力のコストがかかるがそれを受け入れる「コスト受容」，そして他人よりも高い順位や偏差値を目指す「遂行目標重視」の 3 つがあります。

行動面では，計画的で熱心に取り組む「習慣的積極行動」，テストや受験勉強に意識的に取り組む「テスト課題対処」，そして困難なことを避ける傾向の「対処回避」です（3 番目の項目はネガティブといえます）。

情緒面では，勉強を面白く感じる「充実感」，自分はうまく勉強できていると感じる「統制感」，不安や心配，あせりなどの感情である「学習の不安」です。

表 3.5 **学習態度の因子分析結果**（児玉ら，2015 より改変して作成）

	因子	質問項目の要約
認知面	関与肯定	勉強は自分の可能性を広げ成長できる／努力で力はつく
	コスト受容	忙しくても勉強時間は取れる／苦手科目にも力を入れる
	遂行目標重視	成績で自己価値が決まる／結果大事／順位や偏差値重視
行動面	習慣的積極行動	時間を作って勉強する／計画的に時間を決めて意識して
	テスト課題対処	テスト科目はしっかり勉強／テスト範囲中心に勉強する
	対処回避	難しい問題は適当にやってしまう／そのまま寝たりする
情緒面	充実感	勉強を面白い・楽しいと感じる／もっと勉強したい
	統制感	勉強にしっかり取り組めている／はかどっている
	学習の不安	勉強が心配だ／不安／あせりを感じる

学習の悩みを打ち明ける生徒たちは，概してポジティブな面が弱く，ネガティブな面が強いことがあります。生徒の C くんは，勉強の意義はわかるものの習慣が確立せず，テスト対策が不足で勉強が面白くなく，勉強の統制感が乏しくて学習性無力感に陥っているようでした。そこで彼には，比較的容易な課題を解くことで成功感・達成感を味わってもらい，勉強の楽しさを実感しつつ，自分自身の力を肯定的に再評価するように指導するとよいでしょう。

いった外的帰属の答えはあまり聞けません。しかしながら成功・失敗とやる気との関係では，成功体験を内的安定帰属（自分の才能だと）するとそれが長く続くと考えられて次へのやる気につながりますし，失敗したことは外的帰属（相手の調子が良かったから）とすることで次はうまくいくかもしれないと頑張れると考えられます。成功したら自分のせい，失敗したら相手のせいと思い込むことが精神的に健康で次も頑張ろうと思えます。勝者の本当の気持ちは「自分に才能があるからだ」と言いたいところを日本人の謙遜のために言うことを控えたのでしょうか。また，敗者は「強い相手と当たって運が悪かったからだ」というのが本音かもしれません。もしそうなら問題なく次の試合にやる気を出して向かっていけることでしょう。

3.8 欲求のコントロール, マシュマロ実験, 学業的満足遅延

　学校の勉強ができるためには，持続力や忍耐が必要です。幼児は自分の欲求をどのようにコントロールできるでしょうか。

　スタンフォード大学のミシェルら（Mischel et al., 1972）による有名なマシュマロ実験では，実験者が部屋にいる幼児の目の前においしそうなマシュマロを1個置いて，「おじさんは用があって出ていくけど，20分後に戻ってくるまでこのマシュマロを食べないで，我慢できたら後で2個あげるよ。でも我慢できなかったら横のボタンを押せば私がすぐ戻るから，そのときに1個食べていいよ」と告げて部屋を出ます（図3.7）。その後で幼児がどう行動するかを観察すると，誘惑に負けて食べてしまった子どももいれば，我慢できた子どももいました。その後，それぞれの子どもたちの成長を追いかけた結果，我慢できた子どもは学齢期になって勉強が比較的良くできるようになっていました。このように，勉強ができるようになる秘訣の一つは，楽しい遊びの誘いを宿題があるからと言って断ったり，ゲームを封印して机に向かうような傾向でしょう。こうした忍耐は，学業的満足遅延，つまり目の前の楽しいことから得られる満足感を学業達成のために先延ばしにする，という概念につながります。日々楽しいことを見つけてストレスを解消させるのは精神的健康のために良いことで

表 3.6　原因帰属のスタイル（Weiner et al., 1971 を改変）

		安定性	
		安定	不安定
統制	内的	【能力】元々頭が良いから／才能がないから	【努力】必死に勉強したから／試験勉強しなかったから
	外的	【課題の困難度】問題がやさしかったから／難しかったから	【運】たまたま運が良かったから／ヤマが外れたから

図 3.6　優勝インタビュー

問：表 3.6 に従って「どうして優勝したんですか？」の答えを考えてみよう。

図 3.7　マシュマロ実験

すが，楽しみを我慢して勉学に励むこととうまくバランスを取れればいいですね。

　マシュマロという誘惑に打ち勝つために子どもたちがどのような工夫をしていたかを尋ねたところ，目をつむっていた，目をそらせていた，別のことを考えるようにした，などと答え，誘惑の対象から自分を遠ざけようと努力していたことがうかがわれます。持続力や忍耐力は，誘惑を遮断する自らの工夫に裏打ちされているといえるでしょう。

　誘惑に打ち勝ってより良い結果を得るためには，その方法を知ることや，自分を自覚してコントロールすることが求められます。このような知識やコントロールのことをメタ認知と呼びます（第1章の表1.4参照）。これは小学校中学年以降から発達しますが，マシュマロ実験からわかるように，簡単なことなら幼児期でも見られます。

参 考 図 書

市川 伸一（2014）．学力と学習支援の心理学　放送大学教育振興会

鹿毛 雅治（編）（2012）．モティベーションをまなぶ12の理論──ゼロからわかる「やる気の心理学」入門！──　金剛出版

野口 啓示（2009）．むずかしい子を育てるペアレント・トレーニング──親子に笑顔がもどる10の方法──　明石書店

セリグマン，M. E. P. 山村 宜子（訳）（1994）．オプティミストはなぜ成功するか　講談社

復 習 問 題

1. 次の事柄について，①条件づけ，②精神分析，③観察学習の観点から，しつけの方法を考えて下さい。
(1) いたずらが過ぎる女の子をおとなしい子に育てる。
(2) ゴミを道端にポイ捨てする男の子にゴミ箱に捨てさせる。
2. なかなかやる気が起きない事柄に，やる気を起こす方法を考えて下さい。

第4章
記憶と思考

　幼い日々の記憶は何歳頃からあるでしょうか。2，3歳の頃に友達と一緒に遊んだ光景は，アルバムの写真から得られたものではないでしょうか。幼い頃の記憶は定かではなく，これを幼児期健忘と呼びます。その理由は，脳の神経機構が未発達で，ことばで覚えようとしてもことばが自由に操れず，自他の区別が曖昧で自伝的な記憶が作れないなどです。

　記憶は成長するにつれてどのように発達するのでしょうか。本章では記憶の容量，記憶の仕方（記憶方略）などについて，検討していきます。

4.1　記憶の種類

　記憶研究の歴史は古く，いろいろな種類の記憶があることがわかっています（**表** 4.1）。**短期記憶**はお店の電話番号など，一時的に覚えてすぐに忘れてしまうものをいいます。**長期記憶**としては掛け算の九九や単語の意味などの知識である**意味記憶**や，高校時代に文化祭で演劇をしたといったような時間と場所がセットになった個人的な思い出の**エピソード記憶**などがあり，これらは忘れることがありません。また，自転車の乗り方などの動作的な記憶はことばによらない**手続き記憶**です。記憶は日常生活の状況や感情に左右されます。試合で初めて勝ったことや災害の記憶など，強い感情を伴う事柄は鮮やかに焼きついていることでしょう。一方で苦い失恋やあまり親しくなかった知人の名前などは，都合良く忘れてしまいます（**コラム** 4.1）。記憶が曖昧ということは不便ではありますが，生きる上では良いことでもあります。

　近年，**ワーキングメモリ**（**作業記憶，作動記憶**）が注目されています（**コラム** 4.2）。それは何かをしながら覚えていて後で利用するもので，記憶し続ける保持と，それを使って考える処理という過程を含めます。例えば足し算の繰り上がりや読書中に前後の内容をつなげるなど，勉強や日常で欠かすことができません。

　中高年になると，何かをしようとして 2 階に上がった途端，自分が何をしにきたかを忘れてしまうというのもありますが，これなどはワーキングメモリの問題で，加齢とともに発達し，衰えていきます（**図** 4.1）。

4.2　乳児の記憶

　ことばによって記憶を保持しきれない乳児期の記憶を研究するためには，その行動を調べます。それによって以下のようなことがわかっています。

　第 1 に，赤ちゃんは同じものを見続けると，飽きてしまって違うものを見たくなるという性質（**馴化**）を利用します。生後 2 日目で 1 つの図形に飽きて別の図形を見るということは，2 つの図形を区別して記憶していたといえます。

表 4.1 記憶の種類と用語

名称	内容	具体例
感覚記憶	目や耳を通して得られた情報で，注意を向けなければ1秒以内に消失する。	街中ですれ違う人々や店の様子
短期記憶	注意を向けた情報が貯蔵され，10秒程度で消失。一度に7±2個程度可能。	店の電話番号，注文する品
長期記憶	情報を符号化し，長期に貯蔵する。	個人的・一般的知識
ワーキングメモリ	一時的に貯蔵した情報を処理する機能を含む（作動記憶）	足し算の繰り上がり数値を覚えて用いる
エピソード記憶	特定の時と場所の個人的出来事の記憶	高校の文化祭で主役を演じた
意味記憶	個人的体験を越えてみんなが共有する知識	語の意味や一般知識
潜在記憶	覚えようとせず覚えた意識がない記憶	意識しない記憶
展望的記憶	未来の出来事に関する記憶	来週日曜朝9時集合
宣言的知識	言語で表現できる知識・概念	「犬」「消防車」
手続き記憶	技能・運動などやり方の知識の記憶	自転車の乗り方
維持リハーサル	繰返し唱えることで記憶を保持する方法	会った人は牧川さん，マキカワサン……
精緻化リハーサル	既存の知識と結びつけ意味づけるなどにより記憶を保持する方法	語呂合わせやイメージ化
記憶術	すでにある知識と結びつけたり意味づけたりして覚えること	語呂合わせ，チャンキングなど
チャンク	記憶項目をまとめ，チャンキング	(3.14)(1592)(65)など
語呂合わせ	数字の音を別の言葉に置き換える	イヤーロッパ（1868）

問：具象名詞はいくつ？　にちようび，りっこうほ，さつまいも，すべりだい，ぬすみぐい，めんもうふ，せいねんき，ポルトガル，マイクロフォン。

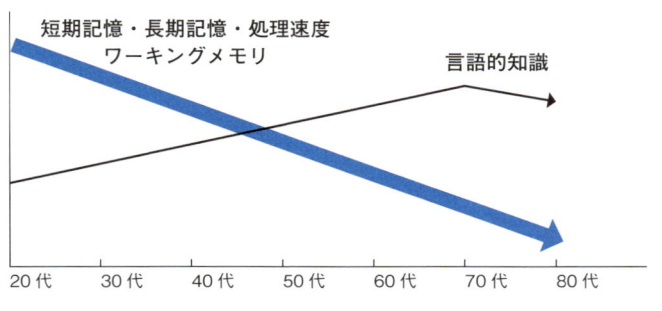

図 4.1　**各種記憶成績の略図**（Park et al., 2002 より改変）

　第2に，赤ちゃんは面白かったことを覚えているかどうかを調べました。その結果，6カ月児は2週間ほど覚えていることがわかりました。

　第3に，誰かが動作したことを見て，しばらくたってから同じことをまねる**延滞模倣**が，6カ月児で可能となることがわかりました。

　第4に，赤ちゃんに特定の場所でものを見せ，少し時間を置いたり別のことに注意を向けたりした後で，元の場所を覚えているか（=遅延課題）を調べたところ，9カ月児は直前の状況を覚えていることがわかりました。

　このように，生後1年未満の赤ちゃんはさっき見たものと今あるものを区別し，面白かった因果関係を記憶し，ものがあった場所を覚えていることが実験によって明らかにされました。赤ちゃんは図形や人の動作，場所などをある程度記憶しているのです。これは，子育て中の親には実感として納得できることでしょう。

4.3　幼児のエピソード記憶

　ことばを使えることは記憶の手助けになりますが，そのことで必ずしも記憶が正確になるとは限りません。むしろことばを獲得したことで記憶が歪められることもあります。上原（2008）は，幼児に過去についてインタビューした結果，幼児は自分から過去について話すことは滅多にないことや，過去のことを間違って報告することが多く，他者の影響を受けやすいことなどを示しました。幼児は，絵本で見たことや，おばけや怪獣など現実にあり得ない想像上の内容を実際に体験したエピソードとして話すこともありました。上原は続けて，個人的な過去経験であるエピソード記憶は，脳の働きが知識などの意味記憶とは別だとする見解を紹介しています。

　子どもの目撃証言は，尋ね方によって揺らぐことがあります。「見たことを教えて」というような**オープン・エンド型質問**に比べて，「そのとき君はどこにいたのかな（where）」というWH型やYes/No型の質問では，不正確な答えが増えたり，同じ質問が繰り返されると**社会的圧力**を感じて答えを変更してしまうことがあります。また，幼稚園を訪問する人物について「そそっかし

コラム 4.1　記憶のエラー

　私たちの記憶は不確かで，一度に覚えることのできる量も多くはありません。そのため，記憶のエラーの特徴を知って対策を立てておくとよいでしょう。ただし記憶が少ないと溢れて混乱することがないので，忘れることこそ環境に順応する一番の方法であるともいえます。

1. **不注意による符号化の失敗**……携帯をどこかに置き忘れて困る人は，最初に置いた光景をイメージ化するなどして覚える工夫をします。アイロンのコードを抜いたイメージをしっかり持つなどです。加齢による物忘れは仕方ないですが，高齢であっても十分に覚える工夫をしていると，大学生と同じレベルにとどまることもあるようです。

2. **妨害，度忘れ，舌先現象**……「ええと，あれあれ」といって舌先までは出かかるようなことは大学生で週に1，2度，高齢者は3，4度あるといわれます。特に固有名詞は忘れやすいので，意味と音を結びつけましょう。例えばエディ・レドメイン（俳優の名前）を「赤いお面のエディ」と覚えます。虐待などで強い精神的ストレスを受けると前頭葉システムがブロックされエラーの原因となることがあります。

3. **混乱，結合ミス**……デジャブ（既知感）による証言，意図しない盗作など，実際と思い描いたこととを取り違えたり，A氏の顔とB氏の顔を後で合成したりします。意図しない盗作を犯さないように，考えの基に注意を払いましょう。

4. **暗示**……目撃者の証言や偽りの自白は，誘導的な質問から生じます。目撃者の証言を得るときには，あらゆる記憶を挙げて状況を頭の中で復元し，時間経過の中で思い出すようにします。保育所での虐待の有無を調べる聞き取りで，幼児はプレゼントをもらうと記憶を歪めることがあります。

5. **書き換え（編集）**……都合の良いように後から編集します。ふられた恋人を元々好きじゃなかった（調和編集），苦労した結果以前と違う自分になった（変化編集），前々からわかっていた（後知恵編集），安いから買った服を結構気に入っている（認知的不協和の低減），あのとき自分が主役だった（利己的編集）など。左脳で記憶が書き換えられます。健全な精神状態を保つ上でこれも有効でしょう。

6. **つきまとい**……大事な試合でミスをしたことが忘れられない，失敗，悲しみ，トラウマなど。扁桃体（へんとうたい）に関係します。人に話すと和らぎます（証言療法）。無理をして渡ろうとした踏切で轢（ひ）かれそうになったことが忘れられないといったような「つきまとい」は，後々命の危険から身を遠ざけることに役立ちます。

い」などの情報をあらかじめ与えておくと，数カ月後にはその人物についての印象が誘導されてしまうことがあります。そのため，幼児に聞き取りを行うときは内容が偏らないように注意する必要があります（佐藤，2008）。

4.4 幼児のメタ記憶

「鍵がない，思い出そう，そうだ，昨日着ていた上着のポケットが怪しい！」といったように，誰でも自分の記憶を振り返る経験をしたことがあるでしょう。自分の記憶について考え直して利用する，つまり記憶を対象化することを**メタ記憶**と呼びます。これは幼児期に芽生えてきます。

メタ記憶には，見ただけではすぐに忘れるだろうとか，朝一番はボーッとしていて覚えにくいなど，記憶に関する知識と，自分の記憶を振り返る**モニタリング**や，記憶の仕方を工夫する**コントロール**などの記憶の活動があります（**表1.4** 参照）。

幼児の記憶の知識はあまり正確ではありません。例えばクロイツァーら（Kreutzer, M. A. et al., 1975）によると，小学1年生以上なら「忘れることがありますか」と問われて「時には忘れることがある」と答えますが，5歳以下なら「自分は忘れない」と間違って答え，不十分な段階にとどまります（清水，2008）。記憶材料を前にして，3，4歳児でも覚える絵の枚数が少ない方が覚えやすいなど，分量の違いが記憶に関係していることはわかりますし（Wellman, H. M., 1977），単に見て覚えるよりも絵を描いた方が覚えやすいこともわかりますが，たくさんの材料を絵を描いて覚えるのと少数のものを見て覚えるのとどちらが覚えやすいかといった，分量と覚え方（方略）の組合せについての判断は，5歳児でも難しいようです。

知識としての**記憶方略**（記憶の仕方）は小学1年生ではまだ十分にはわかっていません。ジャスティス（Justice, E. M., 1986）は，4歳から8歳までの子どもに映像を見せ，主人公が12枚の絵を覚えるのに，①じっと見つめる（**注視**），②名前をつける（**命名**），③頭の中で繰返し復唱する（**リハーサル**），④分類する（**カテゴリー化**）のうちどれがもっとも有効かを判断させました。す

図 4.2 室内風景

30 秒だけ見て覚えて下さい → 1 時間以上たってから，記憶実験 1 の通りの質問項目に答えて下さい。

ると，4歳児はじっと見ることを選び，6歳児はどれも差がないと答え，8歳でようやく③と④が他に比べて有効だと判断できました。また実際に覚える課題では，4歳と6歳は自発的に命名を行い，8歳は分類を行ったので，各年齢段階で記憶の仕方の知識にふさわしい活動を行っているといえます。小学校に入学後しばらくしても記憶に戸惑っている子どもには，より有効な記憶の仕方を助言するとよいでしょう。

　さて，メタ記憶の活動に関する発達はどのような経過をたどるのでしょうか。1，2歳児でもモノが置かれた場所を忘れないように，時々ちら見するという単純な記憶方略を使えることをドローシュら（DeLoache, C. H. E. et al., 1985）は明らかにしていますが，絵を覚えるためにことばで自発的に復唱（リハーサル）することはフラベルら（Flavell, J. H. et al., 1966）の研究では7歳頃から見られます。それ以前の幼児には復唱することを教えてもそれを記憶の方法（記憶方略）として自覚できないとあまり有効に使えないようで，幼児期にはまだメタ記憶がそれほど役に立っていません。

4.5　幼児の潜在記憶

　かつて見たということを意識できず，また，覚えておこうとか思い出そうとかしなくても勝手に浮かぶ記憶のことを潜在記憶といって，意図的に覚える・思い出す，知っているという顕在記憶と区別されます。潜在記憶は意識的な努力を必要とせず，子どもと大人の差があまりなく，子どもの記憶能力やメタ認知の弱さがほとんど影響しないようです。

　大人の潜在記憶の実験として，例えば穴埋め課題では，「りっこうほ」「ぬすみぐい」などの単語を何も言わずに見せて，数カ月後に「□っこう□」「□すみ□い」に何が入るかを問います。そして見せなかった「□ゅうそ□」（休息）などの単語の成績と比較します。すると，かつて単語を見たことを思い出せないにもかかわらず，一度見た単語の方が成績が良くなります。この場合のように事前にそれとなく提示することをプライミングといいます。

　幼児は大人のように文字の読み書きができないので，チャーチら（Church,

記憶実験 1

図 4.2 の室内図を思い出して答えて下さい（後で答え合わせをして下さい）。

(1) 窓の外の風景は海でしょうか，それとも山でしょうか。

(2) 天井の照明は蛍光灯でしょうか，それとも白熱球でしょうか。

(3) 壁の時計は何時でしたか。

(4) 壁の絵に花はいくつありましたか。

(5) 机の上の鉛筆は何本でしたか。

（質問文自身に暗示が含まれています。正解は図 4.2 の中にあります。）

記憶実験 2

□に仮名 1 字を入れて単語にして下さい（後で巻末の解答を見て下さい）。

□らし□し　□っこう□　□リス□ス　□すみ□い　□スト□ン

（表 4.1 の下の問にあらかじめ答えた上で，そこに登場していた単語の正答率が高ければ，潜在記憶があったことになります。）

記憶実験 3

16 の単語を読み上げますので，聞き終わったら思い出せる限り書き出して下さい。順番は問いません。

「キリン，セーター，バス，スクール，ウサギ，シャツ，タクシー，オフィス，ヒツジ，スカート，パトカー，クリニック，ネズミ，ズボン，トラック，レストラン」

（同じことを繰り返して，第 2 試行目くらいから，動物・衣類・乗り物・建物，のようにまとめて思い出したなら，カテゴリー化という記憶方略ができていることになります。）

B. A. et al., 1998）は，幼児に曖昧に発音された語を口頭で復唱してもらいました。するとあらかじめ語の発音を聞いていたら，後で曖昧な発音の語を聞き取るときに，やや簡単に復唱できることがわかりました。例えば，あらかじめ「おはよう」を聞かせる，ただしこれがヒントだと言わない。次に「ほにゃよう」を聞かせて何て言っているかを問う。「おはよう」と答えると潜在記憶がある。いきなり「ほにゃよう」を聞かせて何を言っているのかを問うと答えにくい，という具合です。2 歳児でも成人と同じようにこのような傾向があります。

　その他の一連の実験結果から，潜在記憶はすでに生後 2 年で機能していて，自動的で無意識的な過程で成人のレベルとあまり変わらないことがわかりました。それに対して，顕在記憶は遅れて大きく発達すると考えられています。潜在記憶はあらかじめ提示された感覚の種類に影響されます。例えば耳で聞いた材料は後に目で見る問題に利用しにくいことがありますが，それに対して顕在記憶は感覚的なうわべの情報よりも意味情報が保持されやすいといわれます（内藤，2008）。

4.6　児童の記憶

　就学期の子どもは学校という社会・文化的な環境で他者と関わり教室で勉強する中で，相互交流を通して様々な能力を発達させ，文化的な価値を身につけます。学校教育と記憶に関する各国の研究を紹介した湯川（2005）によると，訳あって幼稚園に在園している子どもと同年齢の小学児を比較すると，後者の学校教育を受けた子どもの方が，記憶方略の使用が積極的に行われて，写真の再生という記憶の成績が良かったのです。学校教育によって，記憶方略という文化的な産物を積極的に身につけたといえます。同研究では，イスラム圏の国でコーランの学習によって特殊な記憶技能が得られたことや，ドイツの小学校教師や母親はアメリカに比べてより積極的に方略の説明や指導を行うため，子どもたちは方略使用をより多く行ったことなどが示されました。

　基本的な記憶能力の発達はどうでしょうか。一度に覚えられる項目数は数字

コラム 4.2　ワーキングメモリ訓練

　バドリー（Baddeley, A. D.）によればワーキングメモリは，聴覚言語的記憶・視覚的記憶・エピソード記憶・中央実行系から成っています（図 4.3）。

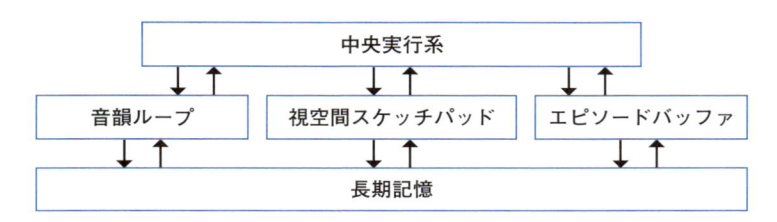

図 4.3　ワーキングメモリのモデル（Baddeley）

　発達障害児には共通してワーキングメモリに弱さがあるといわれます。ワーキングメモリは訓練すれば鍛えられると考える立場から，様々なコンピュータソフトが開発されています。本書でも簡単なワーキングメモリ訓練の仕かけを施しましたので試してみて下さい。第 4 章から第 7 章までのページの下隅にグー・チョキ・パーの図柄（または一寸法師・お姫様・鬼）がありますので，順にページをめくりながら，直前にあった図柄に対して現在の図柄が勝ち・負け・あいこかの判断を次々と行って下さい。例えば直前がパーで現在がグーなら「負け」と口ずさみます。また，一寸法師は鬼＞お姫様＞一寸法師＞鬼の強弱関係です。このように 1 つ戻るのは 1 − back 課題で，慣れてくれば前の前の図柄と比較判断する 2 − back 課題を試して下さい。3 − back 課題となると，ページをめくるたびに前の前の前の図柄の記憶を更新しますので，頭が混乱するでしょう。そして最初のうちは一寸法師シリーズまたはジャンケンの図柄だけに注目するといいでしょうが，ページをめくりつつ両方同時進行して複雑な課題にすることもできます。

図 4.4　三つどもえの例

でも単語でも大人では7つくらい（**マジカルナンバーセブン**）ですが，小学1年生では5つくらいであることが知られています。短期記憶能力は8歳頃まで上昇しますが，ギャザコール（Gathercole, S. E., 1999）によれば12歳頃には落ち着くようです（佐伯，2008）。その発達的変化の要因として，年齢とともに素早くリハーサルできるようになって長く覚えておける，外から入った刺激を処理する速度が全体的に速くなる，検索速度が速くなる，記憶すべき情報と関連させて利用できる知識が年齢とともに多くなる，より長く持てる（受動的な減衰速度が遅くなる）などと説明されています。つまり記憶能力そのものを次第に方略や知識で補えるようになると考えられます。

　ワーキングメモリも年齢とともに増大しますが，その発達的変化の説明は各研究者が設定する課題の種類によって異なっています。そのため，ワーキングメモリの種類は1つではないと考えられます。

4.7　児童の意味記憶とエピソード記憶

　子どもの意味記憶（知識）の仕組みはどうでしょうか。私たちの意味記憶は階層構造のネットワークになっているというモデルが提唱されてきました（図4.5）。子どもに関する実証的研究が乏しい中で，おそらく子どもについても同様のことがいえるとして，豊田（2008）はビョークランド（Bjorklund, D. F., 1987）の見解を紹介しています。例えば子どもにとって「犬」は「四つ足」「人に慣れたペット」などの特徴で「猫」とつながり，それらの上位概念が「動物」からさらに「生き物」になっていて，その後の犬と猫の区別を経験する回数に応じて項目間の結びつきが変わっていきます。

　エピソード記憶の発達については，多様な記憶方略を使って次第にメタ記憶を発揮できるようになることや，すでにある知識を利用できること等が指摘されています。

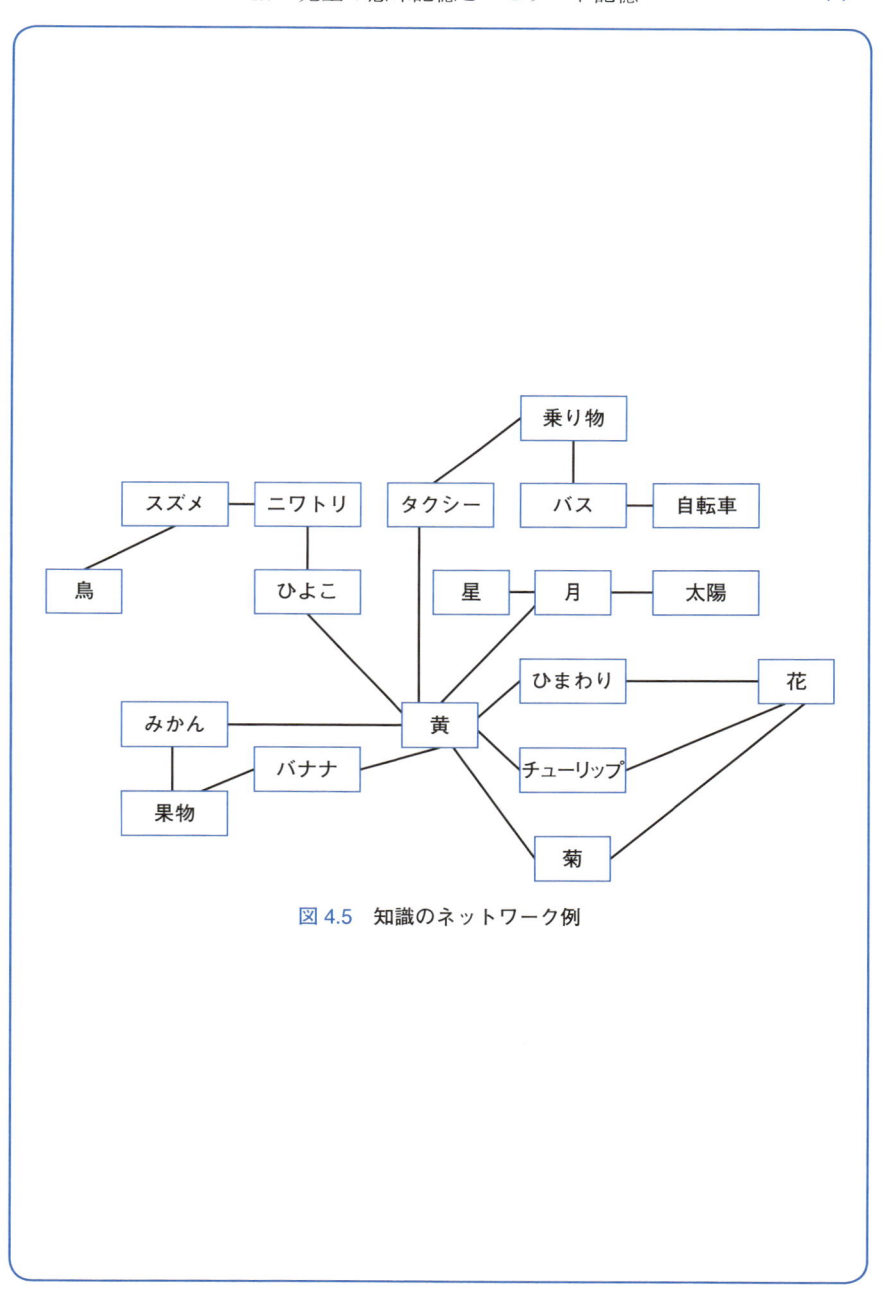

図 4.5 知識のネットワーク例

4.8　児童のメタ記憶

　学校での勉強ができるかどうかは児童期の一大関心事です。学齢期に合わせて 6 〜 12 歳にかけてメタ記憶が大きく発達し，学習活動を支えることになります（**表 1.4** 参照）。

　メタ記憶とはすでに見たように，記憶に関する知識とそれを運用する活動から成ります。学齢期になるとメタ記憶の知識が豊富になり，例えば聞いた話を聞いたことばそのままではなく自分のことばで思い出す方が簡単であることを知っていますし，互いに意味的に関連した単語ペアの方が無関連の単語ペアよりも覚えやすい，などです（**Kreutzer et al., 1975**）。

　記憶方略としては，復唱するリハーサルや順序立てて覚える体制化，語呂合わせなどで意味をくっつける精緻化や，似た者同士を分類してまとめるカテゴリー化，などを自発的に使用できるようになり，それらが多様化し質的に洗練されてきます。また，記憶方略の使い方や自分がどの程度それらをマスターしているかという信念などが方略と相互に関連して発達します（清水，2008）。

　ネルソンとナレンズ（**Nelson, T. O., & Narenz, L., 1990, 1994**）によれば，**メタ認知的活動**は**メタ認知的モニタリング**と**メタ認知的コントロール**から成り，前者は自分の記憶がうまくいっているかどうかを振り返って修正・調整し，判断・予想・決定を行います。後者は方略の選択・取りやめ，学習時間の配分などです。学齢期にはこれらの事柄を使って，覚えやすい項目よりも覚えにくい項目に時間をかけるなど，記憶を工夫するようになります。

　メタ記憶——より広い意味でのメタ認知——が学習に役立つことから，学校教育の現場でそれらが身につくように支援する教育プログラムが開発・工夫されています。児童に「わかっていることとわからないこと」の区別を自覚してもらうことを第一歩として，方略を学び，別の場面でも自発的に応用できるようにすること（**学習の転移**）が目的になります。学習を進めるための知識を得て，それを利用するためにモニタリングとコントロールの力を伸ばすことが求められます。

コラム 4.3　小さな目撃者

　ここでもう一度**図 4.2** を 30 秒程度見てから記憶実験 1 の 5 つの質問に答えてみて下さい。その結果はどうだったでしょうか。元の絵の窓からは海も山も見えていないのに「海がありました」，あるいは天井には照明器具がないのに「蛍光灯でした」などと答えたのではないでしょうか。これは知らないうちに何かの暗示にかかっていた可能性を示しています。暗示にかかったり誘導に乗ってしまうのは，記憶が不確かであることや，質問が間違っていることはないだろうという思い込みや，わからないと言えない無形の圧力もあるでしょう。

　目撃者の証言の信ぴょう性については 100 年も前から研究がありますが，1980 年代にエリザベス・ロフタス（Loftus, E.）によって新たに多くの事柄が解明されました。「車が接触したとき，何キロくらい出ていましたか」と聞かれるよりも，「車が激突したとき〜」と聞かれる方が，実際の速度よりも多めに報告する等，質問に含まれた暗示に影響を受ける傾向があります。彼女が当時来日して行った学会の講演で，アメリカでは若い女性が幼い頃に父親から性的虐待を受けたとして訴えるケースが目立つが，ありもしない記憶を催眠などで女性に植えつけて稼いでいる人たちがいるといって嘆きました。彼女の研究の発端の一つは社会的義憤からなのでしょう。

　幼児の場合はなおさら被暗示性が強く，大人が質問することの圧力を感じます。幼児に紙芝居を見せて，後日その内容を確認するため，登場した女性が変装すると半数が同定できない（杉村，2009）とか，最初に見てから 1 カ月たつと人物の特定が半数に減る（同 2010），周辺人物を覚えていない（同 2008）など記憶の揺れがあります。

　従って幼児に質問する場合は，「白い車，それとも黒い車？」のようなクローズド質問や 5W1H（いつ・どこ・なぜなど）を早急に切り出さずに，「何があったかを全部話して下さい」という**オープン質問**が暗示の偏りを防ぐとされています。仲（2016）は**司法面接**において，オープン質問の 4 パターンを挙げています。①誘いかけ「何があったのか最初から全部話して下さい」，②時間の分割「A の前にあったことを話して下さい」，③手がかり質問「さっき言ってた A のことをもっと詳しく話して」，④それから質問「そしてどうなりました，それから何がありました？」。また，本題に入る前に「学校であったことを全部話してね」と，対象児にオープン質問の練習をさせると，本面接でオープン質問を行ったときにより正確に答えられたり（藤原ら，2017），目撃したシーンを意味づけるように促すと早期成績が向上したりします（吉野，2012）。

4.9　児童の潜在記憶と展望記憶

　9 歳前後の児童について，ニューカムとフォックス（Newcombe, N., & Fox, N. A., 1994）は，1 〜 5 年以上前の保育園時代に一緒だった子と，知らない子の顔写真を見せて，同級生を再認できるかどうかを調べました。その際に皮膚電位反応を測定したところ，同級生だった場合は意識的に再認できなくても皮膚電位が高まりました。皮膚電位反応とは，私たちの皮膚に流れる微弱電流を測定するもので，かつてウソ発見器に応用され，心当たりがあると反応します。このことから無意識的な過程での記憶，すなわち潜在記憶があることがわかります。また，この潜在記憶は 9 歳以降ではさほど増加せずに一定であるといわれています。ただし潜在記憶といえども，子どもの生活の中で蓄えられた知識や事柄の意味がベースになり，それがまた顕在記憶に影響を及ぼして発達していくと考えられます（内藤，2008）。

　年齢の影響を受けにくい記憶として，ある行為を将来忘れずに実行しようという展望記憶があります。「学校に行く途中で郵便物をポストに入れて」など，日常生活に欠かせないものです。「動物カードが出てきたら座席の後ろに隠してね」といった単純な実験課題への対応は 3 歳児でも可能で，回想記憶と異なり年齢に影響されないことがわかっています（Einstein, G. O., & McDaniel, M. A., 1990）。

4.10　子どもの思考

　ピアジェは子どもに物事の理由や由来について質問することで，世界の因果関係をどのように理解しているかを調べました（波多野，1966）。表 2.2 の通り 7 歳以前の段階では，思考や夢といった精神活動を実体のあるものととらえる実念論や，無生物と生物を区別なく思う汎心論，また，自然のものでも人が造ったと考える人工論などに終始しますが，10 歳ないし 11 歳以降になると大人とほぼ変わらない科学的因果認識を手に入れます。

　7 歳以前はピアジェの前操作期に当たり，論理以前の見聞きした体験から話

コラム 4.4　デジタル・メディアの功罪

　パソコン，インターネット，スマートフォン，ゲームなどのデジタル・メディアは大変便利ですが，弊害も指摘されています。例えばロンドンのタクシー運転手は資格を得るために街中の通りや地名を覚えなければならないため，空間認知に関わる脳の部分が大きく発達していることが研究によって明らかになっています。ナビを頼りに生活している私たちは，便利さと引き換えに脳のある部分の活動を休止させてしまっているといえるでしょう。

　パソコンが情報処理をする代わりに人が情報処理をしなくなった，また，記憶メディアに保存できるので人はものを覚えなくなった，等であれば心配です。ネット検索で何でもわかってしまうので，じっくり考えて自力で物事を解決する姿勢が薄れる傾向が見られます。

　また，デジタルだからこそ，いろんなことを同時に行えるようになりました。だからといって，パソコンで文章を打ちながらスマホでラインをチェックし，テレビをつけて朝ごはんを食べたりしているとどうなるでしょうか。

　課題（タスク）を複数同時にこなすこと（マルチタスク）ばかりしている学生は，ターゲット図形の異同判断を行う課題で，不要な図形の影響を受けてしまい，気をそらす刺激が増えるほど成績が落ちていくという実験結果があります。すなわち，慢性的で過度のマルチタスキングは，重要でない課題提示を効果的に抑え込むことが下手であるといえます。マルチタスクをやり過ぎると過剰に適応して不都合な面が見えてくるようです（シュピッツァー，2014）。

> 討論1　デジタル・メディアのプラスマイナスをあげてみよう。
> 討論2　デジタル・メディアはじっくり考える習慣を奪うだろうか。
> 討論3　デジタル・メディアと賢く付き合うコツは？

が語られます。7，8歳になると具体的な事柄なら論理操作ができる時期なので過渡期となります。11，12歳以降の形式的操作期に至って科学的・抽象的な論理体系に沿った答えが可能になると考えると，ピアジェの認知発達段階説に当てはまります。しかし，今日では教示の仕方や対象に抱く親しみの度合いによって揺らぎが生じるのではないか，といった批判が加えられています。例えば「影は夜になるとどこに行くの？」といった尋ね方をすると「お山に帰る」などといった擬人的な表現による答えを誘発します。

4.11　学　習　観

　学校教育の目標の一つは，ピアジェの認知発達段階の最後にある形式的操作期に至ることです。中学になると算数が数学になり，各教科の内容もより抽象的になってきます（表 2.3 参照）。一つひとつの事柄をただ暗記するのではなく，深い理解が必要になります。小学校課程でも具体的操作期の認知構造を作る上で，丸暗記の学習は必ずしも適切ではありません。適切な学習観と効果的な方略が学習を支えます。

　高校生のときロンドンのインターナショナルスクールに転校したある高校生は，歴史が得意だったので社会科の授業もうまくいくだろうと思っていました。しかし，授業では第一次大戦中のドイツ軍がフランスを侵攻したときの地図が示され，「双方の指揮官や歩兵の発言を対比させて，この作戦が妥当だったかどうかを述べよ」という出題に大変戸惑ったそうです。このとき日本で覚えた年号や人名は役に立ちませんでした。このように，学習とはどのようなものかという学習観は国によっても違ってきます。

　ただ，文盲率の驚異的な低さや，誰でもお釣りを計算できるといった数学的リテラシの高さなど，日本の教育の利点は多々あります。また，2021 年 1 月からスタートする大学入学共通テストでは，思考力や判断力，表現力が重視されるようになります。国際競争時代に向けて今後自ら考え判断する人材の育成がますます期待されます。

　学習とは丸暗記だという浅い学習観を持つ者は，学習量を増やして記憶に励

表 4.2　教師と児童の学習観（市川，2008）

教師	過程主義	考える過程を大事にする
	結果主義	「正しく」記憶して「正しく」想起することをテストする
児童	熟慮型	よく考えて答えようとする
	資源節約型	考えることをあきらめてしまう

表 4.3　深い学習観と浅い学習観（瀬尾・植阪・市川，2008 より改変）

	志向	項目例
認知主義的学習観	方略	勉強する前にやり方の対策を立てることが効果的だ
	意味理解	丸暗記ではなく，理解して覚えることが大事だ
	思考過程	答えを出すだけでなく考え方が合っていたかが大切だ
	失敗活用	間違いは次に活かせる大切な材料になる
非認知主義的学習観	練習量	何度も繰り返したり，問題をたくさんやることが効果的だ
	暗記重視	習ったことで重要なことは丸暗記することが大切だ
	結果重視	なぜそうなるのかがわからなくても答えが合っていたら良い
	環境重視	成績の良いクラスにいれば成績が良くなる

表 4.4　各種の学習方略（瀬尾・植阪・市川，2008 より改変）

学習対象をどう扱うか（認知的方略）	学習者自身がどうするか（メタ認知的方略）	何か頼るものは（リソース管理方略）
リハーサル……繰返し暗唱・反復して覚える。精緻化……イメージ化，既存の知識と結びつける。体制化……同じカテゴリーにまとめる，相互に関連づける。	モニタリング……理解できているかを確認する，どこが間違ったかを分析する。プラニング……課題を分析して自ら目標を設定する。自己評価……学習の進行状況や質を自分で評価する。自己強化……学習結果に自分で賞罰を与える。	情緒・動機づけ……注意集中，不安制御，学習意欲向上。努力管理……努力を維持する。情報収集……図書館調べ等。援助要請……友人，先生等に教えてもらう。ピア・ラーニング……仲間と一緒に勉強する。環境調整……テレビを消す。

むのに対して，内容理解や関係づけという深い学習観を持つ者は，より適切な学習方略を選ぶでしょう（**表 4.2**，**表 4.3**，**表 4.4**）。市川（2000）は心理学の知見を活かした後者の効果的な学習方略として，①教材の構造を理解し，既有知識と関連づける，②具体的な文脈に沿う，③安易に答えを見るより自力で考える，などを例示しています。同時に，問題解決には豊かな知識が不可欠であることも付言しています。

鈴木（2013）は，小中学生の学習観を調べて，学習内容に意味を与えて他と関連づける「意味理解志向」，答えの理由が不明でもやり方を覚えればよい「暗記再生志向」，学習は学校で先生に教わるものという「学校依存的」，そして，学習はしなければならないものという「義務的」の 4 つの学習観を見出しました。また，学校の移行期では，小学校の方が意味理解志向が高く，暗記再生志向が低い傾向があるため，中学入学以降の抽象化・高度化に，理解して学ぶのでは追いつかず，試験の点数を気にしてやむを得ず暗記型になると考察しました。つまり，定期テストが子どもたちの学習観に影響を与えているといえます。

4.12 日本語で論理を組み立てる

日本語は論証には向かないとよくいわれます。例えば，日本語では「巨人は寝ていた，そして少年は逃げ出した」のように時系列的な表現になるのに対して，英語などのヨーロッパ言語では「少年は逃げ出した，なぜなら巨人が寝ていたのに気づかなかったから」となり，結果が先にあって因果関係が述べられます（内田ら，2012）。この違いが日本の子どもの論理力の弱さになるのであれば，学校教育でふさわしい訓練を行う必要があります。

熊本大学教育学部附属小学校では，「論理科」の試みが行われ，目標に向かって考える力を育てる取組みが行われています。これは，隣同士やグループ，さらに教室全体の討論など様々な対話学習の形を取り，自己内対話と他者との対話を繰り返しながら自分の考えをはっきりさせるという，対話を通して思考力を育成しようとする，知の社会構成といえる試みです（**表 4.5**）。

表 4.5　**論理科の授業内容**（内田ら，2012 より改変）

到達目標	1. 図表や文章の内容を読み解く
	2. 内容の真偽や妥当性について判断する
	3. 事実や考えを筋道立てて表現する
集団討論の指導法	1. 教材が面白い
	2. 教師が名脇役
	3. 対話形式から討論への切り替えのタイミング
	4. 解決の手立てのヒント
	5. 書くことで省察し可視化させる
要素	1. 比較による類推
	2. 相違点と共通点を書く
	3. 書いたものを自分で考える（メタ認知）
	4. どちらが良いか論拠を挙げて集団討論する
	5. 対話の中で考え，判断をさらに組み立てる
効果	1. 妥当な論拠・理由づけができた
	2. 結論先行型作文（結論から原因へ）が増えた
	3. 表現力・書く力が向上
	4. 絵にないものまで情報を豊かに物語れる
課題例	小1　自転車と三輪車を比べよう／小2　給食を素早く準備しよう／小3　熊本市のステキ発見／小4　リサイクルは本当に環境にいいのだろうか／小5　社内公用語を英語に？／小6　分数の割り算，「4」て何だろう？

　例えば「近場に何度も旅行する」と「遠くへ一度旅行する」のどちらがいい
かを比較・類推し，ワークシートに相違点と共通点を整理して省察し，グルー
プ討論を行って自分の中や，あるいは他者と対話して結論を出します。皆さん
も以下の題材を比較してその理由を書いてみて下さい。書いたものを読み直し
てから隣の人と意見を比べて，さらにお互いに意見を交換してみましょう。

　問 1：もらったお小遣いで「ブランド服を 1 着買う」か，「格安量販店で何
　　　　着も買う」か。

　問 2：一斉保育がいいか，自由保育がいいか。

　問 3：厳しく育てるのがいいか，自由に育てるのがいいか。

参 考 図 書

太田 信夫・多鹿 秀継（編著）（2008）．記憶の生涯発達心理学　北大路書房

北神 慎司・林 創（編）（2015）．心のしくみを考える──認知心理学研究の深化と
　　　広がり──　ナカニシヤ出版

復 習 問 題

1. 記憶の種類をできるだけたくさん挙げて説明して下さい。

第5章 社会性の発達

　家庭のしつけで自己表現と自己抑制のバランスを取ることは難しいものです。3歳のY君がおじいちゃんの家に遊びに行ったときのことです。Y君がおじいちゃんと遊んでいると，お客さんが来て遊び相手のおじいちゃんを「取られて」しまいました。するとY君はお客さんに向かって「早く帰って！」と言ったものだから一同真っ青。何とかその場を取り繕ったのですが，Y君本人は叱られてもキョトンとしていました。やがて春になり，幼稚園に入園して最初の面談がありました。お母さんは幼稚園の先生から最初に簡単なほめことばを頂きましたが，その後30分にわたって，わがままで勝手に行動して言うことをきかないなどとお小言を頂戴したのです。帰宅後さっそく家族会議です。それまで自主性・自発性を重んじて自由な雰囲気で育てていたところを，さすがにこれではいけないということで，時には厳しく，規律正しくしつけをする方針に転換しました。Y君が目を真ん丸にしたことは容易に想像できるでしょう。以後成長するにつれて彼は社会性を身につけていきましたが，この一件には子育てのバランスの難しさを垣間見ることができます。

5.1　社会性を身につける

　社会性ということばからは，自分の欲求をコントロールできる，人を信頼したり人の気持ちを理解できる，人とコミュニケーションができてうまくやっていける，マナーやルールを守って相手や自分を尊重する，人の役に立てる，などの意味が思い浮かびます。そしてこれらの事柄は共同生活の中で衝突したり助け合ったりしながら次第に身についていきます。

　子どもに社会性を身につけさせる上で親ができることの一つは条件づけ学習です。第3章で述べた通り，報酬や罰によって望ましい行動を条件づけます。罰の効果はあまり期待できないといわれますが，実際に叱らずに育てることは難しいので，望ましくない行動を叱り，本人自身を否定しないようにして，自尊心を損なわないように工夫します。また，報酬としてほめるときも，良い点数を取れたからほめていると，良い点数を取れなかったら自分は受け入れてもらえないのだと思ってしまいかねません。すると今度は子どもの存在そのものをほめて受容し理解するように心がけます。

　また，親・きょうだいが日頃からモデルを示すことで学ぶ観察学習や，**共感的しつけ**，**論理的しつけ**などありますので，使い分けるようにしましょう。

　友達に優しくしてあげたら友達が喜び，自分も嬉しかったというような体験や，砂場でスコップの取り合いをして喧嘩したら双方の母親が飛んできて大騒ぎになった，といったような経験から，自分の欲求ばかりを押し通したら不都合になることを学んでいきます。

5.2　社会性と仲間関係

　社会性が豊かで友達とうまくいくと，好感度が増して社会適応が進むという良い循環ができますが，逆に社会性が身につかず友達とうまく交流できないと，仲間外れになり，集団への不適応につながる悪循環に陥りかねません。こうしたお子さんの場合には，社会性を訓練する社会的スキル訓練が考案されています（**表5.1**，**図5.1**）。

表 5.1 社会性の訓練方法の例

名称	内容	例	狙い
社会的スキル訓練(SST)	リーダーの指示に従って集団ゲームを行う	「船長さんが言いました」赤上げて白下げないで〜	言語的指示に集中し従える
		「無人島に持っていくもの」について話し合い発表する	自己表現と他者理解
	セレクトフェイス	表情を表すカードを出題者が絵に描き,回答者が当てる	表情認知
	もしもBOX	「もしも10万円あったら」などを個別に書き,指導者が読み上げて誰が書いたかを当てる	自己・他者の理解・評価
	ロールプレイ	行きたくない集まりをどう断るかを演じさせ,コメントする	状況理解
ライフスキル・トレーニング	体育館での集団ゲーム,旅行計画を立てたり実際に買物する体験	クラス対抗ゲーム,体内時計,ピクニックバスケット	意思決定,思考,対人関係,共感などのライフスキル
		目隠しして縄を持った全員をリーダーが誘導する,等	
ソーシャル・ストーリー	肯定的な文章で説明する	「人が出会ったら挨拶をします」「挨拶をするとお互い気持ち良くなります」	出来たことをほめる(主に自閉症支援)
コミック会話	ことばの不足を漫画で補う	針金人物と吹き出しで会話を振り返り,適切な会話を再現する	非言語的コミュニケーションと自己表現

図 5.1 会話スキルの訓練

　大学生の就職活動においては社会性が注目されます。むしろ特殊技能がない限り，社会性がもっとも重要視されるといえるでしょう。社会性の程度に応じて人生の色合いが違ってきますが，社会性が不足していても何とか人とつき合えるような一定の範囲内であれば個性として受け止められます。

　環境の変化によって社会性が急速に身につくこともあります。落ち着きのなかった小学生が中学校に進んでクラブ活動に入り，先輩後輩の人間関係から多くを学んで少し大人になったような成長を示したり，無口だった大学生が卒業後営業職に就き，しばらくたってから再会した友人が饒舌になった彼に驚かされたという話もあります。

　保育実習において，元気で明るい実習生は概ね実習の成績が良いところから，実習訪問時に園長さんに「どんな人が幼児教育に向いていますか」と尋ねると，「元気で明るい人ばかりでは職場が浮足立つので，しっかりと事務ができる落ち着いた人も必要です」との答えが返ってきました。元気で明るくても基礎力がないと，実習期間中は良いとしても就職してしばらくすると困り事が増えてくるかもしれません。みんなが元気で明るい人になることはないし，十人十色，自分の人生は自分で色づけられるといえます。

　社会性をエゴグラム性格検査から考察しましたので，ご参照下さい（コラム5.5 参照）。

5.3　社会性の脳科学

5.3.1　ミラーニューロン

　ミラーニューロンは 1996 年，イタリアの研究者たちがマカクザルの脳活動を調べていたときに偶然発見されました。休憩中に研究者たちがジェラートを「つかんで」食べていると，サルがそれを見ていたようで，サルの「つかむ」行動をしているときに働く前頭葉や頭頂葉の神経細胞が活動を示しました。まるで鏡で映すかのように脳の同じ部位の神経細胞が反応したことから「ミラーニューロン」と名づけられました。その後ヒトについても研究が進み，fMRI（機能的磁気共鳴画像法）などによってヒトの脳でも運動や言語に関する部位

コラム 5.1 学校適応，友人関係，ストレス尺度

児童生徒が 1 日の多くを占める学校生活をうまく過ごすには，仲間との関係が大切です。図 5.2 に示す通り，自分や他者を肯定的に受け入れられると仲間と適切に行動できて良好な関係になり，自分や他者を受け入れる気持ちが増していく良い循環になりますが，仲間とうまくいかなければ自分や他者を否定的に見て，仲間関係がこじれるといった悪循環に陥ります。

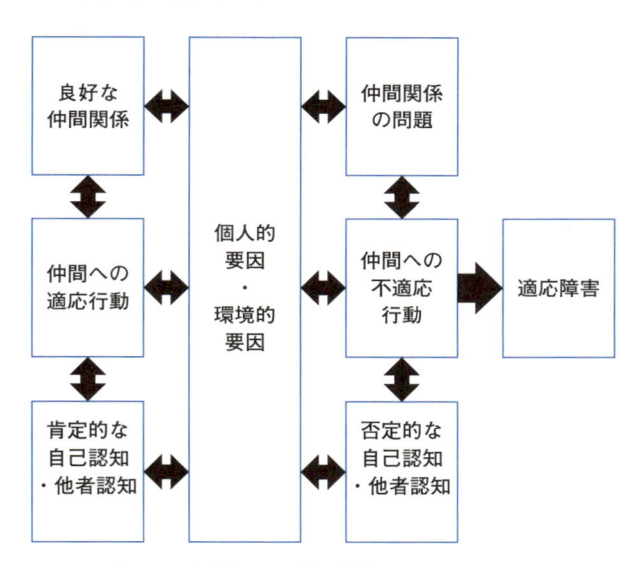

図 5.2　適応的・不適応的循環（前田，2001）

表 5.2　ストレス尺度質問紙の例

名称（出典）	下位尺度	項目の一部（要約）
小学生用ストレス反応尺度（SRS-C）（嶋田・戸ヶ崎・坂野，1994）	身体的反応	頭痛がする／体がだるい／疲れやすい
	抑うつ・不安	寂しい／悲しい／沈んでいる／心配
	不機嫌・怒り	いらいらする／むしゃくしゃする／嫌だ
	無気力	頑張れない／集中できない
小学生用学校ストレッサー尺度（嶋田，1998）	先生との関係	えこひいき／怒った／相手にしてくれない
	友達との関係	無視された／いじめられた／仲間外れ
	学業	授業がわからない
	叱責	しかられた

のミラーニューロンがあることがわかりました。これは次第に拡大解釈され，模倣や共感といった社会的な絆が形成される原因や，逆にそれらの障害について説明するものとして扱われるようになっています。

　また，fMRI を用いた研究によって，「心の理論」（コラム 5.2）課題を考えているときに活発に働く脳の部位がわかりました。さらに，他者の痛みを感じ共感するときの脳の活動についてもわかっています。自分の身体の痛みによって活動する脳の特定の部分は，誰かが痛みを受けている画像を見ただけでもほぼ同じように活動していて，私たちは人の痛みを自分のことのように脳で実感していることが示されています（守口，2011）。

5.3.2　2 つのシステム

　ミラーニューロンが模倣や共感によって他人を自分のことのように感じさせる一方で，脳には自他を区別する別の機能もあります。乾（2016）は前者を like-me システム，後者を different-from-me システムと名づけて比較しました。

　like-me システムでは，他者の動作が視覚情報として網膜から視床を経たのちに，二手に分かれます。一つは視覚野から人間や動物の動き（バイオロジカルモーション）の情報だけが上側頭溝に送られ，そこで運動や視線，表情などが分析されて，下前頭回まで伝えられます。ここには言語に関する部位（通常は左側）があり，他者の動作だけでなく，「歩く」や「飛ぶ」などの動作を表すことばによってもミラーニューロンが活動し，自分の運動として解釈されます。そして最終的には旧脳の島と結合して自分の感情として共感が生まれます。また，共同注意に関するミラーニューロンが外側頭頂間溝で発見されているなど，私たちが社会的存在であるとする基礎を脳の神経細胞に求めることができます。

　二手に分かれたもう一方の視床—扁桃体—島の経路では，意識的な細かい分析の代わりに大まかな形や運動が伝わり，扁桃体の働きによって怖いものか嬉しいものかといった感情として受け止められます。扁桃体は愛着の強さや感情を伴う学習などにおいて大変重要なものです。扁桃体をコントロールする脳の他の部位とのネットワークが発達する度合いによって，共同注意機能の個人差

コラム 5.2 心 の 理 論

他者の視点から見た光景を問うピアジェの 3 つの山問題（図 2.9 参照）は，他者の考えを理解する能力の発達へと研究の流れが移ります。パーナー（Perner, 1991）は幼児を対象として「誤った信念課題」を実施しました。

1. サリーとアンの課題（図 5.3）

サリーはキャンディを後で食べようと思って，カゴに入れたまま散歩に出かけました。アンはカゴの中のキャンディを見つけて，箱の中に大事にしまいました。戻ってきたサリーはキャンディがどこにあると思っているでしょうか（なお，他にお菓子の箱に鉛筆を入れて見せ，友達は中に何が入っていると思う？と問うスマーティ課題があります）。

図 5.3 サリーとアンの課題

実験の結果，3 歳児は正答せず（箱の中にあると答えました），4 歳から 7 歳にかけて正答率が上がりました。また，バロン-コーエンら（Baron-Cohen, L. et al., 1985）が精神年齢 9 歳 3 カ月前後の自閉症児 20 名を調べたところ，正答率は 20%にとどまりました。このように自閉症児の多くは他者の気持ちの理解が難しいといえます。

また，クレメンツら（Clements et al., 1994）が 3 歳児に同様の課題を実施して視線の動きを記録したところ，間違った答えとは裏腹に視線は正解の方に釘づけでした。このため，3 歳児は正答できなくても潜在的には理解していると考えられます。

「A は X が Y にあると信じている」ことを 1 次の信念とすると，「A は X が Y にあると思っている，と B は信じている」のが 2 次の信念です。

2. アイスクリーム課題（図 5.4。2 次の信念：6 歳以降に発達します）

ジョンとメアリは公園でアイスクリーム屋さんを見かけました。彼らはアイスクリームを食べたいと思いましたが，お金がありませんでした。そこでメアリはお金を取りに家に戻り，ジョンは公園に残りました。アイス屋さんはもっと売れる教会の前に行くとジョンに言って去って行きました。メアリは途中でアイス屋さんに出会って，教会に移動することを知りました。ジョンがメアリの家に会いに行くと，お母さんがメアリは出て行ったところのよと言いました。ジョンはメアリがどこに向かっていると思っているでしょうか。

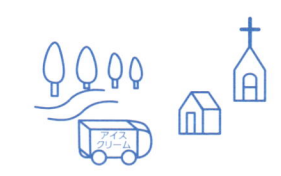

図 5.4 アイスクリーム課題

が説明できるとされます。

　まとめると，like-me システムとは，他者が運動しているところを見たときに，ビビッときて共感が生じるシステムということができるでしょう。

　different-from-me システムは，相手の行動が直接見えないときに，その目的や欲求などを推論する仕組みです。これは以下の4つの部分から成り立っています。

　右側頭頂接合部では，自分はここから見ているが相手は向こうから見ているのだという視点の違いや，行動しているのは自分であって相手ではないという自己主体感に関係します。「心の理論」課題実施中に活動することが知られています。また，この部位を電気刺激するといわゆる幽体離脱のような状態を経験できるといわれています。

　側頭極は，記憶情報が統合されるところで，自分に関する時間・場所を特定したエピソード記憶を想起するときに働きます。

　背内側前頭前野は他者のこころの状態を推論したり自己を内省したりする働きがあります。

　楔前部では記憶した内容について，自己中心的なイメージをつくります。

　つまり different-from-me システムは，他者視点取得，エピソード記憶，心的状態推定，イメージ生成などを受け持つ様々な部位から構成されています。

　ここまで社会性に対応する脳の働きについて見てきましたが，それらは養育や教育，ひいては社会や文化との相互交渉を通じて発達し，人が社会的存在へと成長していく基礎となります。

5.4　道徳性の発達

　子どもが良いことと悪いことを区別できるようになるには，親のしつけや仲間とのやりとりなど，社会的な関係が必要です。では，そのような善悪を判断する道徳性はどのような順番で発達するのでしょうか。

　ピアジェは巧みな質問をして，その答えから子どもが何を良いこと・悪いことと思っているかを調べました。例えば，「太郎君はお母さんから食べては

コラム 5.3　児童生徒の不安や悩み

　厚生労働省の調査（2009）によると，小学 5，6 年生・中学生・高校生等が「大切に思うこと」の項目で友達が 1，2 位を占めています（図 5.5）。

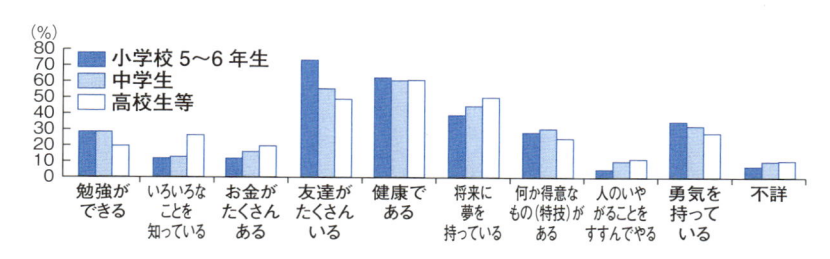

図 5.5　**小中高生が「大切に思うこと」**（厚生労働省，2009）

　また，表 5.2 に挙げたストレス尺度の中でも示されているように，彼らの悩みは増加傾向を示しています。受験を控えた中高生ではまず勉学，次に容貌や性格などの自己意識，そして友達・学校・家族の問題があります（図 5.6）。

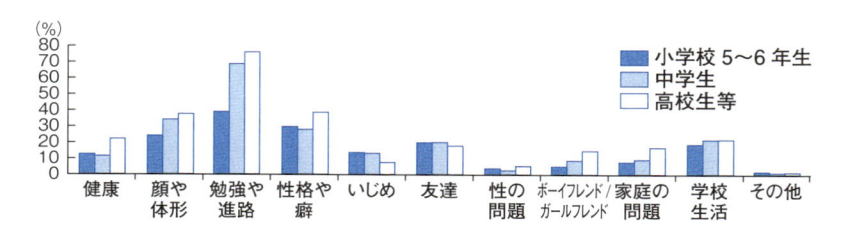

図 5.6　**不安や悩みの内訳**（厚生労働省，2009）

　児童期中後期においては，親・きょうだい・友達などがアタッチメントの主な対象になりますが（村上ら，2014），中学生になると，親の比重は次第に減ってきます。中学生を対象に調査した林田ら（2018）によると，たとえ親子関係が不安定でも学校内の対人関係に満足していると学校適応感が良好ですが，学校内の対人関係に不満足だと，親へのアタッチメントの良不良にかかわらず学校適応感が低いとされます。

　さらに，学校適応のためのソーシャル・スキルとして，河村（2001）は，能動的に友達に関わろうとする「かかわりのスキル」と，対人関係のマナーや相手への気遣いを表す「配慮のスキル」の 2 因子を抽出しています。

いけないと言われているお菓子を棚から取ろうとして，手がすべってコップを 1 個割ってしまいました。次郎君はお客さんにお茶を出すお手伝いをしようと，棚からコップを取り出すときに間違ってコップを 6 個も割ってしまいました。太郎君と次郎君はどちらが悪いでしょう」といった問いです。幼い子どもは結果の状態から，1 個よりも 6 個割った次郎君の方が悪いと答えます。目に見える物理的な状況の方がわかりやすいのでしょう。しかし 6，7 歳くらいになると，心の内側を推し量ることができて，次郎君はお手伝いをしようとしたのだから結果はともかくとして意図は何も悪くないと判断できるようになります。こうしてピアジェは道徳性の判断基準が，行為による結果から行為の意図に向けて発達すると主張しました。親としてはお客さん用の大切なコップを 6 個も割られるとムッとしますが，そこは子どもの気持ちを汲んであげる必要があるでしょう（表 5.3）。

　コールバーグ（Kohlberg, L.）はインタビュー法を取り入れて，どちらに転んでもうまくないというジレンマ課題を考案し，それを子どもから大人までの幅広い年齢層に尋ねてみました。次はその例です。

　「ハインツさんの妻は難病で死にかけていました。そこに新薬が開発されてそれを飲むと助かるが，とても高価だということがわかりました。ハインツさんはどうしてもお金を工面できなかったために，思い余って夜に薬屋さんに忍び込んで薬を盗みました。ハインツさんは薬を盗んでも仕方なかったでしょうか，それとも盗むべきでなかったでしょうか」。

　実は盗む・盗まないという選択そのものはあまり重要ではなく，その理由が大切なのです。コールバーグは表 5.4 のように，行為の理由によって道徳性の発達段階を区別しました。それによると，未熟なレベル I では自己中心的な利益や快不快を求める，叱られる・ほめられるという賞罰，レベル II では他者の幸せのためという社会的な配慮，そしてさらに上位のレベル III では，正しい行いとは何かをそれこそ哲学的に考えた普遍的倫理となり，それぞれに 2 つずつ段階があって，合計 6 段階となっています。コールバーグは性別や人種別でも調査を行いました。日本の子どもでは第 3 段階が多く，加齢に伴って第 4，5 段階へと発達することがわかっています。

表 5.3　道徳性の発達を調べるためのジレンマ課題

【ピアジェ】
　太郎君はお母さんが留守のときにイスに上って棚の上のお客さん用のジャムを取ろうとして手が滑って横にあるコップを 1 個割ってしまった。次郎君はパーティに来た友達のためにドアを開けたら，勢い余って玄関に飾ってあった花瓶を割って花がダメになって玄関が水浸しになった。太郎君と次郎君はどちらが悪い？

【コールバーグ】
　ハインツさんの妻が難病にかかり，助かる道はただ一つ，ある町の薬屋が開発した高価な薬を買うこと。金策に走ったが半額しかできず，交渉したら断られた。妻が死にかけているので仕方なくハインツさんは夜に薬屋に忍び込んで薬を盗み出した。ハインツはそうすべきだったか？

【アイゼンバーグ】
　友達の誕生会に行く途中にけがをして動けない子どもと出会った。誕生会に行かずにその子の親を呼びに行くか？

【トロッコ問題】
1．暴走トロッコの先に 5 人の作業員がいて，このままでは全員死ぬ。ポイント切り替え機を操作すれば別の線路に行って，その先の 1 人の作業員が死ぬ。ポイントを切り替えるか？
2．暴走トロッコの先に橋がかかっていて，自分と太った男と 2 人でいる。自分が線路に飛び込んでもトロッコを止められず，その先の 5 人の作業員が死ぬ。太った男の背中を押して突き落とせばトロッコが止まり，男は死ぬが 5 人の作業員は助かる。男の背中を押すか？

表 5.4　コールバーグによる道徳性発達段階 (Kohlberg, 1984 より改変)

レベル／段階	内容
Ⅰ．前慣習的／1．他律的道徳，2．個人主義	1．罰を受けず服従，人に損害を与えない　2．自分の利害や欲求を満たす，公平・合意
Ⅱ．慣習的／3．相互的期待，4．社会と良心	3．期待される役割に従い，善意・配慮・信頼を維持　4．社会的義務に従い，社会・集団・制度に貢献する
Ⅲ．脱慣習的／5．社会契約，権利，6．普遍的倫理	5．価値や規則は相対的だが契約なら従う，他方生命や自由は絶対的　6．普遍的な正義原理と人間の尊厳尊重

　では大人はどうかというと，第 6 段階というのは理論上のもので，せいぜい第 5 段階くらいまでで，女性はレベル II の第 3，4 段階にとどまることが多かったのです。日本人もなかなか第 5 や第 6 段階までに至りませんでした。この点について，コールバーグの弟子ギリガン（Gilligan, C.）は批判的に研究を行いました。彼女が別のジレンマ課題によって調べたところ，女性はケアの原理，男性は正義や所有権の原理に従うことが明らかとなり，コールバーグの道徳性発達段階説は，西洋男性の原理を反映したものに過ぎないと結論づけました。

　相手を利する利他的行動は，日本人の場合は目の前の困っている人や具体的に困窮が伝えられる人に救いの手を差し伸べたいという情緒的な面がありますが，西洋の男性は状況とは関係なく正しい行いをすることが最高の道徳だと考えているかのようで，道徳がより理性的な仕業のように感じられることがあります。1 つの例で結論づけることは科学的ではないかもしれませんが，ロンドンの奥まった道路で見た光景を思い出します。物乞いの男性が歩道に座っているところに，反対側の歩道を成人男性が歩いてきたかと思うと，そのままやり過ごせるにもかかわらずわざわざ道路を横切ってやって来て，物乞いにお金をあげて，そして再び元の側に戻って歩き続けました。物乞いがいたのは自分が歩いている側の歩道ではないので，見て見ぬふりをして通り過ぎることができたのに，まるで一日一善と決めているような振る舞いでした。感情の高まりでしてしまう善行と，決心して行う善行と，どちらが高い水準でしょうか，一概に言えませんね。

　このような利他的行動はどのように発達するのでしょうか。人は生まれたときは白紙だという発想からは，他人のために役立ちたいという行動は生活経験の中で学習されるものだと考えられます。しかし，人の行動は遺伝子に支配され，他の誰かの役に立ちたいとする生まれつきの仕組みがあると考える進化心理学の立場があります。血縁者のために尽力することはチンパンジーにも見られますが，赤の他人に手助けすることは人間ならではのようで，このことから人は「おせっかいなサル」だとの指摘があります。ただしお互いにいじわるをするときもあり，極端な場合は戦争して殺し合うのも人間です。従って道徳と

コラム 5.4　子どもの性役割の獲得——性別役割の過剰な期待が発達を歪める？？

【事例 1　男子中学生】

中 2 の A 君は夏休みに部活の顧問の先生から激しく叱責され，以来不登校になりました。両親のカウンセリングが進む中で，父親は仕事が多忙で子どもと接触する時間がなく申し訳ないとうなだれ，母親はこれではまるで母子家庭のようで，このままでは男らしくない子に育つのではないかと心配し，父親に不満をぶちまけていました。カウンセラーが両親それぞれの苦労をねぎらい励ます中で，父親の大変さが母親にもわかるようになりました。また，父親は実父を幼い頃に亡くしていて父親モデルが描けないことから，父親として A 君への接し方に戸惑いがあることが明らかになりました。父親は A 君とことば少なにゲームをするのですが，それでは母親は満足しません。カウンセラーは父親が子どもと一緒に過ごせたことを高く評価し，母親には A 君は部活の顧問のような男性っぽい人とは合わないかもしれないが，とてもこころの優しい男の子だ，と告げました。母親は，男らしさにこだわっていた自分が問題で，A が強い男の子にならないとダメというとらえ方が次第に変わっていきました。最終的に A 君は中 3 で復学することができました。

【事例 2　女子高校生の援助交際】

櫻庭ら（2001）は，女子高校生の「援助交際」について調べ，家庭環境の良好さと適切な性意識が，性的逸脱行動を抑制することを示しました。家族に受け入れてもらう体験が，不安感や空虚感から援助交際に走ることを防いでいると指摘しています。

男らしさ，女らしさについてのステレオタイプな見方を再考するとともに，緊密な親子関係を築いて青年の孤独感を和らげることが，適切な性意識の発達には重要であるといえます。

は固定した普遍的な行動原理というよりも，状況によって変化するものといえます。遺伝子にプログラムされた大まかな行動プランと，理性的で時にはずる賢い判断とが織り交ざって，私たちの行動が決定されているのでしょう。

5.5　ことばによるコミュニケーションの発達

5.5.1　ことばの起源

　私たちは身振りや表情だけでなく，ことばによって意思を伝達し合います。社会性の発達を考える上でことばの発達は重要なものですから，この節ではことばを獲得する上での子どもと周りの人々との関係に注目しながら，ことばの発達についてお話しします（主として小椋ら（2015）と内田（2017）に依っていますので，個々の研究論文等の出典はこの2冊をご参照下さい）。

　ことばの起源は数万年前にさかのぼるといわれています。現生人類の祖先ホモサピエンスは，それまでの旧人ネアンデルタール人と比べて頭蓋骨が発達し，脳が広がってことばを話す能力の余裕ができ，叫び声や合図だけでなく意味を伝達することができるようになりました。

　なお，日本語は，インドネシア語の音韻，インド語の語彙，モンゴル語の文法に起源があるといわれています。

5.5.2　ことばの特徴と働き

　ことばの特徴として，言語学者ソシュール（Saussure, F. de）は，恣意性，つまりことばの形や音と実際の対象物とは何ら具体的な類似性がなく，その結びつきは勝手気まま（恣意的）であること，そして，文法規則に従って語を組み替えて無限に表現できる生産性，今ここにないものを描写できる超越性を挙げています。

　ことばの働きには，主として伝え合う，考える，そして「ヨッシャ」や「ダメ！」と言いながら行動をスタート・ストップする行動調整などがあります。

コラム 5.5　社会性をエゴグラムから考える

　心理テストの一種であるエゴグラムでは，私たちのこころの働きを親（Parent）・大人（Adult）・子ども（Child）の 3 つに分け，親と子をさらに 2 つずつに分けて，合計 5 つの要素からこころの仕組みを考えます。つまり，親は子どもに○○しなさいという命令口調で要求する「厳しさ（Critical Parent）」，一方で子どもの心身を案じて慈しむ「優しさ（Nurturing Parent）」があり，大人は合理的・理性的に計画を立てて事実に基づいて判断するので「合理性（Adult）」，子どもは楽しいことなら何でもするぞという自由奔放な面「楽しみ（Free Child）」があり，その反面，大人の指示待ちの姿勢「従順（Adapted Child）」があります。以上 CP，NP，A，FC，AC の 5 つから人を判断します。

　社会性という点では，他者にあまりに厳し過ぎると良くないので CP が高過ぎない方が良いでしょう（図 5.7）。そもそも CP が高いことは「あなたはあなたではいけない（You are not OK）」という意味になります。人にいくら注文をつけてもそれほど変わらないでしょうから，諦めてせいぜい自分に厳しいくらいにとどめたほうがよいでしょう。では NP（優しさ）を高めるにはどうすればよいでしょうか。NP が高い人は「大変だねぇ，よく頑張ってるねぇ」といったようなことを言いがちなので，そのまねをします。A が低過ぎると感情に流されやすいので，事実を確かめるよう心がけます。AC が高い人は自分を抑えて人に合わせることで，「私はダメ（I am not OK）」と自己否定的で不適応に陥りやすいです。学級で人気者になるような人は FC が高く AC が低いものです。FC が低く AC が高い人は日常の楽しみを見つけて FC を高め，開き直って自己主張すると，人とのお付き合いがあまり苦でなくなり，ストレスも軽減するでしょう。

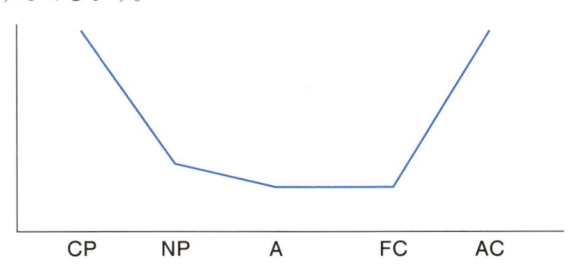

図 5.7　社会性が乏しいと予想されるエゴグラムパターン

5.5.3　ことばの獲得の理論

　子どもは，1歳の誕生日を過ぎる頃に初めてのことば（初語）が出てきて，1歳半頃から急激に語彙が増えます。幼い子どもがこうして見事にことばを学ぶ背景には，持って生まれた能力があると考えざるを得ません。言語学者チョムスキー（Chomsky, A. N.）は，誰もが生まれつき持つ言語獲得装置 LAD（Language Acquisition Device）という脳内のコンピュータのようなものが，満足に話せない1歳未満の時期にことばを解析し，文法を学ぶことができるという生成文法理論を唱えました。

　心理学者ブルーナー（Bruner, J.）は，ことばの発達における社会的な関わりを重視し，乳児には言語獲得援助システムが備わっていて，養育者が語りかけなどの手がかりを与え，社会的コミュニケーションの足場を作ることで，乳児の言語獲得能力を引き出すと考えました（社会的相互作用説）。

　また，ピアジェの認知発達説に従うと，外界の対象との相互作用により1歳頃に象徴作用（あるものを他のもので表すこと，ごっこ遊びなど）という認知機能が発達し，その表れとしてことばが発達するとされます。ピアジェの相互作用は，世界にうまく適応していくためという面が強調されますが，実際にはイヌに吠えられてびっくりしたり，おもちゃに手が届かなくてがっかりしたり，お母さんに抱かれて嬉しかったりという情緒的な体験の中でことばの学習が行われるのでしょう。母親がそばにいなくて寂しいときに思わず「マ」という音を発したら，周りの人がすかさず「ママね，もうすぐママ来るよ」などと意味を持たせて反復し，乳児がそれを聞いてやがてマネることができる，そのように情緒を伴って学習が繰返し行われると考えられます。

5.5.4　1歳までの時期が重要

　いずれにしても，1歳未満児はことばが話せないからといってそっとしておくのではなく，主たる養育者が親密な関係を持って表情豊かに語りかけ，抱っこしたり周りの風景を見せたりして刺激づけることが大切です。育児放棄やネグレクトなどの被虐待児にことばの発達の遅れが見られることからしても，乳児期の養育者による働きかけがいかに重要であるかがわかります。

コラム 5.6　語彙の発達

　1歳の誕生日を過ぎる頃に初めてのことば（初語）が見られ，1歳半頃から急速にことばの数（語彙）が増える爆発期を迎えます。そのためには養育者からの語りかけが重要で，二項関係・三項関係，共同注意などが前提になります。最初は一語で文章的な意味を表す一語文が，やがて二語文が出現し，2歳を過ぎる頃に多語文が出現します（図5.8）。

	月齢	
リンゴ　ジュース　イチゴ　チョウ	20	できる　これ　ない　きれい
目　耳　電車　じーじ　ばーば	19	あっち　あつい　痛い　だっこ
葉っぱ　お茶　バナナ　パン	18	いや　どうぞ　ある　たっち
ニャンニャン　くっく	17	ねんね　よいしょ　バイバイ
ワンワン　おっぱい	16	はい　ないない（片づけ）
パパ　ママ	15	いないいないばあ
まんま	14	

図 5.8　**早期出現語**（小林・永田，2012 より作成）

　学齢期の語彙発達では幼児期よりも事情が複雑になります。例えば「冷たい」という語は雨や水が冷たいだけでなく，人の気持ちが冷たいというように意味を深めたりします。また「よごす」は自分が泥で遊んでいるときのことだけでなく，きたなくすること全般を指すのだという，意味の把握の正確さが必要になります（高橋，2006）。そのためには漢字の知識の習得やそれらを組み合わせて新しい語彙を生み出す過程があります。読書時間も関係することでしょう。

　耳鼻咽喉科の医師である益田ら（2016）は，「聞こえにくい」「発音がおかしい」という訴えで来院した子どもたち数千名の 10 年来の診察結果から，言語発達障害を表 5.5 の通り 4 つに分類しました。原因をより早期に解明することで，個人に合った支援を学校と連携して実施することが可能となります。

表 5.5　**言語発達障害の分類**

側頭葉型	聴覚情報の処理が不十分，語彙獲得が遅れ，読み書きが困難に
頭頂葉型	視覚情報の統合ができず，字を読めるが書けない等
前頭葉型	理解はできても言いたいことをうまく表出できない
基本不足型	選択的注意と作業記憶が不足し，聞こえていても聞いていない

　ことばの発達の順序を以下に追ってみます。2 カ月くらいまでは咳(せき)をしたり泣いたりなどが主ですが，2 〜 4 カ月くらいになると，人とのやりとりの中でクーイング（あーとかうーなど）や笑い声が見られ，泣き声も要求や呼びかけなどの意味を持ってきます。たまたま子音を発したりしますが再現することは難しいです。4 〜 6 カ月では発する音の高低や強弱などを比較的自由に操れるようになり，6 カ月を過ぎると重複喃語(なんご)（ブブブ）や多様喃語（バブビブ）といった喃語が出現します。10 カ月頃には意味はないけれどもまるで話をしているかのようなジャーゴン（会話様喃語）を言うようになり，それも日本語（母語）のようなイントネーションなので，周りの人の期待も膨らみます。個人差がありますが 1 歳頃に意味するものと意味されるものを区別し，象徴機能が成立するとともに音声で意味を表現できるようになります。

5.5.5　基底にある認知能力の発達

　あるもので他のものを表す象徴機能は，ごっこ遊びや見立て遊びとして観察できます（コラム 5.7）。また，現実のものの代理物は表象（representation）といって，頭の中に具体物を再現（represent）することを指します。「リンゴ」と聞いたときに思い浮かべる視覚イメージや，誰々さんの懐かしい声，といった聴覚イメージなどです（第 2 章参照）。表象ができて象徴機能が成立することが，ことばという表象を用いて何かを意味することと重なります。また，犬の仲間と鳥の仲間を区別するようなカテゴリー化ができることは，語彙が増えることと表裏一体です。こうして言語発達は認知発達に支えられ，共に社会的な関係の中で進行します。

　模倣は，行動を観察した結果，類似した反応をすることで，人のこころを理解したり，言語や文化を自分に取り入れたりする上での強力な武器になります。乳児は 10 カ月前までにマママという喃語を自発的に言えるようになり，それを聞いた養育者が意味を持たせてママと言うのを聞いてそれを模倣し，次第に意味を持って自発的にママ，マンマなどと言えるようになります。1 歳半から 2 歳にかけて，自発的音声と模倣的音声が急増します。

　初めのうちは見た目に明らかな「イヌ」のような名詞が多く現れます。12

コラム 5.7 遊びの中で学ぶこと

2人の2歳児がはめ込みパズルで遊んでいます。先にできたA君が隣のB君にこうするんだよと教えてやりました。せっかく自分で工夫して楽しんでいたB君は怒ってA君をたたき，喧嘩になってしまいました。同じ遊びをしているように見えますが，この年齢では互いには関わりをもたない平行遊びにとどまります。共通の目的のために支え合う共同遊びができるようになるためには，相手の気持ちを理解し，自他の調整をすることが必要です。

3歳児がネズミになって5歳児のネコに追いかけられる遊びをしていたら，真剣に逃げようとせず，ネコに捕まってしまっても喜んでいました。ごっこ遊びでは役割の理解が必要で，子どもはやがて役割という他者との関係性を学びます。

5歳の女児たちがままごと遊びをしていて，Aさんは調理係，Bさんは調味料選びと役割を分担したようですが，Cさんはそれとは無関係にそばで宿題をしています。この年齢になると，互いに独立した活動を行いながら適度に連携して相互のタイミングをはかり，楽しく遊べるようになります（以上3つの例は中島，2016より）。

鹿嶋（2012）は5歳児のグループが即興で段ボールを使って家作りを楽しんでいるところを観察し記録しました。そこから鹿嶋は，保育者が適切な指導を行うことで，子どもの創造性を育成できることを示しました。家の壁を作っている子どもに触発されて，別の子が冷蔵庫や机などの家具を作り始め，次第に分業体制になります。そこで保育者が「次は〇〇を作るのよ」などとは言わずに，天気の話をして屋根が必要なことに気づかせたり，また，「寒いなあ」とつぶやくと，「そうだ，お風呂」と気づく子どもが出てきたりします。全く自由にしてしまうと単なる放任になってしまいますが，子どもの様子を見ながらその都度弱いヒント・強いヒントを織り交ぜて展開の指導を行い，子ども独自の工夫でできること，ヒントを与えられて思いつくことを意識しながら適度に介入すると，子どもの創造性が広がります。

カ月頃は意味を推測する上で目立つものに敏感ですが，次第に大人の視線や表情，指さしや身振りなどの社会的な手がかりによってことばの意味を推測できるようになり，24 カ月では社会的情報が優先するようになります。

5.5.6　2 歳，そして会話へ

　2 歳頃には 2 つの語を結合させて，「ジュース　ナイ」や「パパ　ダッコ」などと言うようになります。これは叙述や要求などの文章的な役割を果たすことから，二語文と呼ばれます。この頃，脳内の**シナプス結合**が成人の 1.5 倍くらいに活発になり，神経系が急速に発達するとともに，語彙や文法を獲得してやがて文を話すようになります。生得的な言語学習能力が備わっているとはいえ，そのプログラムが発現するためには，子どもが人やものについて様々な経験ができる環境が必要です。高価な教材を与えなくても公園に連れて行くだけで，他の子どもと接することができます。通りすがりの人々を眺め，遠くで遊ぶ小学生の声や木々を渡る風の音を聞き，木漏れ日のまぶしさに刺激され，すべての感覚が活性化されて，ことばの発達が促されます。

　会話をするためには共通の方向性が必要です。母子が同じものを同時に見ることを共同注視と呼び，また，誘われて同じものを見ることを共同注意と呼びます。これらは会話をするための準備として不可欠なものです。会話が成り立つためには相手の気持ちを理解する必要があり，その点においても会話能力の基礎に心の理論（**コラム 5.2** 参照）があるといえます。

コラム 5.8　サイコパス（反社会的パーソナリティ）

テレビドラマなどによく登場する**サイコパス**という**パーソナリティ障害**について，吉澤（2015）は研究をまとめています。以下，それを参考に，サイコパスとはどのような人物でどう対処すればいいかを考えてみます。

サイコパスには 2 つの特徴があり，一つは衝動性で，スリルやリスクを求め，性的乱交・危険な行為・犯罪を伴いがちです。もう一つは情緒性の欠如で，危害を加えた相手の苦しみを実感できず，その結果罪悪感や後悔の念が湧かないので，再犯の可能性が大きいものです。相手が痛がったり血を見たりしても，情緒面での抑止力が期待できませんので，いじめ・非行・犯罪につながります。

以上の事柄は単に心理面に限らず生物学的な基礎があります。衝動性については，第 6 章で取り上げる気質の **BAS**（衝動性）が **BIS**（抑制）を大きく上回り，両者のバランスが欠けている状態です。また，情緒性の欠如については，電気ショックが与えられても体がびっくりしたり計測器の針が振れたりすることがあまりなく，生理的に不快や罰に鈍感です。

さらに認知の歪みが加わることがあり，偶然足を踏まれただけなのにわざと踏んだと思い込んで復讐（ふくしゅう）するとか，あいつは悪い性格だからやっつけて当然などと状況を歪んで解釈し，その結果として暴力沙汰を起こしてしまいます。

生まれつきこうした特徴を持つ子どもをどう育てたらよいかというのは難しい問題です。罰をそれほど苦にしないので，叱ったりたたいたりしても効果は期待できません。厳しいしつけを続けると，その場しのぎに人前で良い子ぶって人を欺くような性格になりかねないので，報酬で条件づけるとよいといわれます。ほめられるたびに，良いことをすればいいのだということを理解する，良心の内面化が行われます。生物学的にサイコパスの傾向を持つ子どもを社会化することは，親にとって大変な苦労が必要ですが，親や教師は本人のためにもうまくしつけ・教育を行い，人に迷惑をかけずに生きていけるように方向づけます。

情緒性の欠如を持ちながらも，衝動性があまり見られない場合は，うまく育てると社会的に成功するかもしれません。物事に動じない，怖気（おじけ）づかないという側面が良い方向に働き，衝動を抑えて人間関係を上手に処理できると，活躍できる人材になれるでしょう。

参 考 図 書

有光 興記・藤澤 文（編著）（2015）．モラルの心理学——理論・研究・道徳教育の
　　　実践——　北大路書房

子安 増生（2000）．「心の理論」——心を読む心の科学——　岩波書店

復 習 問 題

1. 社会性の訓練方法について調べてみよう。

第6章 人格の発達

　Ｙ君の親は，子どもの自己効力感を育てることに熱心で，赤ちゃんの頃から泣けばそばに寄っていくなど，子どもが何かしたらすぐに周りが反応し，自分の行動が周りに少しでも影響を与えることができるという実感を子どもに持たせるようにしました。そのせいか，Ｙ君は積極的で活発な子になりました。ただ，幼稚園では自分勝手で言うことを聞かないと注意を受けてしまいました。やがて小学校に入りサッカーチームに所属すると，コーチから「この子はフォワード（攻撃）に向いている，日本人にはあまりないタイプだ」と指摘されました。その後は家庭でのしつけの方針が軌道修正されたのと学校文化の影響からか，次第にフォワード向きの特徴は薄らいでいきました。成人してからは安定した職場よりも新しい事柄にチャレンジする仕事に就くなど，Ｙ君は安定志向とは少し違う価値観を持ち続けているということです。このように人格の発達は，気質や養育態度，環境などに大きく影響を受けます。

6.1 人格形成の要因

　自己表現と自己抑制のバランスをうまく取れるような理想的な子育てはなかなか難しいものです。また，自己効力感を第一に考えて伸び伸び育てることは良い面ばかりではなさそうですし，日本文化の中では，自己抑制の方が優先されます。子どもの人格（パーソナリティ）形成は，養育態度や学校教育，社会，文化の中に組み込まれ，環境との相互作用の中で進展します（**表6.1**）。

　そもそも親が意識的に努力して子どもの性格を自由に作れるものでしょうか。もしかすると親が意識しない行動こそ，子どもに大きな影響を与えているかもしれません。また，生まれつきの性質である気質は，今日の脳科学から生物学的な基礎が明らかになり，養育態度や環境，本人の努力などと同様に，後の人格の成長の根幹にあり続けると考えられています。

6.2 気質研究

　同じ両親から生まれたきょうだいでも，控えめ，活発，我慢強い，飽きっぽいなど，赤ちゃんの頃からはっきりした個人差が見られます。このような誕生直後からほとんど変わらない生まれつきの性質の違いを**気質**と呼んでいます。

　トーマスとチェス（Thomas, A., & Chess, S., 1980）による1960年代のニューヨーク縦断研究は，赤ちゃんの気質の違いと継続性を明らかにしたことで有名です。彼らは130名の子ども一人ひとりについて，生後3カ月から，3カ月ごとないし6カ月ごとに親に面接調査を行い，発話を調査・分類（**プロトコル分析**）しました。調査項目は睡眠，授乳，おむつの替え方，泣き，など多岐にわたりました。これを2年間続けたところ，活動性や気分の質など，9つの気質次元（**表6.2**）が見出され，年数がたっても一定の特徴が維持されることがわかりました。

　生後10カ月過ぎの乳児が環境の変化に気づいて「あれ何」と他者に問い合わせることを**社会的参照**といいます。向井（2003）は，18カ月の乳児にイヌ型ロボットを近づけたとき，乳児が横にいる母親を見る（社会的参照）かどう

表 6.1　**子どもの人格形成に影響を与える要因**（海保ら，2006 より作成）

自然環境（地理，気候）

社会・文化（言語，宗教，制度，価値観）

地域（都市・田舎，商工業・住宅地，新興・伝統）

職業（青年期以降，職種，収入，人間関係）

学校（制度，教育内容，学級集団の質，教師）

友人（友人関係，集団，地位，勢力，異性関係）

家庭（人数，出生順位，きょうだい，人間関係，収入）

養育者（養育者の人格，しつけ，態度，教育観，社会経済的状態）

表 6.2　**トーマスとチェス（1980）による 9 つの気質次元**

カテゴリー	特徴
1. 活動性水準	絶えず活発に動き回る／スヤスヤと眠って過ごす
2. 周期性	一定時間に食事し，一定時間に眠る／毎朝違った時刻に起き，食事時間もバラバラ
3. 接近／回避	新しいおもちゃ・食べ物・顔に接近し，手を伸ばし笑う／拒否したり遠ざけたり騒ぎ立てる
4. 順応性	入浴や新しいおもちゃに徐々に慣れて楽しむ／突然の鋭い音やおむつ替えなどに慣れない
5. 反応の強さ	空腹時でもすすり泣く程度で，衣服が手足に引っかかっても騒がない／父親に遊んでもらうと声高に笑い，検温や着替えで泣きわめく
6. 気分の質	一日中ニコニコ笑っている／揺すられてあやされても泣き叫ぶ
7. 固執性	モビールを飽かずに眺める／おしゃぶりをすぐに吐き出す
8. 気晴らし	あやされて空腹を忘れたり，おもちゃで着替えの煩わしさを忘れたりする／摂食時でも泣いたり，着替えが終わるまで騒いだりする
9. 敏感さ	音や光に敏感，ジュースに入れたビタミン剤に気がつき吐き出す／大きな音や濡れたオムツ，食べ物に気づく程度

かを調べました。母親を見る子（社会的参照あり）は，「こんにちは」「バイバイ」などの挨拶語をよく覚えることから物語型と命名され，母親を見ないでロボットに釘づけの子は名詞を多く覚えることから図鑑型と命名されました。この結果から，1歳前後にはすでに興味の方向性が人かモノかに分かれる個性（脳のクセ）があると考えられます。この実験で，男児には図鑑型が，女児には物語型が多いことがわかりました。女児に物語型が多いのは，大脳のとくに言語を司る左脳の成熟度が男児に比べて高いためと考えられます。

6.3　気質の生物学的基礎

　1960年代にトーマスらによって明らかになった9つの気質次元は，その後の脳科学の発展に伴い，脳の各部位と対応づけられるようになりました。諸研究によると，大きく2つの気質と関連づけられるシステムが考えられています。

　一つは行動的抑制傾向 BIS（Behavioral Inhibition System）で，新奇性に対する抑制，恐れ，不安，引っ込み思案などの特徴があり，ブレーキの役割を果たします。これは扁桃体という脳の部分に関わり，神経伝達物質セロトニン回収の遅れと関係します。

　もう一つは接近快活性 BAS（Behavioral Activation System）で，新奇なものへの接近・衝動，積極的・活動的な傾向で，アクセルの役割を果たします。脳内の線条体の活性度が高く，ドーパミン神経系の興奮と関係します。

　私たちはこれら2つのバランスを取ることで，生き生きとした節度ある生活を送ることができます（図6.1）。いわば2頭立ての馬車を御者がコントロールしているようなものです。抑制と接近という2つの気質が馬に当たり，前頭葉が御者に当たります。脳内の額の裏側当たりにある前頭前野は，思考，動作，情動の制御，葛藤の解決などが行われる抑制コントロールシステムをつくっています。また，前部帯状回では，注意の焦点化，転換，モニタリング，葛藤の検出が行われる実行注意システムを構成しています。そこでは，様々なことに気づき，どこに注意を注いだらよいかを見極めて焦点化し，解決すべき事柄を見つけて合理的な判断を下すわけです。脳内では，行動の抑制（やっぱりやめ

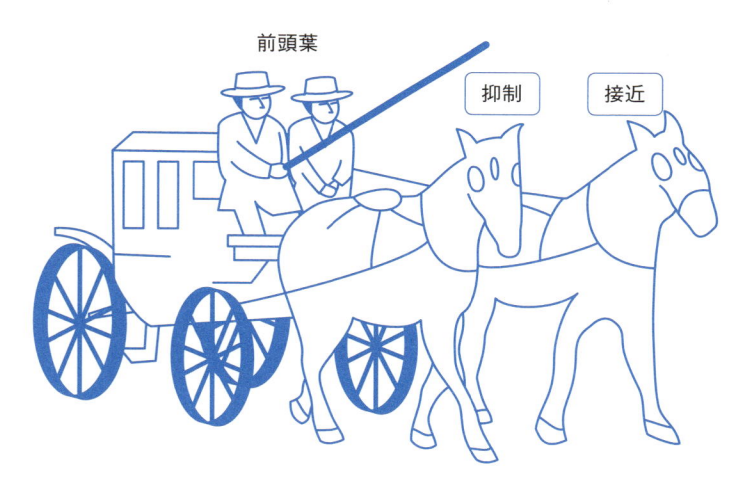

前頭葉

抑制

接近

図 6.1 行動の抑制・接近，注意の制御

ておこう）や**行動の始発**（やりたくないけどやってみよう），そして**注意**（集中しよう）などを制御するのです。

6.4　クロニンジャーの人格理論

　前節でみたとおり，衝動と抑制，つまりアクセルとブレーキに当たる2つの気質が遺伝子や脳内の活動と関係があることがわかりました。それらの強さが一人ひとり違っていて，アクセルが全開の人，ブレーキがよく効く人など，私たちには生まれつきの傾向があり，脳のクセを持っているのです。クロニンジャー（Cloninger, C. R.）は，そうした個人差について，**新奇性探索**（衝動）と**損害回避**傾向（抑制）の2つと，さらに報酬依存の傾向を加えて3つの軸で気質・人格を表す理論モデルをつくりました（**図6.2**，**表6.3**，木島，2014）。

　新奇性探索は衝動性ないし接近快活性に該当し，目新しいことを好み，リスクを顧みずに大胆に挑戦していく傾向です。また，損害回避は行動的抑制傾向に当たり，目新しいものを好まず，引っ込み思案な傾向です。活発な子どもと臆病な子どもの違いは親の養育態度もさることながら，ある程度生まれつきだといえます。一方，報酬依存とは人に向かう傾向で，人と一緒にいたい，人にほめられたい，人の役に立ちたいという特徴を示します。**表6.3**の固執性とは1つのことをずっと続けられるかどうかを示し，度が過ぎると完璧主義になります。

　図6.2の上4つは，アクセル全開でリスクを冒してでも目新しいことを求めるタイプで，中でもブレーキが効かず人に配慮しないものは「**冒険家**」として反社会的になる可能性があります。やはりブレーキが効かないけれど人に注目されたいのは「**情熱家**」と呼ばれ，極端な場合は演技性パーソナリティ障害になるとクロニンジャーは考えました。面白いことにアクセル全開でしかもブレーキもよく効くタイプがあり，人に無関心だと「**激情家**」，人を意識すると「**神経質**」と名づけられています。

　図6.2の下は，ブレーキが主でアクセルをあまり踏まずに人に頓着しない「**論理的**」，同じく人の評判を気にする「**慎重**」，アクセルを踏まずブレーキの

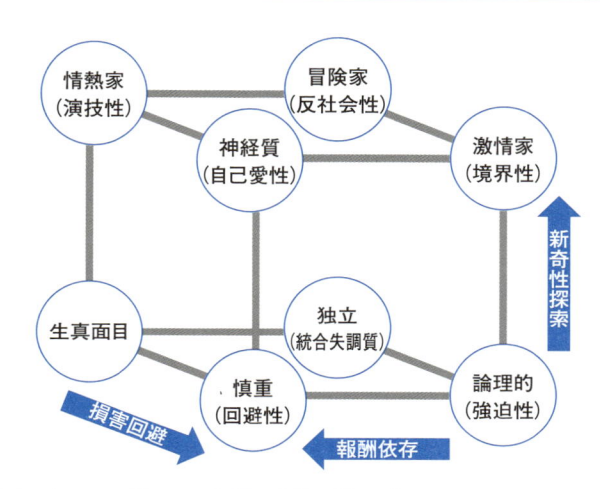

図 6.2 **クロニンジャーの気質・人格理論モデル**（木島，2014 より改変）

新奇性探索（アクセル），損害回避（ブレーキ），報酬依存（人に向かう）の 3 つの気質から次の 8 タイプが導かれる。

①情熱家（演技性）……アクセルが強くブレーキが弱い，人が好き。少年漫画キャラ。
②冒険家（反社会性）……アクセルが強くブレーキが弱い，一人で突っ走るタイプ。
③神経質（自己愛性）……アクセル・ブレーキ共に強く，ストレスで神経質に。
④激情家（境界性）……アクセル・ブレーキが強く，人に頼らずストレスで衝動的に。
⑤生真面目……アクセル・ブレーキ共に弱く，のんびり。信頼される人。
⑥独立（統合失調質）……アクセル・ブレーキ共に弱く，一人で淡々と。目立たない。
⑦慎重（回避性）……ブレーキが強く人からの評価に敏感，消極的。
⑧論理的（強迫性）……ブレーキが強くマイペース，消極的だが信頼される。

表 6.3 **クロニンジャーによる気質・人格の 7 次元**（Cloninger, 1996）

4 気質	特徴	詳細
新奇性探索	行動始発性	衝動性，無秩序性，浪費傾向
損害回避	行動抑制性	シャイネス，予期不安，悲観性
報酬依存	動機づけられやすさ	愛着，感傷性
固執性	行動の持続性	粘り強さ

3 性格	特徴	詳細
自己志向性	自己統制性	自己責任，目的志向，問題解決
協調性	他者との共同性	共感，受容，同情，協力
自己超越性	世界とのつながり感	空想性

効き具合が悪く，人にかまわない「独立」，人のことを気にする「生真面目」の4つのタイプに分かれます。

　以上の特徴が成長発達によってよりはっきり表れることがあるでしょうし，逆に環境次第で変わっていくことも考えられます。

6.5　類型論と特性論

　人は千差万別ではありますが，あの人は○○タイプだ，と大まかに決めるとわかりやすくなります。このように人格を少数の典型に分ける考え方は類型論と呼ばれ，代表的なものに外向性，内向性，神経症タイプなどがあります。青年心理学者シュプランガー（Spranger, E.）は，人格のタイプを価値観によって6種類に分類しました（表6.4）。脳が喜ぶ刺激は人によって少しずつ違っていて，人生の目標も異なります。なお，血液型で性格がわかれば便利かもしれませんが，残念ながら心理学では両者の関係は否定されています。これはマスコミなどによって作られた説といえます。

　一方で，あの人には優しい面があるけど案外冷たい面があって……などと一つひとつの特徴を挙げて人の性格を判断しようとする考え方があり，これを特性論といいます。

　類型論は人の性格を大まかにとらえるには便利ですが少し雑になるし，特性論はきめ細かいものの，全体が見えにくい，などそれぞれ長所と短所があります。ですから多くの人格理論では，特性を吟味した上で少数のタイプに分けるようになっています。例えばYG（矢田部ギルフォード）性格検査という質問紙法では，12の尺度が設定され，「神経質傾向」がどれくらいかというように特性論として使用できます（表6.4）。しかも，結果を4つのタイプに分けることができるので類型論としての性質もあります。クロニンジャーの人格理論は3つあるいは4つの特性の程度によって典型的なタイプがあることを述べています。

表 6.4　類型論と特性論

類型論	
提唱者	**分類**
クレッチマー	細長型（神経質で非社交的），肥満型（社交的・明るい・うつ傾向），闘士型（熱中・粘り強い・頑固・爆発的に興奮）
ユング	外向性（心的エネルギーが人や社会に向く） 内向性（自分自身の内なるものに関心が向く）
シュプランガー	理論型（分析的・合理的・論理的），経済型（利己的で経済重視，起業家），審美型（美的価値を重視し，美意識を活かす），宗教型（魂の救済を求め，博愛的・道徳的），権力型（支配欲が強い。政治家や社長），社会型（人が好きで奉仕活動や福祉に尽力する）
特性論	
YG 性格検査	抑うつ性，劣等感，攻撃性その他 12 尺度
ビッグ・ファイブ	外向性……人懐っこい，集団を好む，リーダーシップ 調和性……正直，利他的，寛大，謙虚，優しい 誠実性……自尊心が高い，几帳面，良心的，勤勉，粘り強い 神経症傾向……心配性，敵意，憂うつ，自意識過剰，衝動的 経験への開放性……想像力，芸術的，感性，好奇心，独創的

6.6　ビッグ・ファイブ

　優しい，活発，元気，明るい，神経質，怒りっぽい，などの性格表現用語を
たくさん並べて，それらの一つひとつについて大勢の人に該当するかを尋ね，
統計的な処理をしてまとめたらどうなるでしょうか。研究の結果，5つの因子
にまとまったので，ビッグ・ファイブ（Big Five）と呼ばれています（表 6.4）。

　まず一つは外向性で，活動的，支配的，興奮追求，注意獲得などの特徴があ
り，脳内快感物質のドーパミンと関係します。次は調和性で，正直，利他的，
寛大などの特徴があり，精神を安定させる脳内物質セロトニンと関係がありま
す。それから誠実性，神経症傾向，経験への開放性の合計 5つです。ビッグ・
ファイブは他の研究ともだいたい一致する上に，数ある性格分類を広くまとめ
ることができて有力です。

　高橋（2016）は性格や気質の年齢変化の研究を概観し，ビッグ・ファイブの
5つの特性が加齢によって変化するという研究結果を紹介しています。すなわ
ち，神経症傾向が年齢により低下する一方，調和性や誠実性は得点が上がりま
す。外向性の下位次元の社会的優位は増加傾向ですが，社会的活力は緩やかに
低下します。ただし青年期は特別で，神経症傾向が増し，外向性が低下します。

　高橋は続けて，罰の回避，報酬への接近，エフォートフルコントロール（＝
自己抑制）の 3つの気質次元における年齢変化の研究から，罰の回避や報酬へ
の接近は減少する中で，エフォートフルコントロール（EC）は増加すること
を示しました。EC の発達は重要で，小川（2015）は，保育園児の EC の高さ
は社会的スキルの高さや問題行動の少なさと関連することを示し，水野（2015）
は，EC が高いとその後も自己抑制的な側面の発達が良好で，育児ストレスも
感じにくいことを報告しています。すなわち，人生で大切なことの一つは自己
抑制だといえるでしょう。

6.7　フロイトの心的装置

　19 世紀末から 20 世紀初頭にかけてオーストリアで活躍したフロイト（Freud,

コラム 6.1　人は何を求めて生きるのか（欲求あれこれ）

　精神分析学者フロイトは，人のこころを図 6.3 のようにモデル化し，人を動かすエネルギーを性（性欲動，リビドー）に求めました。また，心理学者マズローは欲求を 5 段階の階層に分けました（図 6.4）。5 段階をたどると，生きる上での基本である生理的欲求から始まり，次に安全に暮らせる環境を求め（安全欲求），そして生活が安定すると家族などの親しい関係の中で所属と愛を得ようとし（所属と愛の欲求），さらに集団の中で認められたい気持ちや名誉欲が生じて（承認欲求），最終的に自分らしく生きたい，真・善・美を追求したいという高次の欲求になります（自己実現欲求）。

　フロイトもマズローもどちらも第一に生理的欲求を挙げています。確かに私たちは生命を維持し，子孫の繁栄を目指す存在であることに間違いありません。しかし欲求の順番が入れ替わることはあるでしょう。人の強固な信念は，社会変革や信仰において時に生存欲求までも犠牲にすることがあります。現在のような文明がおこる前にも，そのような痕跡がみられます。スペイン北部アルタミラの洞窟に描かれた鹿の絵の流麗な線には，食物としての獲物を超えた美的感動があります。

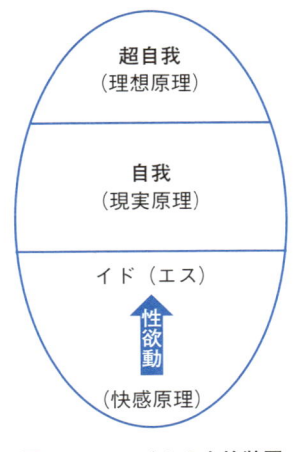

図 6.3　フロイトの心的装置

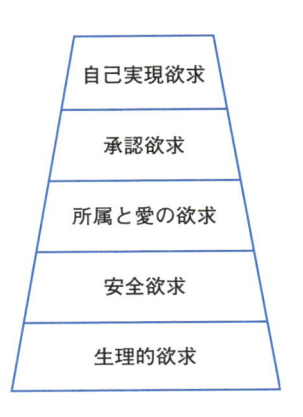

図 6.4　マズローの欲求階層説

　特別に心惹かれるものは脳内の報酬系でドーパミンの分泌を促します。美人やイケメンを見ると誰しも脳内に快感が走るのですね。美を求める気持ちと生理的興奮はマズローの説ほどは隔たっておらず，案外並列しているかもしれません。

S.）は，こころの病についての臨床経験から，人のこころは三層構造から成るとする**心的装置**という仮説を提案しました（**図 6.3**）。様々な欲求の層は**イド**とかエスと呼ばれて最下層に位置します。不都合な欲求も多々ありますが，これは私たちが自分らしく活き活きと暮らしていくためにはどうしても必要な部分です。発達的に見ると，赤ちゃんの頃はこの部分だけで**快楽原理（快感原則）**に従って生きています。ちなみにフロイトは欲求の基を性的な事柄と結びつけて**性欲動**と名づけ，それを私たちの生きるエネルギーや芸術・精神活動の源と考えました。芸術やスポーツもすべて性的欲求が昇華されたものだという主張です。

　幼児期には**自我**が芽生えます。例えば砂場で遊んでいて自分が欲しいスコップをお友達から無理に取り上げたりすると，相手が泣き叫びお母さんが飛んできて騒動になったりします。こうしたことを経験して，少し我慢することを学びます。そうして欲求部分をコントロールする自我が芽生え，現実原則に沿って生きるようになります。

　超自我の形成についてフロイトは独特の説明をしています。5 歳の頃，異性の親（息子なら母親）に性愛の感情を抱き，独占したいと思います。母親のパートナーである同性の親（父親）に戦いを挑む代わりに，回り道として父親になりきろうとして，同性の親（父親）と自分を同一視し，父親の一挙手一投足を取り入れます。その過程で父親の良心・道徳心の部分を自分に引き受けて超自我をつくります。なお，異性の親に性愛の感情を抱き，同性の親を憎むこころのわだかまりを，フロイトはギリシャ神話を題材にして**エディプス・コンプレックス**と呼びました。これは女性には当てはまりにくく，現在ではその見解はほとんど否定されています。また，同一視によって何かを学び取るという考え方は，フロイトを学んだバンデューラ（Bandura, A.）によって，性愛やエディプス・コンプレックスという仮説抜きの，見ることだけから学ぶという**モデリング（観察学習）**の理論へと発展していきます（3.3 参照）。

　超自我は自我に対して，良い子でいなさい，人に後ろ指を指されるようなことをしてはいけません，と命令します。一方でイドは自我に対して様々な欲求を突きつけてきます。このように自我は，上からと下からの要求について適度

表 6.5 **自我防衛機制**（海保ら，2006）

名称	内容	具体例
抑圧	不都合な考えを無意識に閉じ込める	嫌なことをなかったことにしてしまう
反動形成	思いと反対のことをする	好きな子にいたずらして泣かせる
同一視	偉い人をまねて自分と同一視する	憧れの先輩と同じ振る舞いをする
代理	できないことを別のことで満足する	スキーに行けないのでスケートに行く
補償	実現できない人生を別のことで満たす	体が弱いので勉強で頑張る
合理化	失敗を自分のせいでなく理屈づける	先生が悪いから成績が落ちた
昇華	性欲を社会に称賛される形で発散させる	スポーツ，芸術，諸活動

表 6.6 **児童用人格テストの例**（千葉テストセンター　小学生用検査より）

検査の名称	適用年齢	内容
TS 式 幼児・児童性格診断検査	小 3 ～中 3	性格が形成される基礎段階にある子どもを客観的に把握し，養育上必要な配慮を見出すための検査。「顕示性」「神経質」「情緒安定性」「自制力」「依存性」「退行性」「攻撃性」「社会性」「家庭適応」「学校適応」「体質傾向」の 11 項目から診断する検査。
小児 AN エゴグラム	小～高 2	小児期の自我の芽生えに続く自我の発達のバランスや，自我のエネルギー状態を測定。自己への気づきと自己コントロールによる自己改善・自己成長につなげるためのきっかけ作り。
S-M 社会生活能力検査 第 3 版	乳幼児～中学生	新版 S-M 社会能力検査の改訂版。子どもの日頃の様子から社会生活能力の発達を捉える検査。
CMAS 児童用不安尺度	小 4 ～中 3	顕在性不安尺度の児童版。53 項目で構成。状況要因に影響されない長期的な人格特性としての「特性不安」を測定。
PSI パブリックヘルスリサーチセンター版ストレスインベントリー	小 4 ～ 6 中 1 ～ 3 高 1 ～ 3	児童・生徒の現在の心の健康状態を，ストレス反応，ストレッサー，知覚されたソーシャルサポートの 3 つの尺度で測定し，子どもの現在の心の健康状態を客観的かつ簡便な方法で調べる。
TK 式 診断的新親子関係検査	小～中	子どもから見た親の態度について，「拒否型」「支配型」「保護型」「服従型」「矛盾不一致」の 5 つの領域で診断。

に応えつつ，現実に適応できるようにこころをコントロールしていきます。

　もしも欲求の赴くままに身を任せると，いずれ社会的につまずくのは必至で，また，超自我の言うなりになって聖人君子でいると，やりたいこともやれずに本来の自分らしい人生を全うできなくなります。従ってより良く生きるためにはイドや超自我をコントロールする自我がある程度強くないといけませんが，私たちは日常生活の不都合な事柄によって簡単に傷ついてしまいます。そこであまりほめられた作戦ではないものの，何かに成りきったりごまかしたりして自我を防衛する必要が生じます。フロイトの娘アンナ・フロイト（Anna Freud）はこうしたメカニズムを自我防衛機制として表6.5のような事柄を提唱しました。例えば「投影」とは，「あの人はケチでどうしようもないのよ」と知人のうわさ話をしている本人が一番ケチだったりするように，自分の不都合な事柄を他の誰かのせいにしてしまう＝投影することによって，自分の弱点に直面する危機を避けています。

　心的装置や自我防衛機制はすべて仮説であり，科学的な検証が得られるものではありません。しかしこれらによって子どもや大人のこころが少しはわかりやすくなるといえます。心的装置は脳内の各部に完全に対応しないものの，自我のコントロールは前頭前野の働きを連想させます。フロイトは他にも意識―無意識という仮説を提唱しました。当時としては一見荒唐無稽な考えと思われましたが，その後の心理学・医学のみならず，20世紀の文学や芸術，社会にも大きな影響を与えました。こころを科学しようとしたフロイトがもしも現代に生きていたら，脳科学研究に邁進していたかもしれません。

6.8　人格テスト

　こころや行動に問題を抱えていることが予想されるお子さんが相談所に連れて来られて，相談員が問題の大まかな輪郭を把握したい場合に，児童用の人格テストが実施されます（表6.6）。人格テストは，診断や治療方針に役立てることが目的ですが，もしも入学試験や面接など受検者を評価し選別するためならば，必ずしも素直に回答することはないでしょう。なぜならば人格テストや

コラム 6.2 投影法による人格検査

　一見性格検査に見えない問題の答えに，回答者の性格が投影される検査を投影法といいます。回答者が意識的に答えを操作することを防ぐ目的があり，図 6.5 のような左右対称のインクの染みの図形が何に見えるかを被検者に問い，採点して分析

したり，図 6.6 の絵画統覚検査（TAT）では，図版について過去・現在・未来の物語を語ってもらう中に被検者の動機づけなどを見通します。図 6.7 は絵画欲求不満テスト（PF スタディ）と呼ばれ，欲求不満場面を表した絵を見せてセリフを書き込んでもらいます。多くの場面について答えてもらい，誰のせいにするかで「外罰—内罰—無罰」に分けたり，大変だぁと言い立てる「障害優位型」や黙って解決の提案をする「問題解決型」などに分類したりします。

図 6.5
ロールシャッハテスト

　他には描画法として，木を描いてもらう樹木画（Baum）テスト，HTP（家—木—人）テスト，動的家族画（KFD）などがあります。かつて学生と少年院移送への一時保護所で少年少女らを調査したことがあります。彼らに木を描いてもらったところ，図 6.8 の通り，切り株や枯れ木，寄りかかって生える藤のようなもの等々，問題を抱えた様子の絵ばかりでした。左図ではひこばえ（若芽）がわずかな希望を感じさせます。図 6.9 は中学受験生に「実のなる木」といって描いてもらった絵です。

図 6.6　TAT

図 6.7　PF スタディ

図 6.8　樹木画（例）

図 6.9　「実のなる木」（例）

知能テストは，研究目的以外には本人の利益のためにのみ利用されるべきと考えられるからです。

　人格テストには大きく分けて**質問紙法，投影法，作業検査法**の3種類があります。質問紙法とはその名の通り，「友達とよく遊びますか」などの質問に対して「はい，いいえ」（2件法）や，「かなり〜，やや〜，あまり〜ない，全然〜ない」（4件法）などで答えます。質問紙法は，答える側の主観や意図が入るのでやや表面的になりますが，投影法は**ロールシャッハテスト**のように図版の模様が何に見えるかという回答に本人の人格特徴が映し出され（投影され）るので，より深いこころの状態を知ることができます（**コラム** 6.2）。作業検査法ではクレペリン検査などを実施することで暗算の通算成績から本人の集中力やムラ気などがわかります。

参 考 図 書

木島 伸彦（2014）．クロニンジャーのパーソナリティ理論入門──自分を知り，自分をデザインする──　北大路書房

復 習 問 題

1. クロニンジャーの人格理論において，精力的な営業マンとして活躍できそうなのはどのタイプでしょうか？
2. コラム 6.2 で紹介した中学受験生は「実のなる木」を描くように言われて，なぜ図 6.9 のような絵を描いたのでしょうか。その心理状態を推察して下さい。

第7章 知能と創造性

人には個人差があり，容姿が優れた人，有能な人，性格が良い人もいれば，目立たない人，不器用な人，万事うまくいかない人もいます。人生は平等でないのかもしれませんが，一人ひとりを独自な存在として見ると，何一つ足りないことはありません。他と比較するから差異が気になるわけで，とりわけ学齢期には学業成績の個人差が注目され，試験の点数が高いと頭が良いと見なされます。では，そもそも頭の良さとはいったい何なのでしょうか。人には生まれつきの知的能力というものがあって，それは一生変わらないものなのでしょうか。

知能についての定義は時代を経て変わっています。本章では様々な知能についての考え方を見渡して，知能の測定方法，知能に及ぼす遺伝と環境の影響を検討し，さらに知能を伸ばす食べ物があるとすればどのようなものかも見てみます。また，学校教育において知能ほどには重視されないけれども，将来の仕事におおいに関係する創造性について，本章の最後に述べておきます。

7.1　頭の良さとは何か

　小学校 6 年生の健太君は勉強ができなくて，クラスの中でも目立たない存在
でした。しかしいったん運動会になると彼の出番です。彼は抜群に足が速く，
マラソンで 1 着になりました。みんなは感心して健太君を見直し，拍手喝采で
す。また，同じクラスの良介君はいたずら坊主な上，宿題を忘れていつも先生
に叱られていました。ところが，学芸会のステージで華麗にドラムを演奏し，
一躍女の子たちのヒーローになりました。さて，健太君の運動能力や良介君の
音楽的な才能は，知能といえるでしょうか。

　大学の授業で「頭が良いとはどんなこと？」と尋ねると，真っ先に「学校の
成績が良い」という答えが返ってきます。その他に，「頭の回転が速い」「問題
が解決できる」，さらには「ずる賢い」「人とうまくやっていける」などの答え
がありました。

　知能とは何かという問いに対して，まず思い浮かぶのは計算やことばの理解
といった知的能力です。スピアマン（Spearman, C. E.）は，どんな分野にも共
通する頭の良さとしての一般因子と，数学や国語などのそれぞれの分野ごとの
特殊因子という 2 つの因子から構成されているとして，**二因子説**を唱えました。
一般因子という考え方は，頭の良い子は何をやってもよくできるという私たち
の実感に合致しそうです。また，一般因子でなく個別の能力に対応した多くの
因子のみがあるとするサーストン（Thurstone, L. L.）の**多因子説**もあります。

　そのような議論の中で出てきたのが，ガードナー（Gardner, H., 1983）の**多
重知能説**で，音楽，運動，さらには内省的知能のように学校の教科の枠に収ま
りきらない広い能力観を提唱しました。従来の知能観が学業成績と密接に関
わっていたことと対照的に，ガードナーは従来の常識を破り，論理数学的知能
に加えて音楽・身体運動・空間・対人・内省という 7 つの知能を提唱しました
（図 7.1）。初めのいくつかはともかくとして，最後の内省的知能に至ってはか
なり大胆な発想といえるでしょう。

　自分をわきまえていることが知能だとする発想は，自己制御して人とうま
くやっていくという意味で，ゴールドマン（Goldman, D.）の **EQ**（情動指数，

図 7.1　多 重 知 能

1. 言語的知能……話しことばと書きことばへの感受性，言語を学ぶ能力。
2. 論理数学的知能……問題を論理的に分析し数学的・科学的に究明する。
3. 音楽的知能……音楽パターンの演奏や作曲，鑑賞のスキルを伴う。
4. 身体運動的知能……問題解決や創作にからだ全体や身体部位を使う能力。
5. 空間的知能……飛行士の広い空間やチェスの狭い空間の認識・操作能力。
6. 対人的知能……他人の意図・動機づけ・欲求を理解して良好な関係を作れる。
7. 内省的知能……自分自身の欲望・恐怖・能力を理解し，生活を効果的に統制。

【さらに 3 つを追加（ガードナー，H.　松村（訳），2001）より】

8. 博物的知能……ある種の成員間を区別し，他の近接の種の存在を認識できる。
9. 霊的知能―宇宙の問題について考えることにたずさわる能力。
10. 実存的知能―人生の意義・詩の意味・芸術等に自分を位置づける。

社会的知性）に通じます。また，スターンバーグ（Sternberg, R. J.）は「実際的な問題解決」「言語的能力」「社会的有能さ」という 3 つの能力に注目しました。

　ガードナーは，その後さらに知能の種類を増やしていきました。若くしてハーバード大学の教授になり，論理数学的知能のスペシャリストであるガードナーが，様々な能力を知能と称していることは非常に興味深いことです。勉強以外でも得意な分野を伸ばすことができたら素敵ですね。

　親や教師が子どもに向かって「やればできる」と言うのは，励ますためでしょうが，人には得意不得意があり，つまり個々人に脳のクセがあって，いくら努力してもできないこともあります。従って，一律に「やればできる」と言って何でも努力のせいにするのは酷なことですし，「何としても東大に入れる」などと過度な期待を持つべきでもないでしょう。むしろ子どもの得意な分野を伸ばして楽しい気分にさせるとやる気も出てきて，能力を伸ばす上でかえって近道になるでしょう。もっとも，いろいろな可能性のある子どもに特殊な訓練だけを施すことは全人教育という点から問題があり，子安（2000）は，公教育機関である学校は，その子どもなりにすべての知能をできるだけ発達させることができるような教育環境を用意すべきであると指摘しています。

　ここで個性化教育や幼児早期教育を否定するわけではありません。子どもが自ら興味を持って学べるような材料を整え，適切な指導を行うことができれば，将来サッカーや水泳の選手にならなくても，また，有名校に進学しなかったとしても，様々な学習経験が心身の成長につながることでしょう。

7.2　知能テスト

　ガードナーが示したような，教科の枠に収まらない内省的知能を測ることは難しそうですが，言語的知能や論理数学的知能なら筆記試験や簡単な材料を使って測定できます。そこで，従来から様々な知能テストが考案されてきました（**表 7.1**）。

　その一つに**ビネー・テスト**があります。19 世紀末のパリでは小学校がすし

表7.1　主な知能検査の種類

名称と対象年齢	内容
WISC（ウィスク）–IV 5〜16歳	ウェクスラー式知能検査改訂第4版。5つの合成得点（全検査IQ，4つの指標得点（言語理解指標，知覚推理指標，ワーキングメモリ指標，処理速度指標）が算出され，発達診断に利用される。他にWAIS（成人用），WPPSI（幼児用）がある。
K-ABC Ⅱ 2歳6カ月〜18歳11カ月	認知尺度（継時・同時・学習・計画）と習得尺度（語彙・読み・書き・算数）の検査から成り，認知能力と基礎学力を測定できる。
新版K式発達検査2001 0〜14，15歳	発達の進みや遅れを，姿勢・運動，認知・適応，言語・社会の3領域について評価する。3歳以上では認知・適応，言語・社会の検査に重点を置いている。
田中ビネー知能検査V 2歳〜	年齢尺度を導入し年齢基準を明示，成人の知能を結晶性領域・流動性領域・記憶領域・論理推理領域の4領域に分類。
乳幼児精神発達診断法	0〜7歳まで。運動・探索・社会・生活習慣・言語の5領域から構成され，1カ月から7歳までの3種類がある。
DN-CAS（ディーエヌキャス）5歳〜17歳11カ月	Dasらによる知能理論を基に，「プランニング」（P）「注意」（A）「同時処理」（S）「継次処理」（S）の4つの認知機能（PASS）から認知的偏りを探る。
田中A式，B式集団検査	小中高生向け。文章題が多い言語性検査（A式）と，図形や数字など，文化的制約が少ない非言語性検査（B式）から成る。
京大NX知能検査	新訂第2版1984年。5歳から成人までの版に分かれる。教室など集団で実施可能。
京大SX15知能検査	IQが高い高能力者の適性発見に利用される。第2版1972年なので古い。

詰め状態で，収容人員を削減する必要が生じたために，パリの教育委員会はビネー（Binet, A.）とシモン（Simon, T.）という2人の研究者に，学校教育についていけない子どもをより分けるテストを作るように依頼しました。出来上がったものは，ビネー・シモン・テストと呼ばれました。テストはその後アメリカに渡り，ターマン（Terman, L. M.）によってスタンフォード・ビネー・テストとして標準化されました。わが国では田中ビネーや鈴木ビネーなどの名称で刊行されています。

　別の流れとして，名前の最初にWがつく知能テストがいくつかあります。これはウェクスラー（Wechsler, D.）によるもので，成人用のWAIS，子ども用のWISC，そして就学前児のためのWPPSIから成っています。時を経るとともに改訂され，WISCの場合現在第4版でWISC-IVといわれます。これらは発達検査の場面でよく用いられます（9.3参照）。

　その他には，発達検査でWISCと併用されるK-ABC（現在は第2版，K-ABC II）や，わが国で流通しているK式発達検査などが一般的です（9.3参照）。

　これらは検査者が対象者に向き合って行う個別検査ですが，かつてアメリカで徴兵検査として一斉に実施する必要から，集団検査が考案されました。我が国では早稲田式や京大NXなどの集団検査があります。ただし学校等で一斉に知能検査を実施するには教育的配慮が必要で，現在はほとんど実施されていません。

　WISCの場合，ことばの意味や用い方を尋ねる言語問題と，パズルを組み立てたりする非言語的な問題があり，理解力や速さ・正確さなどを測ります。検査者は用具が収められたアタッシュケースを開き，記録用紙に書かれた検査の順番に従って，子どもの集中力が途切れないように手際よく進めていきます。これには1時間以上かかることがあり，低年齢児の場合は2回に分けて行うこともあります。結果を採点し，得点から早見表を見て偏差値や精神年齢さらには知能指数を割り出します。

　知能指数IQ（Intelligence Quatient）は，IQ＝（精神年齢／暦年齢）×100と計算される通り，実際の年齢（＝暦年齢）に比べてテスト結果の得点が全国

コラム 7.1　知能テストの問題（1）

以下に，一般的な知能テストの問題を例示します。

○言語性検査

問 1.「タクシー」とは何ですか。（語彙）

　年少児の正答例「乗り物」「お客さんを運ぶ車」（機能を答えると合格）

　年長児の正答例「黒い車でメータがついていて，上に目印がある」（構造，形）

問 2.　トイレの水が止まらなくなったらどうしますか。（理解）

　誤答例「手で止める」「走って逃げる」

　正答例「大人を呼ぶ」

○非言語性検査

問 3.　観覧車にいぬ・うさぎ・ねこ・ぶたが 1 匹ずつ乗っています。「？」には誰が
　　　乗っているでしょうか。（空間認識）

図 7.2　観覧車の問題

問 4.　左の見本と同じものを○で囲みなさい。

61537

A
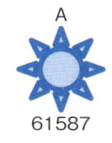
61587

B
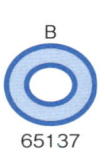
65137

C

61537

D

63157

図 7.3　図 形 問 題

　知能テストの問題は訓練課題にもなりますが，一般に公開されると練習効果で点
数が上がり，検査として用いた場合に正しい測定値が得られません。従って本ペー
ジや p.127，129 のような疑似課題を示しました。これらは認知訓練としても利用で
きます。

平均の何歳何カ月くらいか（＝精神年齢），という比率を 100 倍したものです。実年齢 5 歳 5 カ月のお子さんがテストの結果 5 歳 5 カ月レベルの得点だった場合，つまり平均的なお子さんの場合ならば，IQ は 100 になります。ただし知能テストが標準化されてから年月が経過すると，情報化社会の進展などでできる問題が多くなり，どうしても平均は 100 を上回ります。また，時代に合わない問題も出てくるので，何年かごとに改訂されることになります。

7.3　知能遺伝説

　知能テストの作者たちは，これは学校教育についていけるかどうかのテストであり，子どもたちの持って生まれた知的能力を測るようなものではないですよ，と注釈をつけました。しかし人々は，やがて知能テストの結果である知能指数 IQ は個人の生まれつきの知的能力を示すもので一生変わらない，というIQ 神話を抱くようになります。大学の授業で「知能は遺伝するものか？」と尋ねると，そうだとする意見もありますが，過半数は環境に左右されるという答えが返ってきます。本当のところはどうなのでしょうか。

　それを調べるために，遺伝情報が近い双子を比べる双生児研究が行われています。一卵性双生児のペアと二卵性双生児のペアをできるだけたくさん集めて知能検査を行い，各々どれくらい似ているかを相関係数を算出して比較します。各ペアが同じ環境で育ったとして，もしも遺伝的結びつきの強い一卵性のペアの方が二卵性のペアよりも IQ が近ければ，知能の遺伝的要素が強いといえます。

　1970 年前後にイギリスの教育学者バート（Burt, C.）は，こうした手続きにより，一卵性双生児の方が二卵性双生児よりも知能の相関が高いことを示し，知能遺伝説を提唱しました。これを受けてアメリカのジェンセン（Jensen, A. R.）は，知能は多くの割合で遺伝の影響を受けており，黒人は白人に比べて知能が劣っているという意味のことを主張したものですから，人種差別主義者として糾弾されました。ケイミン（Kamin, L. J.）は，ジェンセンの主張に対して科学的反論を行うために，イギリスに渡ってバートの説を検証し始めまし

コラム 7.2　知能テストの問題（2）

問1.　次の条件を満たすように家系図の空欄に名前を記入して下さい。ただし□は男，○は女です。

1. 吾郎と息子健一は共に一人っ子です。
2. 沙織には姪が3人います。
3. 春江と秋子は3人姉妹の長女と三女です。
4. 勇と妻の奈美との間には3人の子がいます。
5. 里香のおじいさんは清太郎です。
6. 良太の母は和子です。

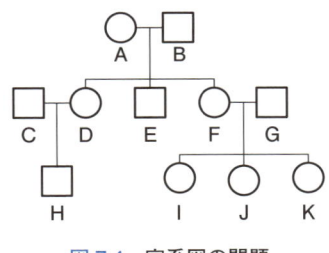

図7.4　家系図の問題

問2.　右下の空欄にはA〜Dのうちどれが入るでしょうか。タテヨコの関係を考えて選んで下さい。

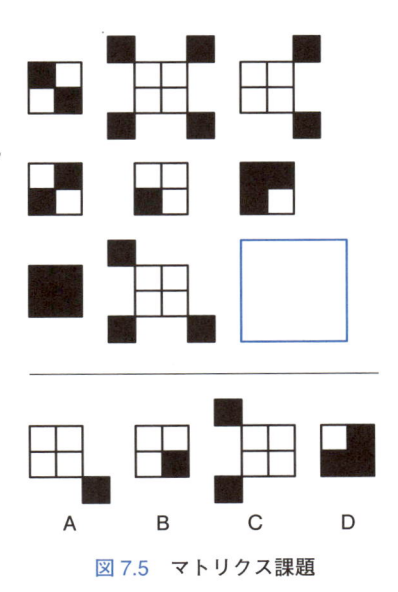

図7.5　マトリクス課題

問3.　次の項目の類似点と相違点について話し合ってみよう。

①学校と病院，②仁王様と自由の女神，③都会と田舎，④夏休みとボーナス

問4.　〈類推問題〉「？」に当てはまる語句を入れて下さい。

東京	パリ	ごはん	味噌汁	ドラえもん	しずかちゃん
スカイツリー	？	パン	？	バイキンマン	？

問5.　季節に応じたなぞかけを作ってみて下さい。

①クリスマスとかけて○○と解く，その心は〜

②お花見とかけて○○と解く，その心は〜

た。ところがいくら探してもバートの検査を受けた被検者が見つからず，また，バートが提出したデータに，経年変化に関わらず相関係数の小数点以下 3 桁までが同じであるという不自然な箇所があったのです。バートは勲章をもらうほどの大家でしたが，研究データに関しては疑惑が向けられ，彼の死後に行われた調査により，ねつ造であると認定されました（単なる印刷間違いや不注意という説もあります）。ジェンセンの説はその根拠を疑われ，以後知能遺伝説は急速に勢いがなくなってしまいます。

　ただし現在では研究がさらに進み，身体的のみならず心理的な形質においても一卵性の類似性がことごとく二卵性の類似性を上回ることから，遺伝の影響が明らかになり，個人差の半分程度が遺伝の影響であることが示されています。

　丹藤（1993）は，小 2 から小 4 までの 60 対，小 5 から中 3 までの 122 対のきょうだい間の学業成績や知能の関係を調べました。すると図 7.6 の通り，国語・算数（数学），A 式知能（言語性），B 式知能（非言語性）のいずれについても全学年で有意な相関（偶然でない関係）があり，学年が上がるにつれて相関が低下する傾向がありました。青年期以降に級友や教師，学校環境などがきょうだいの間でも異なってくるので，初期の遺伝的影響が学年進行とともに少なくなるのでしょう。しかし知能検査については異なっていたことから，青年期以降も知能に関して別々の環境要因が強い影響を持たないと考えられます。

　また，遺伝子の影響を扱う最近の行動遺伝学（安藤，2017）でも，知能や成績などのいわゆる認知能力のみならず，パーソナリティなどの非認知能力についても一卵性の相関が高く，遺伝的要因が大きいことが強調されています。

7.4　知能発達の環境要因

　知能発達の環境要因としては，親の離婚・再婚，新しい親との関係，健康状態，貧困，虐待などがあります。知能発達はこれらの要因から少なからず影響を受けます。

　1960 年代にアメリカの心理学者ローゼンツヴァイク（Rosenzweig, M.）らは，ネズミを使って環境が脳の発達に及ぼす影響を調べる実験を行いました

コラム 7.3 知能テストの問題 (3)

問 1. 〈空間認知〉

①東京から北を向いたら佐渡島はどっち？

　（a）右後ろ，（b）左後ろ，（c）右前，（d）左前

②大阪市から四国方面を向いたら，島根県はどっち？

　（a）右後ろ，（b）左後ろ，（c）右前，（d）左前

③北海道と九州の間の真ん中は何県？

　（a）福井県，（b）長野県，（c）愛知県，（d）新潟県

④自宅で駅の方を向いたら，あなたが卒業した小学校はどちら？

問 2. 〈分類〉あなたは 100 円ショップで働いているとします。

①ボディソープはどこの棚に置けばよいですか。

②ガスライターをどこの棚に置けばよいですか。

問 3. 〈語彙〉

　「うさん臭い」と「怪しい」の共通点と相違点を述べて下さい。

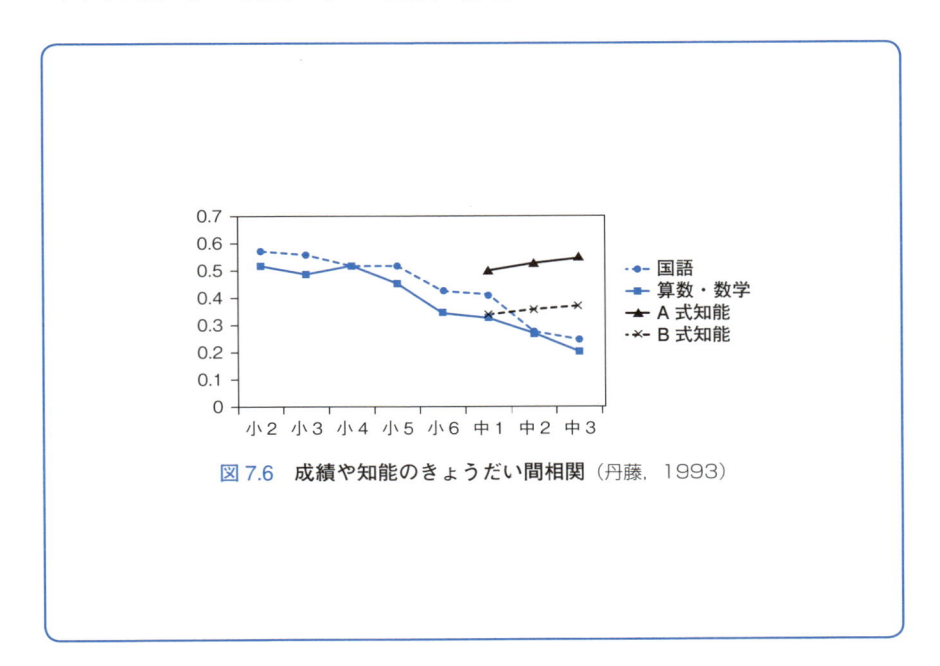

図 7.6 **成績や知能のきょうだい間相関**（丹藤，1993）

（図 7.7）。一方のネズミは，遊具がたくさんある広いカゴの中に置かれ，大勢の仲間と忙しく動き回ることができました（「豊かな環境」）。もう一方のネズミは空調の効いた個室で食料が十分与えられ，のんびり過ごすことができましたが，孤立した状態に置かれ，刺激が与えられませんでした（「貧しい環境」）。その結果，「貧しい環境」よりも「豊かな環境」に置かれたネズミの方が，脳の発達が促進されました。脳のいろいろな部位を使って活発に暮らすことが脳の発達にとって良いということですが，これは動物実験であり，人間にそのまま当てはまるかどうかは疑問だという批判もあります。また，あまりに多忙を極めたネズミは早死にするとのことです。

　その他の環境要因としては動機づけや集中力の問題があります。例えば算数が苦手だと思ってしまうとその後の算数学習にやる気が出ず，ひいては数学嫌いになってしまいます。そうすると持って生まれた能力とは一体何かという疑問も出てきます。適性とは自分自身で作るものという側面もあるでしょう。また，後の章でみるように，ADHD などの発達障害のお子さんの場合，適切な注意のコントロールができないために，先生の話が聞けずに結果として学業成績が低下し，知能テストの点数が伸びないことがあります。

　このように，知能の発達に及ぼす要因は様々なため，遺伝のみによると結論づけるのは早計でしょう。虐待や養育放棄によって，発達に適切な環境が失われた環境剥奪児を追跡調査した藤永ら（1980）は，虐待事件救出後の組織的な訓練で，子どもの社会的発達が回復可能であることを示しました。また，意欲や協調性，リーダーシップなどの非認知能力育成のためには，幼児期の身体的運動を促進することが有効であるという主張（中野，2019）もあります。

7.5　頭の良い子に育てるために

　頭が良くなりたい，また，親なら自分の子どもが頭の良い子に育ってほしいと誰もが願うことでしょう。あるとき，M さんが職場で息子さんの成績表を前に困った顔をしていました。同僚が話を聞くと，息子さんの偏差値が 70 以上あるが，志望校を京大にしようか東大にしようか迷っているとのことでした。

図 7.7 ネズミの脳の発達を促す「豊かな環境」

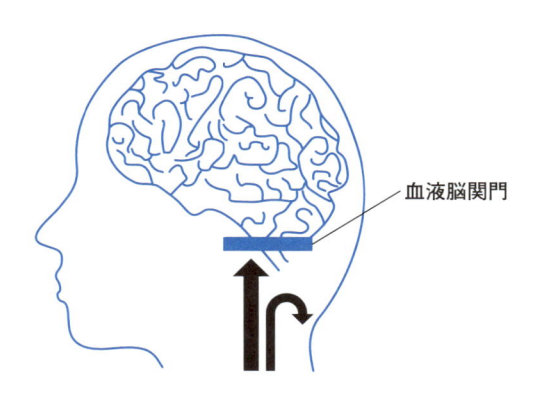

血液脳関門

図 7.8 脳の関所

血液脳関門は脳組織内の毛細血管で，有害物質から脳を守るバリアー機能があり，アミノ酸・糖・カフェイン・ニコチン・アルコールなど一部の物質のみを通します。

「勝手にしたら」と思いつつ，どうやってそんなに頭の良い子に育てることができたのか尋ねてみたところ，M さんは頭の良くなる食べ物について熱弁を振るい始めました。M さんによると，レシチンは脳に通じる関所を通り抜けて脳内の構造を作るので，レシチンを多く含む大豆をたくさん食べさせたり，健康食品を与えたりしたそうです。レシチンは豆腐，湯葉，枝豆，そしてトウモロコシなどに多く含まれていて，近年発達障害への効果も期待されているという話でした。

　レシチンについては M さんの自説というわけではなく，その効能に関する研究報告もあります（中川，1989）。食べた成分のうち脳に届くものは他に，糖，カフェイン，アルコール，タンパク質などがあります（図 7.8）。糖はガソリンのように燃料の役目をし，カフェインは覚醒作用があります。そのため，深夜勉強するときには適度に砂糖を入れたコーヒーを飲むと良さそうです。お酒を飲むと，アルコールが脳にも運ばれるので酔っ払ってしまいます。妊娠中のタンパク質不足に関する多くの動物実験があり，妊娠中の雌ネズミのタンパク質食の割合が不足すると，死亡率が増加したり臓器や脳の細胞数が少なくなるという報告があります（水上，1978）。

　魚に多く含まれる DHA も，頭が良くなる物質として話題になることがあります。効能については諸説ありますが，これからの研究の進展とともに変化していくことでしょう。

　逆に悪影響を及ぼす可能性があるものとして，佐藤（2010）は，妊婦や子どもに影響を与える化学物質について警鐘を鳴らしています。母体が摂取した異物は通常は胎盤関所が胎児に侵入しないように働くのですが，万全というわけではなく，化学物質によっては通過して胎児まで届いてしまいます。また，よだれが衣類に付着し，難燃剤と反応して発生したガスによって死に至る（乳児突然死）という説や，子どもが家庭内で床に落ちているゴミを口にいれることでゴミに含まれる鉛や猛毒のダイオキシンにさらされる危険性についても指摘しています。

コラム 7.4　知能テストの問題（4）

問 1.　流暢性の問題

　手偏のつく漢字を 1 分半以内にできるだけたくさん書いて下さい。

解答例：技，持，搬，揺，操，など。

（「○偏のつく漢字を書いて下さい」と言って一斉に書いてもらい，いくつ書けたか周りと比べる。）

問 2.　柔軟性の問題

（初級）右のチーズケーキに 3 回包丁を入れて 8 等分して下さい。

図 7.9　チーズケーキ

（中級）下図の形を何度切ってもいいから見てわかるように 5 等分して下さい。四角はすべて正方形とします。正解は 2 種類あります。

ヒント：一つはバウムクーヘン，もう一つは長崎カステラ。

（中級）牛の首にロープが巻かれています。ロープの長さは 4m ですが，杭から牧草までは 5m あります。牛はどうやって牧草を食べるでしょうか。

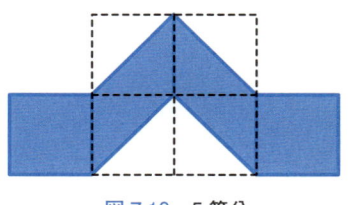

図 7.10　5 等分

問 3.　独創性の問題

① N を左右逆にした文字に線を加えて具体的な絵をたくさん描いて下さい。ただし複数組み合わせるのではなく，一つひとつ完成させること。

　採点基準：平凡でない，面白いなど。例：リボン。

② 「傘」の雨具や日よけでない使い道を考えて下さい。

　例：パラシュート（実用はお勧めできません）。

③ 「と」で始まる珍しい花の名前を思いつくだけ書いて下さい。

　例：「トケイソウ」「トモエソウ」「トンボソウ」。

平凡！

7.6　創 造 性

　創造性とは，絵や音楽，小説などの創作物や，新しい価値のある品物を作ったり，問題を解決したりすることだと考えられます。そのためには発想力や好奇心旺盛な性格などが求められます。

　創造性の定義にはいろいろありますが，ここではまず創造性を構成する流暢性・柔軟性・独創性の 3 つの要因について説明します。

　流暢性とは，淀みなく次々とアイデアを生み出すことで，互いに批判なしに意見を出し合うブレイン・ストーミングは，流暢性を発揮して名案を思いつくための良い方法です。「下手な鉄砲も数打ちゃ当たる」ということわざ通り，優れた発明や発見は山のような駄作の中の一握りに過ぎません。玉石混交かもしれませんが，とにかくアイデアをたくさん出してみることが大切です。

　柔軟性は，常識や偏見にとらわれることなく，普通とは違った方法を考えるなど，自由な発想を重んじることです（図 7.9，図 7.10）。

　独創性は，文字通り人と違った非凡な考えを生み出すことです。これらを組み合わせて採点基準を設け，創造性テストを作ることができます。

　私たちは新しいアイデアについて考えたり，計画を立てたりしていると楽しく感じるものです。創造的な仕事を楽しく夢中になってするためには，以下の事柄が必要です。①明確な目標を定めて手軽な誘惑に陥らずに生活のリズムを守り，高い価値を目指す，②どれくらいうまくいっているかを知る，③雑念を払い，他のことに注意を向けずに集中し，自意識を捨ててそのこと自体にのめり込む，④挑戦と能力が釣り合う，⑤失敗の不安がなくそのこと自体が目的になり，時間が歪む（あっという間に過ぎていく）（チクセントミハイ，2016）。このように楽しくて夢中になっている状態をフローといいます。成績にこだわらず自由に活動することで良い結果が生まれるのです。

　創意工夫して新しく価値あるものを作り上げる創造的思考には，表 7.2 のような考え方のパターンが挙げられます（江川，2013）。それらは特殊なものではなく，私たちの精神機能のほとんどすべてに関わっています。保育・教育現場で子どもの創造性を伸ばすことを目的として，日頃から準備できる課題をい

表 7.2　**創造的思考の方略**（江川，2013 より作成）

	定義	自問パターン
拡張	考える範囲を広げる	さらに〜，〜についても，もっと〜な
焦点化	目的に合うものを絞り込む	必要数に絞る，ベスト３は〜
観点変更	見方・基準・立場を変える	違う見方をしたら〜，相手から見たら
逆発想	既存の考えと逆の発想	逆にしたら〜，反対は
分類分解	分けてみる，分析する	分類したら，整理したら，構成要素は
再分類	分け直してみる	整理し直したら〜，編成し直したら〜
加減	つけ加え取り除く	もしここに〜，あったらなかったら
結合	結びつけ関係づける	〜と…とを関係づける，〜の原因として
変換	状態を変え要素を交換	もし〜が変わったら，代わりに
類推	類似物から他方を推論	外見が似ている→機能も似ているかも
仮説演繹	理論や見解を基に推論	今は〜将来は…，前提からどんなことが
弁証法	矛盾・対立を解消する	共存できるか，Ａ は Ｘ かつ Ｙ であるか
背理法	同時に Yes で No はない	もしこの結論が間違いなら矛盾？
具象化	具体的な方法や手段で考える	図を描いて，動作で示して，つぶやいて
連想法	気楽に思い浮かべる	自由にイメージしたら，気楽に連想する
反復検討	簡単に諦めず繰り返す	もう少し続けよう，よく見直してみよう
偶然活用	探し物の予期せぬ発見	広い視野で見る，予想外のことも起こる

くつか考えてみましょう。なお問題の作成に当たっては FLC（フォイヤーシュタイン（Feuerstein）ラーニングセンター）（当時）の教材を参考にしました。

　図 7.4 に挙げたのは家系図を完成させる課題です。親—子—孫，兄弟姉妹などの関係性を考慮し，表 7.2 の「結合」をやや変形させて 2 つ以上のものを結びつけなければなりません。

　「類推」とは，2 つの物事の間に非本質的な相違点と多くの本質的な類似点がある場合に，一方から他方を導き出すことです。そのための問題として図 7.5 のようなマトリクス（行列）課題はどうでしょうか。子ども自身に問題そのものを作らせることも良い試みです。また，類推とユーモアの両方の訓練として p.127 問 5 のようななぞかけがあります。例えば，満員電車とかけて牛と解く，その心は「ギューギュー」。このようになぞかけで遊べると面白いですね。

　なお，WISC-ⅣではⅢになかった類推課題が新たに登場しています。知能検査である WISC に，創造性と関係の深い類推課題が含まれていることからわかるように，とりわけ幼児期には知能と創造性はかなり重複します。

　「仮説演繹的発想法」（ある事柄を前提にして何か新しい事柄を導いてみること）の課題は，「もし〜ならどんなことになるだろうか」などの質問形式で，子どもに「もしも毎日が日曜日だったらみんなどうするかなあ」などと問いかけたりします。子ども同士や先生と一緒にやってみると，面白いやりとりができそうですね。

　先の図 7.5 は，「反復検討」（簡単に諦めずに繰返し取り組み，あれこれと考えてみること）課題の例としても使えます。難しそうに考えている子どもには，「もう一度よく見直して考えてみようね」などと言って勇気づけます。視覚的に見つけられない場合は，関係性をことばで表現させるように指導します。

コラム7.5 創造性教育

　創造性は加齢とともに衰えるのが通常ですが，下仲と中里（2007）は諸研究を概観して，芸術領域のピークは40歳代ながら，60，70歳代になっても20歳代と同等の場合があり，また，創造性の高い女性は高齢期によく適応していることを示しました。創造性を育成することは学業や仕事に役立ち，さらには人生を豊かにしてくれるということでしょう。西浦（2011）は，ブレイン・ストーミング（互いに批判なしで自由に意見を述べ合う討論形式）やそれをカードを使って行う内外の取組みを紹介しています。

　学齢期の創造性教育は学校教育の中で行われることが望ましく，単元の学習内容と深く結びつくことが求められます。藤田と斎藤（2005）は，小学4年生と中学1年生を対象とした2種類の創造性テストを考案しました。

問1：縦10cm，横20cmの長方形の面積を5等分する方法をできるだけ多く考えましょう。
問2：a＝3，b＝−2を代入したとき，結果が5になる式をできるだけ多く書きなさい。式はa，bを使って表しなさい。→　平凡な答え　a−b

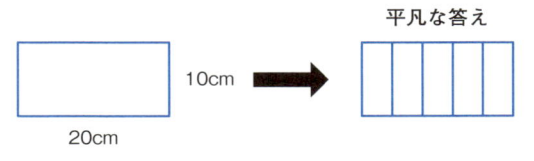

図7.11　面積を5等分する

　問1は小学校算数4年で学ぶ「面積」に対応し，問2は中学校数学1年で学ぶ「文字と式」に対応します。それぞれについて，創造性の要因である拡散性（回答数），流暢性（正答数），柔軟性（異なる種類の答えの数），独創性（誰もが思いつかない答えの数）を得点化し，別途実施した創造性態度テストとの関連を調べました。興味深い結果として，拡散性が中2で高く，中3で最も低くなっています。その原因として，藤田と斎藤は，受験期の学習で，多様な考えを導くための拡散的思考よりも，唯一の正解を求める収束的思考が重視されたためと考察し，拡散的思考は意図的に指導しなければ高まらないと結論づけています。このように，学校教育には2つの方向性を取り入れる必要があると考えられます。

参 考 図 書

安藤 寿康（2012）．遺伝子の不都合な真実──すべての能力は遺伝である──　筑摩書房

ガードナー，H.　松村 暢隆（訳）（2001）．MI：個性を生かす多重知能の理論　新曜社

中川 八郎（1989）．頭がよくなる栄養学──情報栄養学のすすめ──　講談社

復 習 問 題

1. 知能発達に影響を及ぼすと考えられる環境要因を列記して下さい。

こころの傷つきとそのケア
——児童の抱える困難さへの心理臨床

　私たちはなぜ学校に行かなければならないのでしょうか。なぜ大切なあの人と離れ離れになってしまったのでしょうか。どうして生きていかなければならないのでしょうか。普段何気なく日々を過ごしている中では，こうした疑問が頭をよぎることはあまりありません。けれども，何かの出来事によってこころに深い傷を負ったとき，また何かの拍子にその傷がうずくとき，人はこの「なぜ？」という問いを抱えて身動きが取れなくなることがあります。臨床心理学は，こうした模範解答のない「なぜ？」を抱えて苦悩する人たちに寄り添い，その人なりの答えを共に考えることを援助する実践とその研究から成る学問です。本章では，主に児童期にある子どもたちと彼らを取り巻く人々の心理と支援の基本的な視点について解説します。

8.1　臨床心理学とは

　米国心理学会（APA）によると，臨床心理学とは「科学，理論，実践を統合して，人間行動の適応調整や人格的成長を促進し，さらには不適応，障害，苦悩の成り立ちを研究し，問題を予測し，そして問題を軽減，解消することを目指す学問である」と定義された心理学の一つの領域です。別の言い方をすれば，大きく分けて 2 つの側面を持つ学問であるといえます。一つは，人のこころや行動が普段どのようにして保たれており，それがどのように発達していくのかについて科学的に探究する側面です。そしてもう一つは，人のこころや行動の不調を生み出す状況や原因を改善し，問題を解決していくための援助を行う側面です。このように臨床心理学は科学的探究と専門的援助実践の 2 つの側面から成る学問であり，科学者であることと実践家であることの両方を兼ね備える**科学者―実践者モデル**（scientist-practitioner model）が臨床心理学教育の基本モデルとなっています（**図 8.1**）。

　また，実践活動と科学的な研究活動は社会の中で行われる社会活動でもあります。それゆえ，その専門的な有効性を社会に説明したり，これらの活動を社会のシステムの中に位置づけたりする作業が求められます。そのため，臨床心理学に関わる者の教育や訓練，その専門組織を整え，実践や研究成果を公表し，法律や規約などの制度の整備を行い，社会への**説明責任**（accountability）を果たすといった専門活動が行われています。このように臨床心理学を実際の活動という視点でとらえ直したとき，実践活動，研究活動，そして専門活動の 3 つから成るものであるともいえるでしょう。本章では，何らかの心理的な困難さを抱える当事者や関係者の援助を中心としたこれらの 3 つの活動を総称した「心理臨床」ということばを用いて，話を進めていきたいと思います。

8.2　子どもの心理臨床とは

　では子どもの心理臨床とはどういったものになるのでしょうか。**図 8.2** にあるコップの例えを基にしながら，子どもと大人を比較をすることで，子どもの

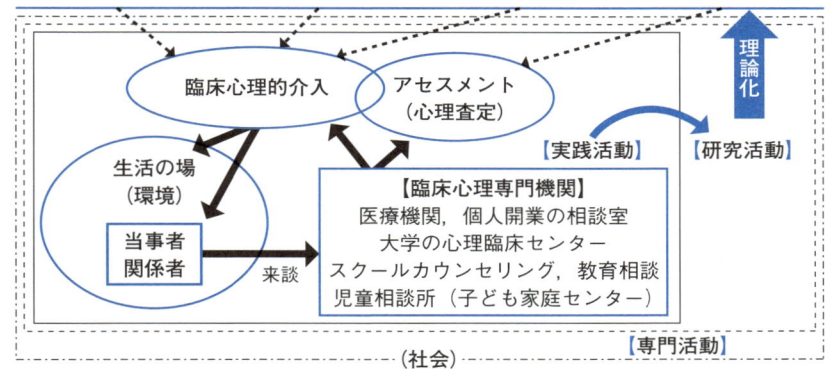

図 8.1 実践活動を核とする臨床心理学の全体構造 （下山，2001 を一部改編）

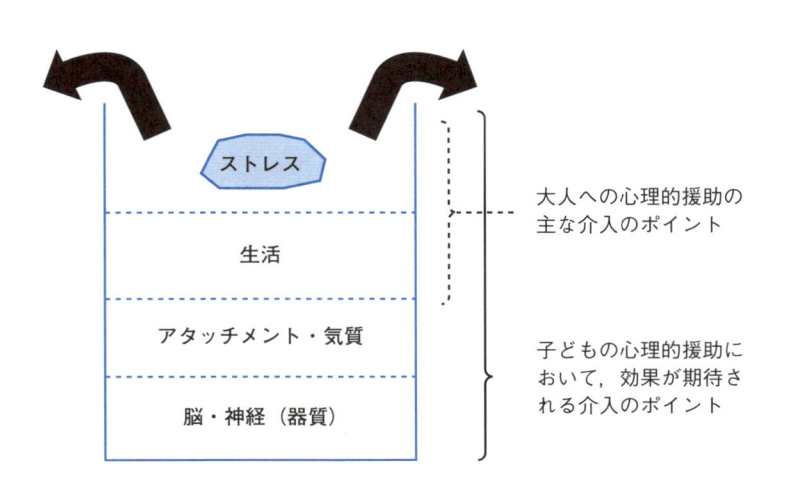

図 8.2 精神症状の発症メカニズムの一例と心理的援助のポイント

脳・神経（器質）に関する困難さに関しては，第 9 章にて紹介する発達上の困難さや，第 10 章にて紹介する児童虐待の脳への影響についてを見てみて下さい。

心理臨床の特徴について考えてみます。精神疾患や心理的な困難さを発症するメカニズムに，多因子性の疾患という理解の仕方があります。人のこころをコップに，症状をコップから溢れ出した水に例えた場合，コップの底の方には，脳や神経等の**器質的な要因**という層があります。その上には，人生の早期からの身近な他者との情緒的な絆であり，対人関係の雛型（ひながた）となる**アタッチメント**（**愛着**）関係のパターンや，生まれつきの行動傾向である**気質**の影響という層があります。その上には，日々の生活や環境の影響という層があります。そして最後に，ストレスや心理的負担が石のようにコップに落とされたとき，最終的な水の高さが決まります。そしてこの石の大きさや各層の厚みによって，水の溢れやすさが一人ひとり異なってきます。図 8.3 のように，例えばある人は，脳・神経系の機能や早期の家族関係や生まれつきの行動傾向に問題が少ないが，日々の生活習慣や環境が芳しくなく，ストレスも多いためにコップから水が溢れてしまいます。またある人は，脳・神経系の機能に困難さを抱えており，日々の小さなストレスによってさえも簡単に水が溢れてしまうこともあります。

　そしてこのコップのモデルに沿って大人と子どもを見比べてみると，子どもの場合，このコップの中の下の 2 つの層が現在進行形で育まれる時期にあることが最大の違いといえます。子ども時代は身長や体重だけでなく，脳や神経も発達の過程にあります。また，様々な認知機能や情緒も発達の過程にあり，身近な人たちとのやりとりの中で自分と相手との関係性をどのようにして形成し維持していくのかという見通しを持ち，その中で自身の感情をどのように出したり隠したりするのかというアタッチメントのパターンを形作る過程にもあります。第 10 章でも紹介しますが，虐待をはじめとする心理的な深い傷つき体験は，こころに傷を残すだけでなく，脳の様々な部位にも影響をもたらすことが明らかとなっています。そしてその脳の部位や機能へのダメージが，さらなる困難さを生んでいくという悪循環が報告されています。すなわち，子ども時代に心理的な傷つきを背負うことは，子ども時代に得るはずだった様々な身体やこころの発達が阻害されるというリスクにつながるのです。そしてこの時期の発達の阻害は，後に様々な悪循環を引き起こし，さらなる傷つきと発達の阻害を生むことになります。それゆえ，子どもの心理臨床は子どもたちの今を生

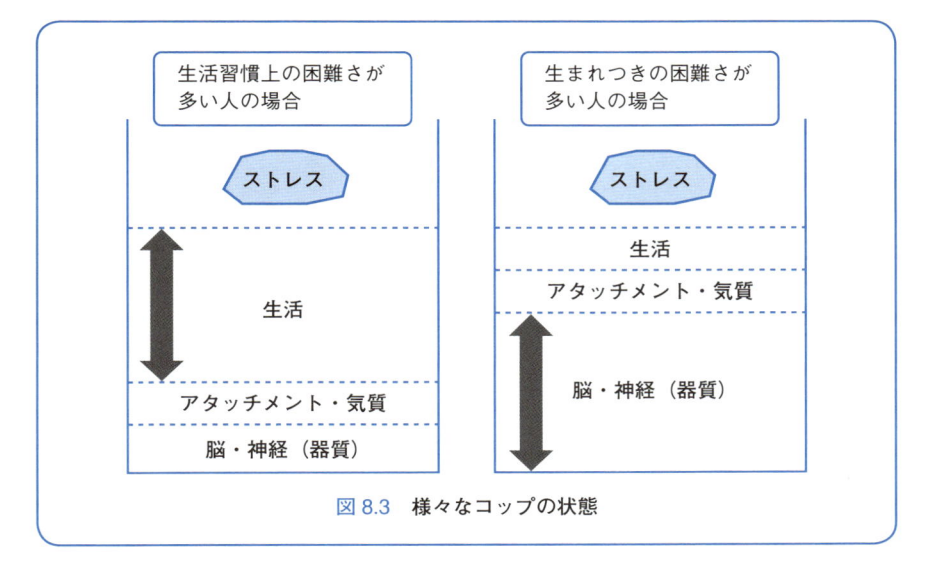

図 8.3　様々なコップの状態

● ミニレクチャー　子どもと大人の臨床の共通点と相違点 ●

　子どもも大人と同じく，こころがある存在であり，時に悩み苦悩する存在であることは，子ども時代を過ごした経験のある皆さんにもわかることだと思います。驚くべきことに，近年の研究によると，生後 1 歳頃までの赤ちゃんでさえも，身近な大人に自分のどの感情を出してよいのか，どの感情を出すと相手が動揺するのかについて理解しており，感情表出を調整していることが明らかになっています。このように人間は乳幼児期から，様々なことを考え悩むことができる存在であり，その点では大人と変わらないといえます。すなわち“今を生きることの苦しさ”は大人も子どもも共通の体験であり，その援助を行うことは子どもと大人の心理臨床の共通点となります。

　しかし子どもが大人と異なる点もあります。その一つは，子どもは自分の身を守るすべが大人と比べて少ない，傷つきやすい存在であるということです。子どもは心地良い体験も苦しい体験も含めて様々な体験の原因を自分に引き付けて考えてしまいやすいという特徴を持っています。それゆえ「僕が悪い子だから……」「私さえいなければ……」と考え，傷つき，過度に責任を背負って頑張り過ぎてしまうことがあります。その一方で，大人と比べてまだまだ対人関係も狭く，逃げ場や助けを求める先が限られているという特徴も持ち合わせています。どんなに苦しい日々が続いても，子どもたちは自分一人で相談機関に助けを求めることは物理的にも経済的にも難しいのです。それゆえ大人と比べて，より多くの人々からの援助を必要とする存在であるといえるでしょう。

きることの苦しさを援助するだけでなく，こうした悪循環を断ち切り，子どもの発達の機会を守る，"今，これからの心身の発達を支える"援助だといえるのです。

8.2.1 子どものこころへの援助の土台

では実際に，子どもに何らかの心理的な困難さが生じていて，日常のサポートだけでは支えきれなくなった場合，それをどのように理解し，どのような流れで援助を行っていくのか，右ページの仮想事例を基に見てみましょう。

①の質問を意外に思われた方も多いかもしれませんが，これは非常に重要な点です。臨床心理学では相談に来る人（来談者）を**クライエント**（client）と呼びます。そしてこのクライエントとの関係性は，その後の援助の経過に深く関わるものだと考えられています。また，援助者とクライエントの関係性や関わりに影響する様々な要因・条件が構造化されたものは**治療構造**（therapeutic structure）や**"枠"**と呼ばれています。具体的な要因や条件としては，時間・場所・料金・面接の頻度・面接の方法・面接の対象（個人に会うのか，家族全体と会うのかなど）・相談機関の組織としての特徴・援助者の持つ倫理や援助全般への基本方針・クライエントの心理状態など，様々なものが含まれています。

では，②〜④の質問にはどのように回答されたでしょうか。一人の子どもやその子を取り巻く人々の援助を行う場合，様々な理解と介入の方法を考えることが可能です。しかし，それが本当に適切な理解や介入であるのか，どのようなリスクが生じるのかなど，クライエントのたった一度の人生の大切な一時期をその援助方針に委ねてよいのかどうかについては，真摯に検討する必要があります。臨床心理学的な援助を行うに当たっては，その援助を必要とする人たちや状態について，個人の特徴（パーソナリティ）や置かれている状況などについて情報を収集して分析し，その結果を総合的にまとめ，具体的な援助の方針を検討するための仮説を作り上げていくという**心理的アセスメント**（assessment）が最初に必要となります。そしてアセスメントの結果に基づき，介入の方針や方法を定めるという**ケース・フォーミュレーション**（case

ちょっと考えてみよう──仮想事例

Aちゃんは小学6年生の活発な一人っ子の女の子です。彼女は明るくにぎやかな家庭で育ち，何一つ不自由なく生活していました。しかしあるとき，不況のあおりを受けて，お父さんの会社が倒産し，以降家庭は金銭的に苦しくなり，お父さんの再就職も難航していました。お父さんはめっきり自信をなくしてしまい，お母さんは苦しい生活を切り盛りする中で，お父さんへの苛立ちを募らせていきました。両親の喧嘩が増える中，2人にかまってもらえないAちゃんは，時折腹痛を訴えるようになっていきました。その後，両親の関係はさらに悪化し，今度は夫婦で関わることを避けるようになり，どこか諦めと冷たい感覚が2人の間には漂っていました。そしてAちゃんはあるとき，原因は不明ですが，目が見えなくなってしまいました。これを受け，Aちゃんのお母さんがあなたに相談をしにきました。

想像したことをノートに書き出してみよう

①あなたは，どこで・どんな立場でこの相談を受けましたか。
②Aちゃんがこういう状態になったのは，どうしてだと思いますか。
③この他にどんな情報を知りたいと思いますか。
④Aちゃん家族はどうしたらよいと思いますか。

● ミニレクチャー　治療構造のもたらす影響の例 ●

極端な例を挙げるとすると，あなたがAちゃんのお母さんの母親である場合や，お母さんの友人である場合，Aちゃんの担任の先生である場合，かかりつけの小児科医である場合など，いわゆるカウンセラー（セラピスト）以外の立場である場合，できる援助も発生する責任も，そして何よりAちゃんのお母さんが求める関わりもそれぞれ別のものとなるでしょう。また，セラピストの場合であったとしても，学校に所属するスクールカウンセラーとして話を聞く場合と，学外の心理相談室や病院のセラピストとして話を聞く場合も，それぞれAちゃんのお母さんが抱く緊張感や求める援助の内容，連携可能な他職種の専門家などが変わってきます。加えて，相談に要する費用やその経済的負担感も変わってくる一方で，有料だからこそ言いたいことが言えるという安心感や権利の感覚が生じるなど，影響は多岐にわたります。

● ミニレクチャー　心理的アセスメントと診断の比較 ●

医師によって行われる精神医学的な診断（diagnosis）は，クライエントの病理を査定することを目的としてなされますが，心理的アセスメントは病理的な側面を含め，より広範な個人の側面の情報を収集し，それを総合して統合的に理解していくということを目的としています。

formulation：**事例定式化**）を行うことになります。

　これらの作業をクライエントの利益につながるように，かつ効果的に行うために，援助者は子どもや家族などの関係者に対して面接や観察，心理検査を行ったりするとともに，日々検査や介入に関する研究を行い，それぞれの領域ごとに援助の理論に基づいて知見や実践を蓄積させているのです。

8.2.2　子どもの援助者となるには

　子どもの援助者になるには，すでに記した通り，まず子どもや家族からの情報に丁寧に耳を傾け，行動や様々な表現に見られる"その子のこころ"，すなわち表現に込められたその子の思いや意味について考えることが必要となります。目の前にあるもので，そこにはない何か別のものを表現する機能を**象徴機能**（symbolic function）と呼びますが，特に臨床心理学では，人の無意識の中にある抑圧された心的内容が，遊びのストーリーや絵の内容など様々なものを介して表現されることに関心を向けてやりとりを行います。

　ただし，子どもの表現からその子のこころを考える際には，子どもが現在置かれている発達段階を踏まえてその年代の子どもの一般的な特徴や，子どもを取り巻く人々や環境についての特徴から検討する技能，子どもの絵や遊びといった様々な表現方法についての知識といった，様々な技能と知識が求められます。例えばある子どもが生き物の死に関する絵を描いたとき，それがその子どもやその子の置かれている環境に関連した特有の表現であるのか，はたまた，その子どもの発達的な年齢が死の概念の理解を始める時期であり，同年代の子どもたちも同様に死に関心を持ち始める時期であるのかについて検討を行います。表現された内容をそのまますべてその子のこころの問題の表現と誤解しないことも時には大切です。子どもが発達的に何を理解し関心を持てる時期に差しかかっているのか，反対にまだ何が大人のようには理解できず，子どもなりにどのような理解をしているのかという発達的な視点もまた，子どもの援助を行う上では非常に重要な視点だといえます。また，子どもが何気なく行っている遊びや言動の中で時折繰り返されるパターンの中に，よく見ればその子のこころの表現がなされているかもしれないといった視点を持つことも時に有効で

● ミニレクチャー　子どもの心理療法の基本アプローチ ●

　子どもの心理療法（プレイセラピー）については 8.4 以降で詳しく紹介しますが，「子どもの心理療法」といっても一つの確立された技法というものがあるわけではありません。実際は，臨床心理学にある様々な流派や学派ごとに，その立場に基づいた子どもの心理療法がそれぞれあるのです。

　以下に，シェーファー（2011）が紹介している，現在国際的に行われている代表的な 14 種類の子どもの心理療法の名前を紹介します。それぞれの具体的な特徴はここでは紹介しないので，ぜひ一度調べてみてください。

①精神分析的プレイセラピー　　　　　⑧認知行動プレイセラピー
②ユング派の分析的プレイセラピー　　⑨家族プレイセラピー
③アドラー派のプレイセラピー　　　　⑩グループ・プレイセラピー
④子ども中心プレイセラピー　　　　　⑪エコシステミック・プレイセラピー
⑤フィリアル・プレイセラピー　　　　⑫現象学的プレイセラピー
⑥ゲシュタルト・プレイセラピー　　　⑬対象関係プレイセラピー
⑦セラプレイ　　　　　　　　　　　　⑭プレスクリプティブ・プレイセラピー

● ミニレクチャー　セラピストの修行について ●

　実際に子どもの援助を行う際には，子どもや家族と関わる中で援助者自身に生じる感情を適切に抱えられるようになるために，自分自身の子ども時代の様々な感情について向き合い整理するということが否応なく必要となったりもします。

　そのためセラピストは，自身より経験のある他のセラピストによる指導を定期的に受けるというスーパービジョン（supervision）を受けたり，自分自身の無意識的な葛藤や課題を理解するためにセラピスト自身がカウンセリングを受ける教育分析（educational analysis）を行ったり，様々な研修会や研究会に継続して参加するなどして研鑽を積んでいます。

想像したことをノートに書き出してみよう——自己分析

①あなたの最も幼い頃の記憶は何でしょうか。

②そのときの記憶は，誰とのどんな体験で，どのような気持ちでしょうか。

③その体験から当時のあなたは何を学んだと思いますか。

す。こうした日常では行わないとらえ方についての知識は，援助者が子どもの
こころとコミュニケーションを図っていく上で重要なチャンネルとなってくれ
るのです。

　そしてアセスメントを行った上で行う，実際の援助の方法を身につけること
が必要となります。臨床心理学には多くの流派や学派と呼ばれるアプローチが
存在しますが，クライエントの特徴や援助者自身の特徴に合わせて，クライエ
ントの役に立つ援助を行うための技法や理論を学ぶことは欠かせません。

8.3　"症状の意味" という理解の視点

　子どもの表現を理解する際の着眼点や解釈の結果には，それぞれのアプロー
チによって共通点もあれば異なる点も出てくることが通常です。ここではそれ
らすべての比較をすることはできませんので，各アプローチのセラピスト間で
も比較的共通して理解されるとらえ方であり，保育士や教師などセラピスト以
外の子どもの援助を行う専門家たちや養育者たちにも比較的理解されやすい一
つのとらえ方を紹介したいと思います。これは子どもを中心とした様々な関係
者間で共有可能な共通の理解として役に立つ視点であると考えられます。

　その視点を紹介するに当たり，まずは右のワークを通して，先ほどのAちゃ
んの事例を基に，もう一歩踏み込んで考えてみましょう。なお，話を簡略化す
るために，Aちゃんの腹痛や目が見えなくなるという症状は，何かのウイルス
などの影響ではなく，脳神経系にも問題がないのに生じたものとします。精神
疾患や症状の原因を説明する際に用いられる用語で，心理的，環境・社会的要
因が発症の主な要因となり，その原因と症状の発症との関係が心理的に了解で
きる場合に，その原因となったものを心因（psychogenic cause）と呼びます。
ここでは，両親の夫婦関係の悪化や経済的な理由も含めた家族関係の崩壊の危
機に際したことが心因となり，Aちゃんに腹痛と目が見えなくなるという2つ
の身体症状を示すようになったと考えて話を進めていきます。

　児童精神医学の創始者であるカナー（Kanner, L., 1974）は，表8.1にあるよ
うに，子どもの症状には5つの意味があるという理解の視点を提供しています。

想像したことをノートに書き出してみよう

もし腹痛や目が見えなくなるという症状を出さなかったとしたら……

① Aちゃんはこのままどうなっていってしまうでしょうか。

②この両親はどうなっていってしまうでしょうか。

Aちゃんがこの症状を出した後……

③ Aちゃんはこの後どうなるでしょうか。

④この両親はどうなるでしょうか。

表8.1　症状の持つ意味（カナー，1974 を一部改変）

1.	入場券としての症状	症状は専門家の興味を引くものであり，子どもが援助されるための専門機関へとつなぐ入場券の役割を果たしている。
2.	信号としての症状	心身に危機が迫っていることを周囲に知らせ，それが何かを調べるよう警告を発するという役割を果たしている。
3.	安全弁としての症状	症状があることで，本人のこころを決定的な危機から守るという，より深刻な事態を回避する役割を果たしている。
4.	問題解決手段としての症状	症状は子どもの心理的葛藤となっている問題を解決していくための有力な手段としての役割を果たしている。
5.	厄介者・物としての症状	症状は周囲の者にとって厄介なものであり，周囲のこころをかき乱すがゆえに，放置されず治療の機会が得られることになる。

● ミニレクチャー　症状の5つの"意味"について考える① ●

「入場券としての症状」

Aちゃんが症状を出さなかったとしたら，例えば風邪をひいてかかりつけの小児科を受診した際に，もしくは学校にいるスクールカウンセラーがクラスの様子を巡回している際に，それぞれの専門家たちは彼女がこころに抱えている苦しさに目を留めることができたでしょうか。そして積極的に援助の手を差し伸べようとしたでしょうか。

「信号としての症状」

Aちゃんの症状が出されなかった場合，Aちゃんが深刻な辛さを抱えているということを家族や周囲の人たちは気づけたでしょうか。Aちゃん自身も，自分がそれほどまでに思い悩んでいるのだと気づくことができたでしょうか。症状は，子どものこころの中に何か大変なことが起こりつつあることを警告し，それについて周囲や本人の目を向けるように促す力を持っています。

　1つ目は**入場券としての症状**という理解です。症状は，映画や演劇の入場券やチラシのように興味や関心を引くという性質を持っており，専門家の注意を引き，援助へと動かす力を持っています。また，まさに入場券のように，症状があるからこそ専門機関を訪れることが可能になります。ただしいくら映画のチラシを見ていても，実際に目にするまではその内容についてはわからないのと同じように，子どもの症状自体にこだわるのではなく，その裏にある子どもが抱えた問題や生活状況に目を向ける必要性をカナーは提起しています。

　2つ目は**信号としての症状**という理解です。症状は子どものこころや体から発せられる SOS のサインとしての性質を持っていると考えることができます。

　3つ目は**安全弁としての症状**という理解です。A ちゃんの症状が出されなかったとしたら，果たしてこのままの状態がいつまでも続くでしょうか。また，彼女はそれに耐えることができるでしょうか。多くの人が予想するように，A ちゃんが症状を出さずにいい続ける場合，何年か先に突如不登校になったり，リストカットをするようになったり，非行に走ったりと，より深刻な形で症状を呈することが予想されます。症状というものは，さらに深刻な事態が引き起こされないように，こころと体を守るためにある程度のところでストッパーとして機能してくれているととらえることができます。

　4つ目は**問題解決手段としての症状**という理解です。目が見えなくなった A ちゃんには，両親の喧嘩や冷たいやりとりを見ることができなくなったり，両親の相手をしているどころではなくなってしまうというように，症状はそれが最良の手段ではないものの，子どものこころの問題を解決する有力な手段となっている場合があります。

　5つ目は**厄介者としての症状**という理解です。家族や教師，その他の周囲の人々は通常，子どもの症状がどのように形成されてきたのかについて知ることはなく，むしろその症状や行動が厄介な代物であるために，こころをかき乱されて，どうにかしようと悪戦苦闘することとなります。このように症状は厄介物の様相を強く持っていればいるほど，もしくは症状を呈する人が周囲の目に厄介者として映れば映るほどに，早期に専門家の援助を受けようという動きが生まれやすくなります。

● ミニレクチャー　症状の５つの"意味"について考える②　●

「安全弁としての症状」

　人のこころをコップに例えたように，人間の心身には許容量があると想定されています。したがってコップに溜まっていく水をどんどんと抱え込み，溢れないように無理やり蓋をして押しとどめようとすると，いつかはその蓋を弾き飛ばすように激しく水が溢れたり，コップ自体が破損してしまうことが起こるかもしれません。

「問題解決手段としての症状」

　腹痛や目が見えないという症状が出た後，Ａちゃん家族にどのような変化が生じるでしょうか。Ａちゃんは，見たくない両親の冷たい関係性を見なくても済むようになるかもしれません。症状が出たことで学校を休み，結果的に日中も親のそばにいて彼らを孤独にさせずに済むかもしれません。また，冷戦状態が続き離婚へ向けてじりじりと歩みを進めていた両親が立ち止まって一時休戦し，Ａちゃんの症状を巡って，協力関係を結ぶかもしれません。はたまた症状の原因を巡って喧嘩を始めるかもしれませんが，少なくともそこに夫婦でのコミュニケーションは生まれることとなります。Ａちゃんとその症状が家族の中で厄介な存在として目立っている間は，夫婦間の不満や怒りの矢印をＡちゃん自身に向けることができ，両親を守ることができるのです。

「厄介者としての症状」

　Ａちゃんの家族も，Ａちゃんの目が見えず，彼女の日常のケアをすべて家族で行おうとすると，家事や就職活動に時間を思うように割くことができず，生活はより苦しいものとなっていくことが予想されます。また学校に通えず，さらには目が見えない状態となったＡちゃんとその両親に対し，周囲の人が心配や同情のまなざしを向けたとしても，その視線を浴び続けることは本当に耐えがたいものです。そうしてＡちゃんを取り巻く多くの人は，この耐えがたい状況を変えようと動き出すことになります。

想像したことをノートに書き出してみよう──自分の癖を知る

①あなたがこれまで本当に辛かったとき，あなた自身の気持ちや行動，体調にどのような変化が起こっていたでしょうか。

②自分のその変化によって，そのときの状況はどのように変わったでしょうか。

③自分のその変化には，どのような"意味"があったでしょうか。

④他にどんな支えがあれば，自分の気持ちや行動，体調の変化といった守りを手放してもいいと思えるようになるでしょうか。

　このように考えたとき，やみくもに症状をただ早くなくしてしまうことが最善の援助だという考えはいくつものリスクをはらんでいるといえるでしょう。「なぜこの子はそのような症状を必要としているのだろうか」「どのような葛藤をこの症状によって解こうとしているのだろうか」といった考えを持つことが必要であるとカナーは述べています。

　このような視点に立って子どもの症状の持つ意味を考え，家族や関係者らで話し合い，それぞれの立場から子どものためにできる取組みを模索していくことが子どもへの援助のスタートとなります。

8.4　プレイセラピー

8.4.1　子どもの心理療法としてのプレイセラピー

　臨床心理専門職であるセラピストによって行われる子どもへの直接的な援助の一つにプレイセラピー（遊戯療法）があります。プレイセラピーとは遊びを主なコミュニケーション手段として行われる心理療法の一つです。子どもは自分の気持ちをことばにして伝えることが難しい一方，遊びを介したやりとりの中で心的世界が豊かに表現されるという特徴があります。そこで概ね2，3歳頃から11，12歳頃の子どもを対象に，プレイルームと呼ばれる工作や人形遊びなどができる部屋で子どもとセラピストが共に過ごし，子どもが遊びを自由に展開する機会を提供します。そうした一定の枠組みやセラピストとの関係性の中で，子どもは遊びというコミュニケーションや表現を通して，子どもの自己治癒力による回復や発達課題のやり直しを行っていきます。そうして子どものこころの中の世界の整理や，現実との折り合いの作業が少しずつ進んでいきます。

　その際，子どもと子どもの表現に対するセラピストの態度が非常に重要となります。プレイセラピーにおいてセラピストに求められる態度には，児童心理学者アクスライン（Axline, V., 1972）が提唱した8つの基本原則があります（表8.2）。セラピストは子どもと信頼関係を築きながら，子どもの素直な思いや考え，恐れや好奇心のすべてを一度受け止め，それを子どもがキャッチでき

表 8.2　アクスラインの 8 原則（一部改編）

1. ラポールの形成	子どもとの温かい親密な関係性を発展させる。
2. あるがままを受容する	子どものそのままの姿を受け入れる。
3. 許容的な雰囲気	感情や遊びを自由に表現できると子どもが感じられるような雰囲気や関係性を作る。
4. 感情の映し返し	子どもの表現している気持ちを理解し，子どもが自分の行動について振り返ることができるように，その気持ちを子どもに適切な形で伝え返す。
5. 主体性の尊重	子どもには適切な機会さえ与えられれば，自分で自分の問題を解決し得る力があると信頼し，解決への道を選び取る主体性と責任は子どもにあるととらえる。
6. 非指示的姿勢	子どもの言動や遊びを指導・統制しようとせずに，非指示的な態度で子どもの先導にカウンセラーが従う。
7. 長いプロセスの認識	回復のプロセスを早めたり諦めようとしたりせず，それが徐々に進展していくものであることを認識する。
8. 必要な制限の提供	介入と現実世界とのつながりを保つために必要な，また，子どもがカウンセラーとの関係において持つべき責任に気づくために必要ないくつかの制限を設ける。

● ミニレクチャー　プレイセラピーを守る外的な枠組み ●

　子どものこころを扱うという繊細な作業を行う上では，セラピストの態度という内的な枠組みに加えて，子どもが安心して遊びに集中できるための外的な枠組みも重要となります。

　一般的な枠組みとしては，8 ～ 12 畳ほどの広さがあり，畳，机，椅子，水道，砂場などが設置されているプレイルームを使用します。使用する遊具は，何か特別なものが必要というわけではなく，その子どもにとって自己を自由に表現する上で使えるものがあればよいと考えられています。そのため子どもに応じて準備するものを変えるのですが，人形遊び，描画遊び，ままごと遊び，工作ができるようなアイテムや，ブロック，粘土，楽器等が用意されていることが多いようです。そしてそのような環境下で，週に 1 回，1 回 50 分，決められた曜日・時間・部屋で実施することが基本となっています。

　また，子どもの心理療法について親が理解することを助け，子どもやプレイセラピーそのものを支える環境を構築し，子どもに抱えられている感覚を提供するために親との面接を行うことも重要です。子どものプレイセラピーに併せて，親が他のセラピストと一緒に面接を行っていくという面接形態を**親子並行面接**と呼びます。

る形で投げ返します。子どもが自分自身や周囲を傷つけてしまいそうになれば，そのときの思いは受け止めつつも行動は制止するといった制限を設けながら，子どもたち一人ひとりのペースに付き添い，子どもの自己治癒力を信じて，すぐそばを一緒に歩く伴走者のようにして，子どものこころの探索を見守ります。

　場所や時間，親への面接といった外的な枠組みと，セラピストの態度という内的な枠組みという 2 つの安全な枠組みの中で，子どもは少しずつ自分にとって重要な内容やより不安に感じていることを表現するようになります。セラピストは，そうした子どもの表現に対して，時に遊びを介して，時にセラピストなりの理解をことばで伝える解釈と呼ばれる作業を通して，子どもが自分自身のこころの動きを理解し，考えられるようになることを援助します。その過程で症状が消失したり，現実の行動や対人関係に変化が生じたりするなど，外的な変化が伴い，こころの内・外ともに肯定的な変化が見られるようになっていきます。

8.4.2　プレイセラピーのプロセス

　では実際のプレイセラピーはどのように進んでいくものなのでしょうか。すべての子どもが同じ道筋をたどることはありませんが，ここでは『心理臨床大事典』に紹介されている経過（東山，2004）を中心に紹介したいと思います（表 8.3）。

　面接の初期では，まずセラピストは時間や場所の設定，プレイルームの意義，セラピストとの関係の質，制限などプレイセラピーにおける枠組みについて子どもに伝えます。それと同時に，受容的，許容的，共感的な，温かい治療的関係を樹立するように心がけます。セラピストは少しずつ出され始める子どもの情緒的表現をとらえながら，遊びを子どもからのメッセージ，もしくは子どもたちのこころそのものとして受け止めます。

　面接の中期では，子どもの自己表現に深まりが見られるようになります。面接に安心感を抱いた子どもは，こころを守るために身につけてきた考え方や感じ方の癖（防衛）を徐々に緩めていき，肯定的な感情だけでなく，"重要な人物"に対する否定的な感情や攻撃的な感情にも向き合うようになっていきます。

表8.3 面接における様々な留意点

1. 親の傷つきと抵抗感	来談に至るまでの間，家族は自分たちなりのやり方で子どもを支援しようと努力してきている。そのためたとえ支援者であったとしても，自分たち以外の者による支援で改善が見られるということは受け入れがたく，時に傷つく体験にもなり得る。
2. 転移性治癒	面接の初期に，課題は未だ十分に解決されていないが，セラピストと関わることで生じる肯定的な感情体験や抱えていた感情を一時的に吐き出すことによって急速に症状が軽快することがある。このときに家族やセラピストが"良くなった"と判断して面接を終えてしまうと，その後，症状が再燃することがある。
3. もっと跳ぶための退行	面接の初期から中期にかけて，面接の中で否定的な感情の表出が可能になってくると，子どもは日常生活の中でも感情を出そうと試みる。すると表面上"悪くなった"という印象を与え，周囲の不安が高まり，子どもにきつく当たったり，面接のせいで悪化したといって，面接を中断させてしまうという事態に陥ることがある。
4. 転移と転移解釈	面接の中で子どもたちは，過去の重要な人物との対人関係のパターンやその感情をセラピストに無意識的に重ね合わせるようになる。これを転移と呼び，"子どもがセラピストをどう見ているのか"についてのセラピストの理解と対応（転移解釈）が重要であると考えられている。面接には様々な制限による枠があり，必然的に否定的な感情の転移をセラピストに向ける機会が生まれる。同時にその枠に守られることで，安全にそれらの感情についてセラピストとやりとりをしていくことが可能になっている。

● ミニレクチャー　面接経過ごとの子どもの姿 ●

　面接初期には，子どもは不安そうに立ちすくんだり，セラピストの顔色をうかがうような態度を取ったり，また時には妙に楽しそうに振る舞ったり，セラピストに全く顔を向けずに一人で遊び続けたりといった態度を示すことがあります。それらの態度にどのような子どものこころの動きが込められているのかを理解して受容し，遊びや言葉によって理解を伝え続けていくことで，子どもはセラピストの機能や与えられた場の意味を理解し，自分のありのままのこころの世界を表現する準備を始めます。そして部屋の中で，玩具で遊んだり，セラピストを試したり探索したりし始め，次第に自発的な遊びや表現を展開するようになります。

　面接中期には，自分にとっての重要な人物に対してそれまで抱え続けてきた関係性を巡る恐れや寂しさ，怒りや悲しさなど，様々な否定的な感情を面接室の中でセラピストに対して向けるようになります。この強い不安が伴う大きな挑戦を通して，子どもは自分自身のこころや自分にとって大切な人との関係性を守るために押し殺していた様々な自身の感情を改めて見つめ直し，そうした感情や自分自身のこころの一部を捨ててしまうのではなく，大切な自分の一部として抱え，等身大の自分について考えることが可能になっていきます。

　面接後期には，自分にとっての重要な人物や自分自身に対して，否定的な感情だけでなく，肯定的な感情を再び取り戻し，肯定的な感情と否定的な感情の両方を抱きながらも"大切な存在"だと感じることができるようになっていきます。そして面接や日常生活の中で，元々困りごととなっていた症状が消失したり，何かにチャレンジをするようになったり，それまでとは異なる人間関係を少しずつ育もうとする姿が見られるようになっていきます。

自分の抱える問題の中核に触れる強さが育ち始め，自分のこころの内に秘めていた願いや苦悩を自ら受け止めるようになるとともに，自分の気持ちだけでなく，それまで気づけなかった大切な人の持つ思いや意図に気づく機会が生じ始めます。

　面接の後期では，子どもの自己に対する肯定的な感情が高まります。それまで抱いていた自分や重要な人物に対する無意識的な空想や不安と現実との照らし合わせが進み，内的世界の統合がなされる時期だと考えられています。子どもはそれまでに身につけていたこころや関係性の守り方に加えて，新たな守り方を模索し，現在の自身の置かれた状況により合った適応的な姿を身につけていきます。そして自分たちを守るために過剰に働かせていた防衛やその結果生じていた症状を，安心感を持って手放すことが可能になります。

　そして面接の中でも日常生活の話が話題になったり，何らかの作品が完成したりといった表現が見られ始め，ついには子ども自身から終結を告げるときが訪れます。セラピストはそれらの総合的な成長をアセスメントし，子どもの抱えていた問題が"一山越した"状態にあると判断した場合には，子どもと話し合って面接を終えます。

8.5　おわりに

　このように児童期の子どもの抱える困難さに対する心理臨床は，子どもたちが周囲に示している様々な SOS のメッセージを日常とは少し異なる視点から理解し，子どもの中から溢れ出してしまっていた様々な感情を一緒に抱えようとすることを中心とした支援であるといえます。もちろん，後の章で紹介される不登校やいじめといった児童期において生じる困難さは，子どものこころを苦しめるだけでなく，現実の学校生活という生活の場そのものを揺るがす状況です。そのため，プレイセラピーをはじめとした心理的援助だけでなく，子どもの抱える困難さに関する周囲の状況についてのアセスメントや，環境調整，子どもを取り巻く様々な関係者・支援者との多職種連携が欠かせません。しかしそうした様々な支援が，子どものこころを置き去りにせず，子どもに寄り

添ったものであるためには，子どもの心理臨床が持つ理解の枠組みを活用して支援の方向性を定めることが重要であると考えられます。

参 考 図 書

田中 千穂子（2011）．プレイセラピーへの手びき──関係の綾をどう読みとるか── 日本評論社

シェーファー，C. E.（編著）串崎 真志（監訳）（2011）．プレイセラピー14の基本アプローチ──おさえておくべき理論から臨床の実践まで── 創元社

下山 晴彦（編）（2009）．よくわかる臨床心理学　改訂新版　ミネルヴァ書房

ウィニコット，D. W. 橋本 雅雄・大矢 泰士（監訳）（2011）．新版　子どもの治療相談面接　岩崎学術出版社

復 習 問 題

1. 臨床心理学とはどのような学問であるかを説明し，心理臨床に含まれる3つの活動について述べて下さい。
2. 子どもの精神症状や行動上の問題が持つ“意味”について説明して下さい。
3. プレイセラピーにおけるセラピストの基本姿勢について説明して下さい。
4. プレイセラピーの進展過程において面接が中断するリスクとなる要因について説明して下さい。

第9章

発達上の困難さとその理解

　他の人の意図を理解しづらく，自分の意図も伝えづらい状態の中で生まれたときから過ごしてきたとしたら，周囲の人に対して期待感や安心感を持つことができるでしょうか。また，他の人と一緒に何かをする楽しさを感じたり，自分が困ったときに誰かの力を頼る方法を学ぶことができるでしょうか。

　近年，脳・神経の機能などに困難さを抱える子どもたちの存在が広く知られるようになり，その早期発見と支援が重要視されるようになってきています。しかしその一方で，そうした発達上の困難さを抱える子どもたちのこころに目を向ける機会が失われつつあるともいわれています。

　本章では発達上の困難さの中でも代表的な発達の障害をいくつか紹介するとともに，そうした困難さを抱える子どもたちのこころについて考えていきたいと思います。

9.1 発達障害とは

子どもに発達上の困難さが見られる場合，発達障害があるというとらえ方があります。発達障害とは，「生まれつきの脳の機能的障害のために，ものの見方や感じ方に偏りが生じ，他者との相互的コミュニケーションが難しくなったり，こだわりや注意の問題，多動，不器用などが生じたりして，その結果，社会適応に困難をきたすこと」（黒田，2018）だと考えられています。その診断は世界保健機関（WHO）の診断基準 ICD（International Statistical Classification of Diseases and Related Health Problems）や，アメリカ精神医学会の診断基準 DSM（Diagnostic and Statistical Manual of Mental Disorders）によって行われます。2013 年に改訂された DSM-5 の中で発達障害は神経発達症群 / 神経発達障害群（Neurodevelopmental Disorders）と呼ばれています。そしてこの発達障害のグループには，後述する様々な障害が含まれています（表9.1）。

日本では 2006 年に特別支援教育が学校基本法の中に位置づけられ，障害のある子どもたちに対してそれまでに行われてきた，障害の種類や程度に応じて特別な場で指導を行う特殊教育から，障害のある子どもたち一人ひとりの教育的なニーズに応じて適切な教育的支援を行う特別支援教育へと転換がなされました。加えて，2006 年に採択された国連の障害者権利条約や，2016 年に施行された障害者差別解消法に基づき，障害のある人の人権が障害のない人と同じように保障されるとともに，教育，就業，その他の社会活動に参加できるように，それぞれの障害特性やニーズに合わせて配慮を行うという合理的配慮を提供することが義務づけられました。

なお，発達障害に限らず，障害というものを考える際には WHO の提唱する2 つのモデルが役立ちます。1980 年に提唱された国際障害分類（International Classification of Impairments, Disabilities and Handicaps：ICIDH）モデルでは，疾患による機能や形態の障害，その結果としての能力障害，それにより生じる社会的不利益，それらすべてを障害ととらえました（図9.1）。2001 年に提案された国際生活機能分類（International Classification of Functioning, Disability

表 9.1　神経発達症候群に含まれる疾患群とその一例

知的能力障害群
　　知的発達症

コミュニケーション症群
　　言語症
　　小児期発症流暢症（吃音）

自閉スペクトラム症

注意欠如・多動症

限局性学習症

運動症群
　　発達性協調運動症
　　チック症群
　　　トゥレット症
　　　持続性運動チック症
　　　持続性音声チック症

他の神経発達症群

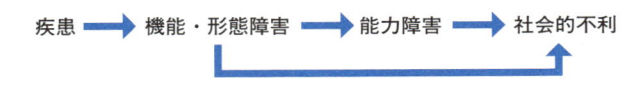

疾患　→　機能・形態障害　→　能力障害　→　社会的不利

図 9.1　ICIDH による障害モデル

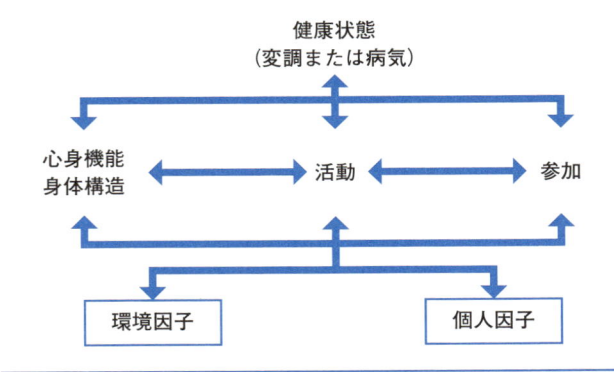

心身機能	身体の生理機能，心理的機能
身体構造	器官や肢体とその構成部分などの身体の解剖学的部分
活動	課題や行為の個人による遂行
参加	生活や人生の場面への関わり
環境因子	生活し人生を送っている物的・社会的・態度的環境
個人因子	個人の人生や生活の特別な背景

図 9.2　ICF による障害モデル

and Health：ICF）モデルでは「心身機能」「活動」「参加」のいずれかに制限がある状態を障害ととらえ，障害を環境との相互作用の問題にあると考えています（図 9.2）。

9.1.1 知的発達症（知的発達障害）の理解と支援

知的発達症（Intellectual Developmental Disorder：IDD）もしくは知的能力障害（Intellectual Disability）とは，「全体的な知的発達（知能）の遅れ」と「様々な生活や活動における不適応状態（適応機能の障害）」を特徴とする神経発達症候群の一つです。前者は物事を理解する認知能力や言語の発達，運動能力，社会的能力といった全体的な知的水準に関わる重要な能力の発達につまずきがあることを示しています。後者は子どもが暮らす日々の生活を取り巻く文化や環境において，その子の年齢で期待されるような日常的動作ややりとりを行うことに困難さが見られることを示しています（表 9.2）。

またこれまでは IDD の重症度を分類するために，知的発達の程度を検査によって測定し，知能指数（IQ）もしくは発達指数（DQ）の値が概ね 50 ～ 70 を軽度，35 ～ 50 を中等度，20 ～ 35 を重度，20 を下回る場合を最重度とする基準を用いてきました。近年では，IQ の値によって機械的に分類を行うのではなく，実際の生活における不適応状況すなわち日常生活の中での困難度を詳細に尋ねて，総合的に評価するように変更がなされました。そして，様々な福祉制度の利用を希望する場合には，こうして分類された重症度やその他の支援の必要性に基づき，知的障害児（者）に対して都道府県知事もしくは政令指定都市の市長が発行する障害者手帳である療育手帳の交付判定を受けることになります。

IDD による困難さは日常生活において様々な形となって表れることとなります。幼い頃は発育発達の遅れといった形で乳幼児健康診査（乳幼児健診）において指摘されることもあります。学校生活においては，学習内容に対する理解の困難さが見られたり，クラスメイトとの会話や遊びの内容やテンポについていくことが難しかったりすることで困り感が生じることがあります。その他にも，健康管理や身辺の自立，交通機関の利用，危険の予測といった日常生活

表 9.2 知的発達症のアセスメントに用いられる検査の一例

全体的な知的発達を とらえる検査	ウェクスラー式知能検査 （WPPSI-Ⅲ，WISC-Ⅳ，WAIS-Ⅳ）
	新版 K 式発達検査 （新版 K 式発達検査 2001，新版 K 式発達検査 2020（改訂中））
	ビネー式知能検査 （田中ビネー知能検査V，改訂版 鈴木ビネー知能検査）
	K-ABC（K-ABC Ⅱ）
適応機能や行動を とらえる検査	Vineland（ヴァインランド）-Ⅱ 適応行動尺度
	KIDS（キッズ）乳幼児発達スケール（T タイプ）
	S-M 社会生活能力検査（第 3 版）

【検査における注意点】
①数値に反映されない特徴や傾向も把握すること。
取組みへの意欲，検査場面への不安，難しい課題に直面したときの対処法や SOS を出せるかどうか，諦めの早さ，集中の持続や注意力の様子，回答をするときに使用されることばの種類（語彙）の多さや正確さなど，検査の結果に直接は影響しないものの，検査時の振る舞いや態度から，日常生活での支援を考える上で重要な情報となります。
②検査場面という特殊な状況と日常場面との違いを意識すること。
検査は静かで落ち着いた環境下で，見慣れない大人との一対一のやりとりを通して，見慣れない課題に取り組む場面となります。そのため検査場面の様子やその結果が，日常生活や子ども個人の知的発達の様子のすべてを反映しているわけではないということに留意する必要があります。

想像したことをノートに書き出してみよう

　もし周りの友達の遊びや会話のスピードが速すぎると感じているとしたら……

①あなたは遊びや会話に自分から積極的に参加しようと思えるでしょうか。

②あなたはどうやって学校の休み時間や授業時間を乗り切ろうとしますか。

③そばにどんな友達や大人がいてくれると安心して過ごせるでしょうか。

　もし自分の子どもだけ周りの子どもと比べて成長がゆっくりだったら……

④親としてどんな気持ちになるでしょうか。そして何をするでしょうか。

⑤そんな親の姿や関わりを見て，子どもはどんなことを感じるでしょうか。

を送る上で必要となるスキルに幼さや拙さが浮かび上がります。こうした困難さを抱える子どもに対しては，実際の年齢や学年といった視点からだけでなく，その子個人の知的発達の程度という視点から子どもを理解し，その程度に応じた支援を作り上げていくことが重要となります。加えて，以降に示す他の神経発達症候群との併存についても考慮して，認知的な特性の把握が大切です。

9.1.2　自閉スペクトラム症（自閉スペクトラム障害）の理解と支援

　自閉スペクトラム症（Autism Spectrum Disorder：ASD）とは，「対人コミュニケーションおよび対人的相互反応における持続的な欠陥」と「行動，興味，または活動の限定された反復的な様式」を特徴とする神経発達症候群の一つです。前者は対人的なやりとりに関する困難さ，後者はいわゆるこだわり（同一性保持・情動行動）と呼ばれる行動上の困難さを表しています。

　対人的な困難さの特徴としては，ことばの発達の遅れや相手の言ったことばをそのまま言い返すオウム返し（反響性言語）が見られたり，相手の思いやいわゆるその場の空気を理解することが難しかったり，視線が合わなかったり，表情や身振り手振りを交えたやりとりに困難さが見られることがあります。こだわり行動の特徴としては，習慣やスケジュールを頑（かたく）なに守ろうとしてその変更に非常に苦痛を感じるということがあったり，くるくる回ったり手をひらひら動かしたりといった反復的な行動をしたりします。また，特定の音や感触などに対して強い不快感を抱いたり，反対にそれらを強く好んだり，はたまたそれらの刺激に対して非常に感覚が鈍かったりと，感覚の過敏さや鈍麻さがこだわりを形作る一つの要因となっている場合もあります（表9.3）。

　ASD の子どもたちは，これらの特徴を色濃く持つ者もいれば，淡く持ち合わせる者まで様々です。そのためスペクトラム（連続体）ということばが用いられているように，重症な者から軽症な者，そして ASD の特徴を薄く持つ自閉症特性における広域表現型（Broad Autism Phenotype：BAP），さらには社会性やこだわりに障害とまではいかないものの偏りがある一般人へと続いていきます（図9.3）。乳幼児期に目が合わないことやことばの遅れや極端な偏食などによって発見されることが多いのですが，そうした特徴があまり目立たな

表 9.3 自閉スペクトラム症のアセスメントに用いられる検査の一例

1次スクリーニングに用いる検査（健診などで広く使用しリスクのある者を早期発見するために用いる）	乳幼児期自閉症チェックリスト（M-CHAT）日本語版 視線の動きや目の合いにくさを測定する機器 　注視点分布計測装置（ゲイズ・ファインダー） 　注視点追跡装置（アイ・トラッカー）
2次スクリーニングに用いる検査（リスクがあると判断された者に対して，他の疾患と区別するために用いる）	対人コミュニケーション質問紙（SCQ） 小児自閉症評定尺度（CARS2） 親面接式自閉スペクトラム症評定尺度 テキスト改訂版（PASRS-TR）
診断や評価に用いる検査	自閉症診断面接　改訂版（ADI-R） 自閉症診断観察検査第2版（ADOS-2）

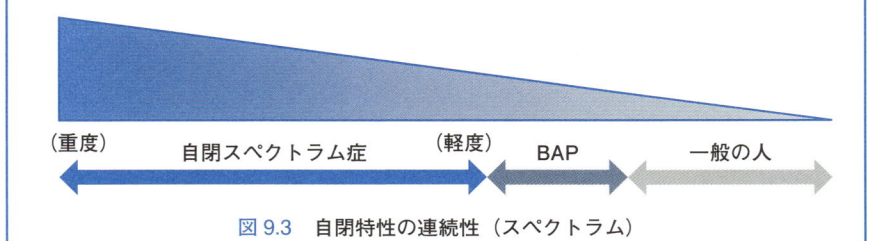

（重度）　　自閉スペクトラム症　　（軽度）　　BAP　　　一般の人

図 9.3　自閉特性の連続性（スペクトラム）

想像したことをノートに書き出してみよう

　他の人の意図を理解しづらく，自分の意図も伝えづらい状態の中でずっと過ごしてきたのだとしたら……

① "人" に対して期待感や安心感を持つことができるでしょうか。

② "人" とのやりとりでどんな気持ちを味わうことがこれまでできたでしょうか。反対に，どんな気持ちを味わうことができなかったでしょうか。

　わかることやできることが非常に少なかったとしたら……，不安な気持ちの中で1つだけ自分でコントロールできる感覚や行動があるとしたら……

③やっと見つけたできることやこだわることは不思議なことなのでしょうか。

④それを取り上げられたとき（禁止されたとき），どう感じるでしょうか。

⑤それを自分から手放そうと思えるのは，どういうときでしょうか。

い子どもたちは，学校生活の中で，友達同士の会話や遊びが複雑になったり，学習内容が抽象的になったりする中で，支援の必要性が浮かび上がることになります。加えて，ASD は先に示した知的発達症や後に示す他の発達障害と併存する場合も少なくなく，結果として多様な状態像を示すこととなるため，子どもたち一人ひとりの持つ特徴を把握することと，それをもって生きてきたそれまでの人生の積み重ねを想像することが重要になります。

9.1.3　注意欠如・多動症（注意欠如・多動障害）の理解と支援

注意欠如・多動症（Attention-Deficit/Hyperactivity Disorder：ADHD）とは，不注意と多動，衝動性が持続的に存在し，日常生活に支障をきたすことを特徴とする神経発達症候群の一つです。幼い子どもたちにとって注意や集中が散漫になることや，そわそわとした振る舞いは日常的によく見られる姿ですが，そうした特徴が子どもの発達の水準と比べても不釣り合いなくらいに目立ち，集団生活や学業，そして成人では仕事の上で悪影響を生じさせていると判断される場合に診断がつけられることになります（表 9.4，表 9.5）。また，不注意の症状が顕著な場合（不注意優勢に存在），多動・衝動性が顕著な場合（多動・衝動優勢に存在），それらの両方が顕著な場合（混合して存在）といった具合に，過去 6 カ月の症状の特徴によって表記が異なってきます。

　幼い頃は多動や衝動性が目立つことが多く，学校生活でも離席や私語（多弁），喧嘩の際につい手を出してしまうといった形で困難さが表れることがあります。また，児童期以降はそれらに加えて，不注意の症状から来る困難さが目立ち始めて，周囲と音や動きに注意を奪われるために授業に集中できなかったり，忘れ物をしてしまったりといったことで苦しむ姿が見られるようになります。

　また，こうした困難さは彼らを取り巻く関係性にも影響を及ぼすことが知られています。意識していたとしても注意や多動・衝動性をコントロールすることは非常に難しいため，何度叱られても同じ失敗を繰り返してしまうということが起こりやすく，子どもは自信を失っていき，活動に取り組むことがより困難となり，苛立ちや悲しみから対人的なトラブルを招くこともあります。他

表 9.4 注意欠如・多動症のアセスメントに用いられる検査の一例

スクリーニングに用いる検査	ADHD 評価スケール（ADHD-RS-Ⅳ）
診断や評価に用いる検査	コナーズ 3（Conners3 保護者用，教師用，本人用）

表 9.5 注意欠如・多動症の症状に関わる脳機能「実行機能」とその下位側面

課題に取りかかる力	課題を整理し，優先順位をつけて取りかかる機能
注意の焦点化	課題に対して注意の焦点づけ，注意の保持や注意の移動を適切に行う機能
覚醒の維持	課題を遂行するために意識を覚醒させ，努力を続け，適切な処理速度を維持し調整する機能
感情の制御	欲求不満を管理し，感情を調整する機能
記憶の操作	ワーキングメモリ（作業記憶）を活用し，想起する機能
行動の把握と制御	自分の行動を客観的に監視（モニタリング）し，必要に応じて自己制御する機能

想像したことをノートに書き出してみよう

　目に映るもの一つひとつに自分の注意や意識がすべて引っ張られるとしたら
……

①授業や課題に取り組もうとしたときに，どんなことが起こりそうでしょうか。

②教室のどのあたりに席があると集中しやすくなりそうでしょうか。

　歯が抜けたときのような何かあるはずのものが足りないようなそわそわした
感覚がずっと体にあるとしたら……

③あなたはどうやって落ち着こうとするでしょうか。

④それを禁止されたとき，どんな気持ちになって，何をしてしまうでしょうか。

　何かをしようと考える前に，先に体が動いてしまい止められないとしたら……

⑤学校生活でどんなトラブルが起こりそうでしょうか。

⑥それを周囲の人に自分のせいだと注意されたり馬鹿にされたりしたら，どん
　な気持ちになって，その後どうなっていくでしょうか。

方で，保護者や担任の先生，クラスメイトらは繰返し注意することに疲れ果ててしまい，感情的に当たり，時に虐待的な関わりや，いじめが生じるような関係性へと陥ってしまうこともあり，このような悪循環をいかに断ち切るのかという視点が重要であるといえます。こうした悪循環に，暴力や家族のアタッチメント関係の困難さなどが加わった結果，ADHD の特徴を持つ子どもが後に，反抗挑戦性障害，行為障害，ひいては反社会性人格障害へと至る，一連の流れを DBD（破壊的行為障害：Destructive Behavior Disorder）マーチと呼び，予防と早期からの支援の必要性が訴えられています。

9.1.4　限局性学習症（限局性学習障害）の理解と支援

限局性学習症（Specific Learning Disorder：SLD）とは，視力や聴力といった感覚の障害やそれまでの教育に問題がないにもかかわらず，子どもの年齢や知的能力から比べて，読み，書き，計算の学業成績に著しい困難さを示すことを特徴とする神経発達症候群の一つです（表 9.6）。また医学的な定義においては，読み，書き，計算における困難さに対して用いられているのですが，学校教育上では，学習障害（Learning Disabilities：LD）ということばでより広く困難さを抱える子どもへの支援の必要性を喚起しています。文部省（現在の文部科学省）が 1999 年に発表している定義では「学習障害とは，基本的には全般的な知的発達に遅れはないが，聞く，話す，読む，書く，計算する又は推論する能力のうち特定のものの習得と使用に著しい困難を示す様々な状態を指すものである。学習障害は，その原因として，中枢神経系に何らかの機能障害があると推定されるが，視覚障害，聴覚障害，知的障害，情緒障害などの障害や，環境的な要因が直接の原因となるものではない」とされており，聞く，話す，推論する能力の困難さが加わっています。どちらの定義においても，知的発達症（知的障害）とは区別されているという点では共通しています。

SLD のある子どもには知的な遅れがあるわけではないため，周囲は困り感に気づけず，適切な対応が遅れてしまうことも少なくありません。幼い頃から色鉛筆で絵や文字を描く場面や，絵本遊びの中で違和感を抱く場合もあるのですが，SLD が学習やそれに関わる能力における困難さを示す概念であるため，

表 9.6 限局性学習症のアセスメントに用いられる検査の一例

スクリーニングに用いる検査	LD 判断のための調査票 改訂版（LDI-R）
	WISC-Ⅳに含まれる「単語」「算数」など
	KABC-Ⅱに含まれる「読み」「書き」「計算」など
診断や評価に用いる検査	読み書きスクリーニング検査（STRAW，STRAW-R）
	SCTAW 標準抽象語理解力検査
	PVT-R 絵画語彙発達検査

【検査における注意点】
SLD には様々な側面があるため，現時点ではアセスメント・ツールが十分に整備されている状態にはあるとはいえません。今後 SLD によって生じる困難さの一つひとつの側面を測定する検査の開発や標準化が期待されています。

〔小学校低学年の国語と算数の問題を解いてみましょう〕（制限時間は各 10 秒）

① ￡の5の⊂の⊋の⊂￡のⴄ￡Ƃⵉϒ∪∪ヰ￡す⒦ 。

② ⅄ム∖ꞁ ≍

③ よね　　んにい　　ちどだ　けおと　ずれる　いちね　んがい　ちにちな
　　がいと　　しをなんとい　う。

④ 1 時間は何分間でしょうか。

答え：①明日，②9，③5ずつ，④60分。

みなさんは何問正解できたでしょうか。脳機能の問題で，文字が上下逆さまに見えてしまう子どもだったら①，文字の向きが歪んで見えてしまう子どもだったら②，単語の区切り目（音節）がわからない子どもだったら③，文字がぶれて見えてしまう子どもだったら④のように映っている可能性があります。彼らは教科書や黒板を読むことにこれほど大変さを感じながら，毎日頑張って授業に参加しようとしているのかもしれません。

子どもの抱える困難さの大きさに周囲が本格的に気づくのは学校生活が始まってからになります。読み，書き，計算，聞く，話す，推論するといった力は，学校生活を送る上で不可欠といってもよいほどに多用されるものですので，例えば授業の中で教科書の文字を読むことが非常に困難であったり，黒板に書かれた文字をノートに写すことに人より長い時間が必要であったりすれば，毎日の学校生活は本当に大変なこととなります。近年はこうした困難さの中でも読み書きに限定した学習困難である**ディスレクシア**（Dyslexia）ということばが広く知られるようになり，授業中にタブレットを用いてノートをとったり，文字を読み上げたりといった IC 機器の活用による支援が始まっています。

9.1.5　発達性協調運動症（発達性協調運動障害）の理解と支援

発達性協調運動症（Development Coordination Disorder：**DCD**）とは，運動に影響を与えるような神経の病気や知的発達症や視力の障害などがないにもかかわらず，手と手や，手と足などの体の別々の部位を連動させたり，視覚や聴覚といった感覚に合わせて体の一部を動かしたりといった，**協調運動**に著しい困難さを示すことを特徴とする神経発達症候群の一つです。いわゆる不器用や運動音痴ということばでひとくくりにされてしまい，**協調**（coordination）という脳機能の発達の問題としてとらえられることがまだまだ少なく，支援につながっていない場合が多いと考えられています（**表 9.7**）。

　協調運動には，例えば走ったり，ボールを投げたりといった**粗大運動**と呼ばれるものもあれば，文字を書いたりボタンをはめたりといった**微細運動**と呼ばれるものもあり，それらのどちらにも，もしくはどちらかに困難さを抱える場合があります。そのため，スポーツがとても上手なのに字が極端に汚いという人もいれば，ダンスが踊れないのに繊細で緻密な手作業が非常に得意な人がいるなど，症状は多様なものとなります。また協調という機能は，いわゆる運動や手先の作業だけでなく，唇や舌や喉の動きである物を食べたり飲み込んだり，ことばを話したりといった場面でも用いられるものでもあります。その他にも，トイレや着替えといった日常動作や，利き手で字を書くときにもう片方の手で用紙を押さえたり，体のバランスを保ったり姿勢を保持したりといった，普段

表 9.7 発達性協調運動症のアセスメントに用いられる検査の一例

協調運動発達をとらえる検査 （質問紙形式）	日本版感覚プロファイル （ITSP 乳幼児版, SP 子ども版, 青年・成人版） 協調運動の国際的評価尺度 日本語版 （DCDQ-J）
（検査形式）	日本版ミラー幼児発達スクリーニング検査 （JMAP） JPAN 感覚処理・行為機能検査 （JPAN） M-ABC2 日本語版 （開発中）

協調運動に難しさのある世界を体験してみよう

①手袋や軍手を 2 〜 3 枚重ねてつけた状態で，友達と 3 分間，自分だけ筆談の形で世間話をしてみよう。

②利き手だけしか使わずに，できるだけ素早くきれいに，紙に 50 音の表を書き上げてみよう。

　①②を体験してみて，思うようなやりとりや作業ができたでしょうか。また，そのときどのような気持ちになったでしょうか。DCD の困難さを抱える成人は「壊れたロボットのような体で生きているようだ」と表現することがあります。

想像したことをノートに書き出してみよう

　もし体のコントロールが難しく，大きく早くぴょんぴょんとしか動かせない体で毎日を過ごしているとしたら……

①朝起きてから学校に行くまでの間にすることの何が大変になりそうでしょうか。

②学校で 1 日を過ごす中で，何に困りそうでしょうか。

　もし体のコントロールが難しく，ぐらぐらと不安定な感じがする体で毎日を過ごしているとしたら……

③どう工夫したら授業に取り組むことができるでしょうか。

④学校から帰る頃には，こころや体はどんなコンディションになるでしょうか。

　もしそんな大変さに気づいてもらえなかったとしたら……

⑤友達や先生，家族との関係性はどうなっていくでしょうか。

あまり意識しないままに動かしている何気ない動作の一つひとつにこれらの機能は発揮されています。それを考えると DCD の困難さを抱える子どもの大変さは不器用の一言で片づけてよいものではありません。一生懸命努力しているのにもかかわらず，自分の体をうまく扱うことができず，思うように作業ができない中で過ごす子どもたちの多くは，自信を失い，時に周囲にからかわれることを経験し，自尊感情を傷つけられながら育っていくことが懸念されています。

　協調の機能は普段意識することなく用いている機能であるため，こうした機能の困難さを意識してことばで説明することは DCD の困難さを抱える子ども自身にとって簡単なことではありません。周囲の者が具体的な例を挙げつつ子どもたちの困り感について尋ねていくことが支援の第一歩となります。

9.2　発達上の困難さの併存と二次障害

　ここまで，発達障害の代表的なものをいくつか紹介してきましたが，これらの障害は 1 人の子どもの中に併存して見られることがしばしばあります。例えば自閉スペクトラム症と知的発達症や注意欠如・多動症が併存したり，注意欠如・多動症と限局性学習症が併存したりというように，困難さが重ね合わされることがあります。周囲の者が子どもの示す一つの特性や診断名に注意を奪われてしまうと，その子の抱えている他の困難さを見落としかねないことを覚えておく必要があります。そうした見落としを予防するために，包括的な視点から評価を行うことや，複数の専門家による関与が大切になります。

　子どもの抱える困難さを包括的にとらえる視点の一つに神経発達的診断が必要とされる早期徴候症候群（ESSENCE：エッセンス）という概念があります（ギルバーグ，2013）。知的発達の遅れ，睡眠の乱れ，感覚の問題，注意の問題など，10 以上の観点から子どもの症状を確認し，それが半年以上続くかもしくは突然生じる場合には，神経発達症候群や他の小児の精神疾患のリスク因や初期の兆候であると判断して専門家への受診が推奨されるというものになっています（表 9.8）。

表 9.8 ESSENCE の評価観点

(a)	全般的な発達 ……………	知的発達の遅れ，学業の問題
(b)	コミュニケーションと言語 …	ことばの遅れ，身振りがない
(c)	社会的相互関係 ……………	大人，子ども，遊びにほとんど関心がない
(d)	運動調節 …………………	粗大運動あるいは微細運動の遅れ
(e)	注意 ……………………	聞いていない，聞こえていない，気が散りやすい
(f)	活動 ……………………	活動的過ぎる，受け身的過ぎる
(g)	行動 ……………………	常同的な行動，同一性の保持，チック，強迫的な行動
(h)	気分 ……………………	かんしゃくを抑えられない
(i)	睡眠 ……………………	睡眠覚醒リズムの乱れ，夜驚，夜間徘徊
(j)	感覚／知覚 ……………	感覚刺激に対しての敏感もしくは鈍感
(k)	食事の問題 ……………	偏食，選択的あるいは一貫した食事の拒否

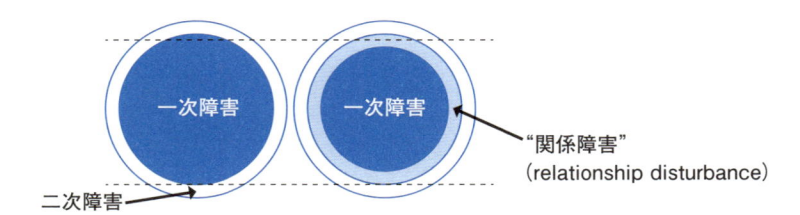

図 9.4 関係障害と一次障害・二次障害の関係性

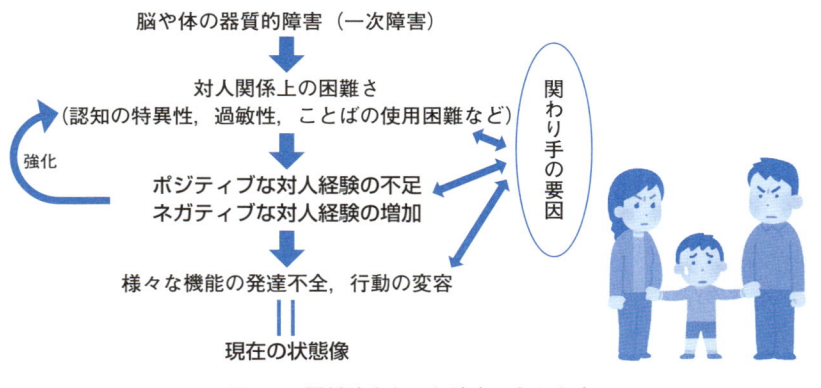

図 9.5 関係障害という障害のとらえ方

　また，発達上の困難さを抱えて生きる子どもたちは，日々の生活の積み重ねの中で自信を失ったり，傷つくことが多いため，後に不登校や抑うつ症状が現れるなど，精神症状を発症するリスクが高いと考えられています。生まれつきの障害（**一次障害**）を背景として後天的に生じる症状は**二次障害**と呼ばれています。この二次障害の発症をいかに未然に防ぐかということが，子どもたちの支援を考える際に重要なポイントの一つになります。

　なおわが国の発達心理学の中には，一次障害だと考えられている障害の中にも，障害を持つがゆえに，周囲との関係の中で後天的に形成されてきた症状や障害特性（**関係障害**）が含まれているととらえる考え方があります（小林・鯨岡，2005）（**図 9.4**）。これは二次障害の予防や改善だけでなく，一次障害の予防や改善の可能性を示唆する大切な考え方です。加えて，子どもたちが障害の種ともいえる一次障害を生まれ持つことで，どのようなことを経験してきているのか，反対にどのようなことを体験することができずに過ごしているのかということを考えて支援することの必要性を認識させてくれます（**図 9.5**）。

9.3　子どもの発達とこころをとらえる検査

　ここまで，子どもたちがどのように日々を過ごしているのかを理解し支援することの重要性を説明しましたが，ここからはその理解の方法について話を進めていきたいと思います。そのためには標準的な心理的アセスメントに加えて，発達的な特徴，すなわちこころが収められている "容器" ともいえる体の特徴をアセスメントすることがとても大切になります。そのため支援の現場では，全体的な知的発達や発育発達の状態を測定する**知能検査**や**発達検査**が行われたり，発達障害に関連する障害特性の把握のための個々の検査が行われています（代表的なものを**表 9.9**，**表 9.10** で紹介します）。

　検査を行うことを通して，周囲の者は子どもの中にある長所や短所を細かく調べることができ，発達状態や特性の有無を知ることで，それまでよくわからなかった行動や困っていた行動の背景にある子どもの意図や意味が理解できるようになります。子どもを理解するための一つの視点を与えてくれる望遠鏡や

表 9.9 WISC-IV（Wechsler Intelligence Scale for Children-IV）

適用年齢	5 歳 0 カ月〜 16 歳 11 カ月
所要時間	60 〜 80 分
特徴	①全体的な知能水準が測定できるだけでなく，個人の内での個々の能力の差を調べることができる。 ②知能指数（IQ）は同じ数値であっても年齢によってその数値の持つ意味が異なってしまうという欠点があるが，偏差知能指数（偏差 IQ）という，どの年齢であっても数値の意味が等しくなる指数を測定できる。
測定できる能力	①全検査 IQ（FSIQ）：全体的な知能指数 ②言語理解指標（VCI）：言語的な情報や，自分自身が持つ言語的な知識を状況に合わせて応用し，推理，理解，及び概念化する言語能力 ③知覚推理指標（PRI）：視覚的な情報を取り込み，各部分を相互に関連つけ，全体として意味あるものへまとめ上げ，推理する能力 ④ワーキングメモリ指標（WMI）：注意を持続させて情報を正確に取り込み，記憶する能力 ⑤処理速度指標（PSI）：視覚的な情報を事務的に数多く正確に処理していく能力
検査の構造	基本検査：①積木模様，②類似，③数唱，④絵の概念，⑤符号，⑥単語，⑦語音整列，⑧行列推理，⑨理解，⑩記号探し 補助検査：⑪絵の完成，⑫絵の抹消，⑬知識，⑭算数，⑮語の推理 （※基本検査の代替として使用する）

表 9.10 新版 K 式発達検査 2001

適用年齢	0 歳 0 カ月〜成人（乳幼児期から就学前後までの項目が充実している）
所要時間	30 〜 80 分
特徴	①知的能力だけでなく，運動や手指の操作など幅広く発達状態を測定できる。 ②子どもの様子に合わせて一つひとつの検査を実施することが許されており，子どもにとっては遊びのような雰囲気の中で取り組むことができる。
測定できる能力	①全体の発達指数（DQ） ②姿勢—運動領域：発育発達や運動の発達 　（考えたり作業したりする土台となる力） ③認知—適応領域：ものの捉え方や手先の動きのバランス 　（目で見て，手で触って考える力） ④言語—社会領域：言葉の発達や人との関わりや社会性 　（耳で聞いて，言葉を使って考え伝える力）
検査の構造	姿勢—運動領域，姿勢—運動領域，言語—社会領域の 3 つの領域に関する 328 種類の設問が用意されており，子どもの発達年齢に応じてその中からいくつかを組み合わせて使用する。

顕微鏡のようなものが検査だといえます。さらには，把握した特徴を踏まえて，子どもに対する支援の必要性を説得力のある形で訴えることが可能になります。その一方で検査にはデメリットもあり，評価されるという体験によって子どもが傷つくことや，数字や結果が周囲の人が抱く子どもに対するイメージに影響を与えてしまう可能性についても忘れてはいけません。例えば，学校生活の中で何らかの困りごとやトラブルを抱えている子どもが，学内や学外の特別な場所で検査を受けることになったとき，子どもはどうして自分だけがそのようなことをしなければならないのかと様々な原因を考えます。同様に，検査を勧められた保護者も，様々な不安を抱くことになることでしょう。加えて，検査を望遠鏡や顕微鏡に例えたように，特定のものをより詳しく見やすくしてくれる半面，視野を狭めてしまい他の原因や困りごとを見落とすことにつながる可能性についても注意が必要です。先に紹介した障害や障害特性という理解の視点にも同様のメリットとデメリットがあるといえるかもしれません。

　こうしたことを踏まえて検査を行う場合，発達や検査そのものへの十分な知識と理解を持って検査に挑むことはもちろんのこと，十分な時間と子どもが集中して取り組める環境の準備，そして子どもの協力や努力を引き出して十分に持てる力を発揮するための信頼関係の構築が欠かせません。

9.4　おわりに

　障害や障害特性についての知見が世間に広く知られるようになったことで，これまでやる気や育て方の問題だと誤解され，傷つけられてきた多くの子どもたちやその保護者たちが救われるようになりました。またそれぞれの特性に応じた数多くの支援技法が開発されることにもなりました。しかしその一方で，近年，子どもたちが示す行動や振る舞いに対して，「○○障害だから」「○○という特性だ」といった具合にレッテルを貼り，そこで子どもに対する理解が止まってしまうという弊害が生じていると問題視されるようになってきています。脳の機能的障害のために，ものの見方や感じ方に偏りがあったとしても，子どもたちの中には私たちと変わらないこころが確かに存在します。そんな支援の

土台となる視点を今一度見直すことが必要になってきているのかもしれません。

参 考 図 書

小林 隆児・鯨岡 峻（2005）．自閉症の関係発達臨床　日本評論社

黒田 美保（編著）（2015）．これからの発達障害のアセスメント——支援の一歩となるために——　金子書房

黒田 美保（2018）．公認心理師のための発達障害入門　金子書房

辻井 正次（監修）明翫 光宜（編集代表）（2014）．発達障害児者支援とアセスメントのガイドライン　金子書房

復 習 問 題

1. ICIDH と ICF について，それぞれの障害についてのとらえ方と，両モデルが共通して持つ特徴について説明して下さい。
2. 子どもの発達上の困難さの代表的なものの持つ特徴を簡潔に説明して下さい。
3. 障害や障害特性という視点から子どもの抱える困難さをアセスメントすることのメリットとデメリットについて説明して下さい。

第10章 児童期の子どもを取り巻く環境との関係性

児童期に入った子どもたちは，乳幼児期と比べても自分一人でできることが増え，学校のクラスメイトや教師との関係性といった人間関係の広がりも見られますが，それでもやはり子どもたちを取り巻く最も重要な環境の一つは"家族"です。

家族のうち親子の関係性について考えたとき，その中で繰り広げられる様々なドラマには2人の主人公が存在していることにお気づきでしょうか。一人は子ども，そしてもう一人は親です。忘れられがちなことなのですが，養育者である親も，子どもと同じように自分自身の人生の発達過程を歩んでいる一人の人間なのです。

この章では，児童期の子どもを取り巻く重要な環境である家族について，子どもの側と，親の側の2つの視点から見ていきたいと思います。また，最後には，親子関係の中で生じる困難さを理解する視点から，子どもと学校の先生との関係性における困難さについても少しだけ検討したいと思います。

10.1　『となりのトトロ』から見る子どもにとっての家族

　みなさんは長編アニメーション『となりのトトロ』を見たことはあるでしょうか。トトロの可愛らしさに子どもだけでなく大人からも大人気の作品ですが，作中の家族関係に目を向けると，病気療養のために 1 年間入院している母親と，優しくもどこか頼りない父親，そして児童期の終盤に差しかかる 12 歳のサツキと幼児期の真っただ中にいる 4 歳のメイという 2 人の姉妹のこころの動きが繊細に描かれていることが見て取れます。

　元気いっぱいに好奇心を発揮する真っすぐなメイに対し，しっかりもののサツキは父親と姉妹の 3 人の生活を支える母親のような役割を背負い，明るくも気丈に振る舞う姿を見せています。母親の体調不良によって一時帰宅が延期になったことを知らされた場面において，会えないことが嫌だと駄々をこねるメイに対し，母親の体調を気遣うサツキはメイをいさめようとして喧嘩になってしまいます。一見すると真逆なように見える 2 人ですが，こころの中を表しているかのように散らかったおもちゃのそばで横になっているメイの隣の部屋で，サツキもまた同じ姿勢で横になっているという様子が，鏡に映る姿のように描かれています。その後，近所のおばあさんと話をする中で，サツキも母親が死んでしまうのではないかと不安な気持ちに押しつぶされそうになっていることを泣いて語る姿からは，サツキもまたメイと同じ思いを抱いていたのだということが明らかとなります。また，実はこの作品は元々 1 人の女の子が主人公の作品であったとされています。サツキとメイの姿は，（母）親との別れという苦しい状況の下で，背伸びして気丈に振る舞い心配をかけまいとするお姉さん的なこころの側面と，辛い状況下でより幼い思いを爆発させるこころの側面という，1 人の子どもの中の 2 つの側面を表していると理解できるかもしれません。

　イギリスの児童精神科医ボウルビィ（Bowlby, J.）は，子どもにとって自分を育ててくれる者との親密な関係性が続くことが，精神衛生の基礎であると述べています。この親密な関係性が失われることを**マターナル・デプリベーション（母性剥奪）**といい，幼い子どものこころの成長に深刻なダメージを与える

『となりのトトロ』を見て感じたことを書き出してみよう

①母親の不在を経験する中，サツキとメイはそれぞれ家の中でどのように振る舞っていたでしょうか。

②母親の体調不良による一時帰宅の延期をめぐって，2人は何を考えて，どのように振る舞ったでしょうか。そのときの本当の気持ちはどうだったでしょうか。

③メイはどうしてあのタイミングで母親のいる病院を目指したのでしょうか。それは誰のためを思っての行動だったのでしょうか。

表 10.1　親子関係の重要性を示す早期の調査

【ホスピタリズム（hospitalism）】
1930年代頃，戦争孤児など，親を失い施設で暮らす子どもたちの精神発達や人格発達の問題としてスピッツ（Spitz, R. A.）の研究により指摘された概念。

症状として挙げられたもの

①発達の遅滞	身体発育の不良，知能の発達の遅滞，情緒発達の遅滞，情緒不安定，社会性の発達の遅滞
②神経症的傾向	指しゃぶり，爪噛み，夜尿，遺尿，夜泣き，かんしゃくなどの神経性習癖と睡眠不良
③対人関係の問題	接触の希薄さ，協調性の欠如，孤独もしくは過剰なまでの他人への注意喚起，自発性の欠如と依存性，攻撃的傾向，逃避的傾向

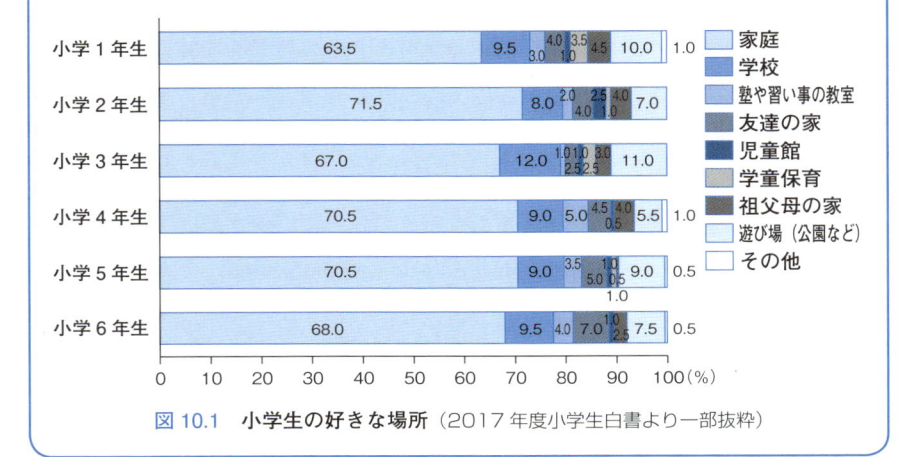

図 10.1　**小学生の好きな場所**（2017年度小学生白書より一部抜粋）

ことが研究で明らかとなっています（**表 10.1**）。サツキの姿を見てみると，児童期の子どもにとっても親の存在がいかに大きなものであるのかが見て取れることでしょう（**図 10.1**）。

10.2　子どもの成長を支える家族の力

　では児童期にある子どもの発達はどのようにして家族に支えられているのでしょうか。アメリカで活躍した精神分析学者エリクソン（Erikson, E. H.）が提唱した**心理・社会的発達理論**と呼ばれる自我の一生涯にわたる発達過程の理論において，児童期の子どもは，**勤勉性 対 劣等感**という心理的課題と向き合うことになると考えられています（**図 10.2**。2.3 参照）。すなわち，子どもたちは周囲との関わり合いの中で，自分なりの目標に向かって一生懸命学んだり取り組もうとしたりする力や態度を身につけていくことになります。その際，目標やそこに向けての努力が親をはじめとした周囲の者たちによって認められることで，子どもは自分の有能さや社会における価値を感じることができ，自尊感情を育んでいきます。反対に，そうした取組みを認めてもらうことができなかった子どもは，無力さと劣等感を膨らませてしまうと考えられています。不格好で危なっかしく見える子どもなりの挑戦を，見守り励ます関わりが家族に求められているのです。

　また，ボウルビィが重要視した幼い頃からの親子の情緒的な絆は**アタッチメント**（**愛着**）と呼ばれ，児童期を含めて，生涯にわたって心身の様々な機能の発達に重要な働きを果たすことが明らかになってきています（1.3.1 参照）。アタッチメント理論に基づく支援や研究が発展する中で，近年は，親子の良好なアタッチメントの形成や，それによる子どもの様々な心理機能の発達を土台から支えるものとして，**メンタライゼーション**（mentalization）ということばに注目が集まっています（**表 10.2**）。「こころでこころを思いめぐらす働き」とも表現されるこの概念は，自分や相手には感情や意図といったこころが備わっているととらえて，その人のこころの状態と行動とを関連づけて考えるプロセスやその能力のことを表しています。自分なりに考え，取り組もうとする中で

							統合 対 絶望
						世代性 対 自己耽溺	
					親密性 対 孤立		
				自我同一性確立 対 自我同一性拡散			
			勤勉性 対 劣等感				
		自主性 対 罪悪感					
	自律性 対 恥，疑惑						
基本的信頼 対 基本的不信							
Ⅰ 乳児期	Ⅱ 幼児前期	Ⅲ 幼児後期	Ⅳ 児童期	Ⅴ 青年期	Ⅵ 成人期	Ⅶ 壮年期	Ⅷ 老年期

図 10.2　エリクソンの漸成発達図式（心理・社会的発達理論）

表 10.2　メンタライゼーションに関する知見

【メンタライゼーション（mentalization）】（Bateman & Fonagy，2008 より） 自他を感情や意図といったこころを備えた存在としてとらえて心的状態と行動を関連づけて解釈するプロセスやその能力を指す概念。
メンタライゼーションの 2 つの方向性
対自的メンタライゼーション　自分の行動の背景にある意図や感情を理解する側面。
対他的メンタライゼーション　他者の行動の背景にある意図や感情を理解する側面。
メンタライゼーションの発達を支えるもの
この能力の獲得や発達は脳機能（器質的要因）を土台としながらも，「良性かつ内省的で，十分に調律的であるような，より成熟したこころを持つ者との相互作用に決定的に依存している」と考えられている。言い換えれば，メンタライジングの力は，他者から適切にメンタライズされる体験によって育まれる力なのである。

メンタライゼーションの練習をしてみよう

①最近あった自分自身の気持ちが揺さぶられた出来事に関して，時間を一時停止させたり，巻き戻したりするようにイメージしながら，その出来事の前後の自分の気持ちの動きとその変化をノートに書き出してみましょう。

②インターネットの画像検索で赤ちゃんや幼児の写真を探し，子どもにセリフを当ててみましょう。

見せる子どもの様々な行動の背景に，憧れや不安，そっと背中を支えてほしいといった様々な子どものこころの動きがあるのかもしれません。反対に，ついつい口出しをしたくなる親自身の行動の背景にも期待や心配，自立への道を歩み出す子どもへの寂しさといった複雑な感情があるのかもしれません。そういった自分と相手の両方の視点に立って考えた上で，子どもの気持ちに寄り添っていくという大人側の関わりが子どもの成長につながる体験を提供してくれるのです。

10.3 　子どもを取り巻く環境の変化

　児童期における子どもの抱える心理的課題と家族の支えについて紹介してきましたが，近年わが国では子どもの発達を取り巻く環境に様々な変化が起こってきており，今の社会を生きる者ならではの困難さが生じてきています。

　その変化の一つに少子化の問題があります。少子化の問題を考える際，その年に生まれた子どもの人数である出生数も大切ですが，より重要な値に合計特殊出生率というものがあります。これは 15 歳から 49 歳までの女性の年齢別の出生率を合計したもので，1 人の女性が一生の間に産む子どもの人数に概ね相当します。そして人口置換水準と呼ばれる人口が長期間安定的に維持されるために必要な合計特殊出生率の値は，国際連合の計算では 2.1（人）だとされているのですが，1970 年代以降，わが国の合計特殊出生率は 2.1 を下回り続け，2017 年は 1.43 となっています（図 10.3）。子どもの数が少なくなれば，子どもたちは共に同じ発達段階で試行錯誤する仲間やライバルとの交流の機会を失うことになります。その一方で，親が子どもに対して抱く期待や心配は分散されにくくなり，一人の子どもの肩に重くのしかかってきます。加えて，その期待や心配は早期からの受験の激化や入塾率の上昇など，子どもたちの生きる社会を息苦しいものへと変えてきています。

　また近年問題視されていることとして子どもの貧困があります。貧困には，生命を維持するために最低限必要な衣食住が満ち足りていない状態である絶対的貧困に加えて，その地域や社会において"普通"とされる生活を行うこと

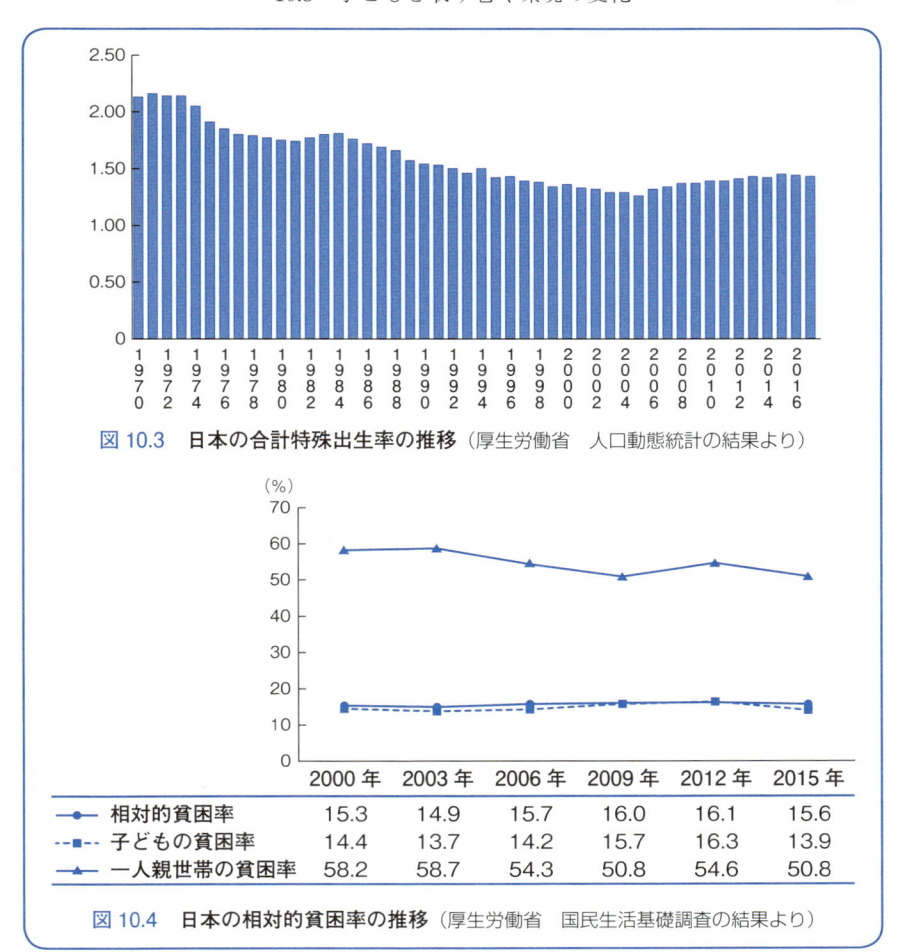

図 10.3 **日本の合計特殊出生率の推移**（厚生労働省　人口動態統計の結果より）

図 10.4 **日本の相対的貧困率の推移**（厚生労働省　国民生活基礎調査の結果より）

	2000 年	2003 年	2006 年	2009 年	2012 年	2015 年
相対的貧困率	15.3	14.9	15.7	16.0	16.1	15.6
子どもの貧困率	14.4	13.7	14.2	15.7	16.3	13.9
一人親世帯の貧困率	58.2	58.7	54.3	50.8	54.6	50.8

知っていますか？──子ども食堂

　「子ども食堂」とは貧困家庭や様々な事情から一人だけで食事をとる子どもに無料もしくは安価に食事を提供する場のことをいいます。NPO 法人や民間団体，個人などによって様々な形態で運営されており，2018 年時点で全国に 2,000 カ所以上あり，現在も増え続けています。貧困家庭に限らず，より広く地域交流の場として定着しつつあり，子どもの見守り機能として期待が持たれています。

ができない状態である**相対的貧困**があります。そして日本の 17 歳以下の子どもの中で相対的貧困の状態にある者は，2015 年の調査結果では 13.9％とされており，7 人に 1 人が貧困状態にあることが明らかになっています（**図 10.4**）。中でも，離婚や未婚，死別といった事情による一人親家庭における貧困率は50.8％であり，先進国の中でも最悪の水準だといわれています。適切な医療や教育を受けることができず，日々の生活を送ることだけに多くの時間やこころの余裕が奪われていく環境は，子どもと親を苦しめ，成長の機会を奪い，次世代における貧困問題へと負の連鎖を生じさせることになります。加えて貧困の問題は，次に取り上げる児童虐待の問題とも関連することが指摘されています。

10.4　家族との関係性における困難さ

10.4.1　"児童虐待"とは

　児童虐待（子ども虐待）とは，子どもの周囲にいる者が子どもの心身に対して重大な危害を加える行為を指します。児童虐待には，**身体的虐待，心理的虐待，性的虐待，ネグレクト（遺棄）**の 4 種類があります（**表 10.3**）。全国にある児童相談所（子ども家庭センター）が対応した児童虐待件数は統計を取り始めた 1990 年から 27 年連続で増加しており，2017 年では初めて 13 万件を超えました（**図 10.5**）。対応件数の増加は，本人への加害だけでなく，本人の目の前で家族への暴力を行う**面前ドメスティックバイオレンス**を心理的虐待に含めるようになるなど，虐待への関心が社会全体で高まりつつある中で，通報や相談がなされやすくなってきていることの影響も受けているため，必ずしも悪化を示しているわけではないのですが，それでも児童虐待がわが国の抱える深刻な問題の一つであることには変わりありません。

　児童虐待に関しては，子どもが亡くなってしまうという最悪の事態に至ってしまった場合の報道を目にしたことがある人も多いと思われます。虐待によって命が奪われてしまう事件の多くは 0 歳代の子どもに対するものであるため，児童虐待は幼い子どもに関する問題であると想像する人も少なくないのですが，実際に虐待を受けた子どもの年齢層を見てみると，被害を受ける子どもの

表 10.3 児童虐待の種類とその特徴

身体的虐待	具体的な行為	殴る，蹴る，投げ落とす，激しく揺さぶる，火傷を負わせる，溺れさせる，首を絞める，縄などにより一室に拘束する　など。
	特徴と発見のポイント	傷や骨折，アザなどの物的証拠が残されるため，病院や学校で発見されることが多く，比較的見つかりやすい虐待である。ただし服で覆われている部位だけに暴力が振るわれることや，子ども自身が転んでけがをしたのだと訴えることもあり，注意が必要である。
心理的虐待	具体的な行為	言葉による脅し，無視，きょうだい間での差別的扱い，子どもの目の前で家族に対して暴力を振るう（面前DV）　など。
	特徴と発見のポイント	物的証拠が残されることがないため，発見されず長く被害を受けるリスクが高い虐待である。学校生活の中で様々な行動上の不調を示すことや，過度に周囲の様子をうかがい良い子であろうとする過剰適応的な態度を示すといった姿が見られる場合に，その背景に心理的虐待が潜んでいることがある。
性的虐待	具体的な行為	子どもへの性的行為，性的行為を見せる，性器を触るまたは触らせる，ポルノグラフィの被写体にする　など。
	特徴と発見のポイント	妊娠した場合を除いて，周囲に被害が気づかれることが少なく，発見が遅れ長期化するリスクが高い虐待である。また，年をとってから性的な被害を受けていたのだと理解することで，改めて傷つくという経過をたどる場合がある。被害により，性的なことへの嫌悪を示す場合もあれば，反対に，親密な関係を保つために自ら性的な接触を求めてしまったり，被害感を薄めるために性非行や援助交際をしてしまうことがある。
ネグレクト	具体的な行為	家に閉じ込める，食事を与えない，ひどく不潔にする，車中に放置する，重い病気になっても病院に連れて行かない　など。
	特徴と発見のポイント	汚れた衣服，身だしなみが整えられていない様子，給食をがつがつ食べる姿などから周囲に気づかれることが多い。過度に痩せている子どもが想像されがちだが，学校給食などの限られた機会の中で食いつないでいたり，食事は提供しないものの家に食材が放置されているという家庭もあり，必ずしも痩せ細っているわけではないことに注意が必要である。

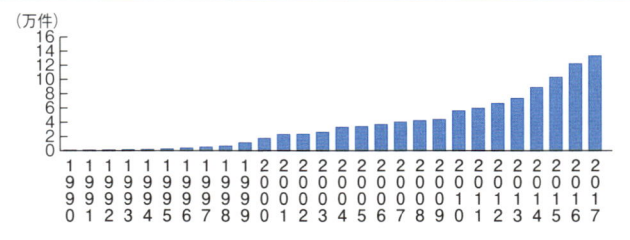

図 10.5　日本の虐待対応件数の推移
（厚生労働省　児童相談所での児童虐待相談対応件数より）

約 35％が小学生であることが明らかになっています。2004 年には中学 3 年生の男の子がネグレクトによって餓死寸前の状態で搬送されたという事件が報道され世間に衝撃を与えました。年齢が上がり体が大きくなれば，子どもが自分で身を守ったり，逃げて助けを求められるようになるだろうと楽観視することはできないのです。専門家だけでなく，地域住民も含めて社会全体でこうした状況にある子どもたちを早期に発見し被害を食い止めることが，子どもの心身を守るために不可欠です。また，虐待ということばを使用することには，4 種類の代表的な虐待以外の不適切な行為を見落としてしまうことや，子育てに苦悩している親なりの努力を否定するように聞こえてしまうといった課題があり，近年は**マルトリートメント**（maltreatment：**不適切な関わり**）ということばを用いて，より広く子どもの傷つきを発見し，被害を受ける子どもと，虐待関係に陥ってしまう親を支援しようとする努力がなされています。

10.4.2　虐待がもたらす影響

　では児童虐待を含めた不適切な関わりは，子どもにどういった影響を与えるのでしょうか。身近な他者からの不適切な関わりは，心理的虐待に限らず他の虐待やマルトリートメントも含めて，子どものこころを深く傷つけます。そしてうつ病や人格障害などの精神疾患の発症や，不登校，ひきこもり，学業不振，非行といった様々な行動上の問題のリスクを高めることが知られています。

　より具体的な影響として，不適切な関わりを受け続けた子どもは自分の感情をことばにすることが少なくなります。他にも，ネグレクトを受けた子どもは相手の表情から適切に思いを読み取ることが困難になるということや，身体的虐待を受けた子どもは怒りの感情の扱いが難しく，過剰に攻撃的な振る舞いをしたり，過度に怒りを抑え込んでしまったりすることが明らかになっています。

　加えて，近年の脳画像診断技術の向上により，虐待による被害はこころを傷つけるだけでなく，脳にまで傷を残すということが明らかになってきています（図 10.6，図 10.7）。被虐待児の脳画像研究で有名なアメリカのタイチャー（Teicher, M.）は，子どもの脳は身体的な経験を通して発達していき，この決定的に重要な時期（感受性期）に虐待を受けると，厳しいストレスの衝撃が脳

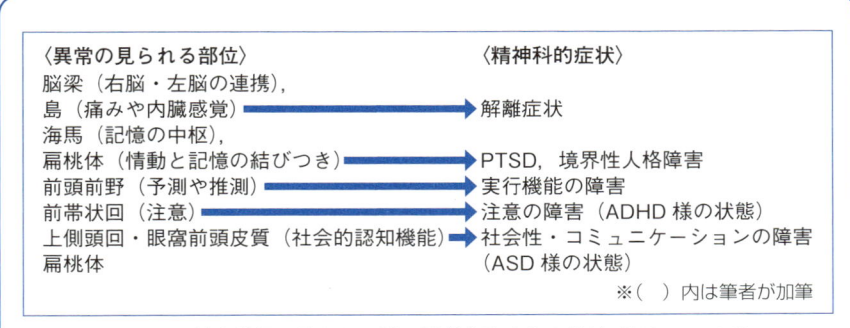

図 10.6　被虐待児に見られる脳の異常と臨床像の比較（杉山，2007）

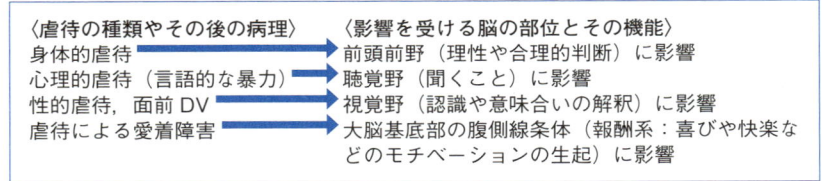

図 10.7　虐待の種類による脳への影響の差異（友田，2017 より抜粋）

想像したことをノートに書き出してみよう

【子ども側の気持ちを想像する】

　大切な人に自分の存在をすべて否定されるようなことばを言われたら……

①あなたはどんな気持ちになって，何をするでしょうか。

　大切な人が自分を傷つける理由が，どうしてもわからなかったら……

②そんな相手のことをあなたはどう思うでしょうか。怖いと感じるのでしょう

　か。嫌いになれるのでしょうか。

【親側の気持ちを想像する】

　ふと気づけば，大切な相手を深く傷つけてしまっていたとしたら……

③冷静になったとき，あなたはどう感じ，何をするでしょうか。

　自分を止めたくても止められず，そんなことを繰り返してしまったら……

④自分に対して何を思い，相手との関係をどうしようと思いますか。

の構造や機能に消すことのできない傷を刻みつけてしまうとして**神経生物学的発達抑制説**を唱えました。そして多くの研究の中で，虐待の種類，被害にあったときの年齢，被害を受けた期間などによって，脳の特定の部位に肥大や縮小が生じるということが示されています。そうした脳へのダメージは，脳機能に不具合を生じさせ，様々な症状や行動上の問題を引き起こす原因となっていると考えられています。

　また，虐待による被害は，被害者であるとされる子どもだけでなく，加害者になってしまった親自身にも及ぶことも忘れてはいけません。誰もが子育てをしていく中で，虐待とまではいかなくとも不適切な関わりに陥ることを完全に避けるということはできません。子どもを傷つけてしまったという罪悪感や，それによって子どもに嫌われるのではないかという恐れ，親失格であるという思いなど，親としての無力さや自信の喪失は，親のこころを傷つけ，親を追い詰めることでさらなる悪循環を助長するということにも注意が必要となります。虐待を予防するためには，子どもだけでなく親への支援も欠かせないのです。

10.4.3　虐待の連鎖をつなぐものと断ち切るもの

　虐待を予防するためには，虐待がどのようにして生じるのかというメカニズムへの理解が重要となります。虐待の発生メカニズムには様々な要因が関係していると考えられており，貧困問題のような**社会の要因**，夫婦関係の不和や離婚，密室育児，ワンオペ育児，アウェー育児などと呼ばれるような周囲からの支援のない中での子育てなどの**家族を取り巻く環境の要因**，子どもの心理的・発達的な困難さや，持病，事故などの影響といった**子どもの要因**，親を取り巻く様々なストレスの多さや，親自身の抱える持病や心理的・発達的な困難さなどの**親の要因**が複雑に絡み合って生じる問題だと考えられています。

　加えて，虐待にはかつて虐待の被害にあっていた人が親になったときに虐待をする側になってしまうという**虐待の世代間連鎖**と呼ばれる現象があります。ただしそれは，虐待をされた人が虐待をする人になるというわけではありません。貧困家庭で育つことによって様々な教育上の機会が奪われ，貧困の問題が次世代に再生産されていくように，虐待が生じている家族を取り巻く苦しい

表10.4　虐待の世代間連鎖を生む者と妨げる者

赤ちゃん部屋 （授乳室）のおばけ	「すべての赤ちゃん部屋には "おばけ" がいる。それは両親の忘れ去られた過去からやってきた訪問者であり，招かれざる客でもある。これらの敵意を抱いた招かれざるおばけは，良好な状況下では赤ちゃん部屋から消え去り，地中の住処に戻っていく。赤ん坊は両親の愛情に命令的な要求を突きつけるが，愛情の絆が子どもとその両親を侵入者である悪意に満ちたおばけから守る。」　　　　　　　　　　　　　　　　　（Fraiberg et al., 2011）
	子どもとの関係性において，親がかつて経験した葛藤に満ちた自分自身の両親との過去が子どもを巻き込んで反復されることがある。こうした現象に苦しむ親は，かつての育てられ体験の中での苦痛な状況下で，自身の親から関係性のあり方やこころのあり方を "取り入れ（同一化）" していると考えられている。
赤ちゃん部屋 （授乳室）の天使	「精神病理の世代間伝達に対抗できるのは，同じくらい強力でありながら，しばしば見落とされがちな，ある作用である。それは愛情に満ちた，人生を肯定できるような対人関係パターンの伝達である。善良で保護的な力である "天使" は，赤ちゃん部屋の支配をめぐって常におばけと戦い，乳児の体験の形成に測りがたい影響を及ぼす。」　　（Lieberman, A., & Horn, P., 2014）
	親がかつての育てられ体験の中で取り入れた関係性のあり方やこころのあり方の中には，葛藤に満ちた苦しいものばかりでなく，肯定的な感情の共有場面も含まれている。そのため，親子を支援する際には，親がかつて愛情を与えられたと感じた出来事や，それをわが子に与えられた場面を想起したり，そういったやりとりを支援者が言葉にして親に伝え返すことが重要である。そうすることで親の自尊感情が高まり，将来への希望を膨らませることが可能になると考えられている。

想像したことをノートに書き出してみよう

　悲しい気持ちを誰にも見せてはいけないと自分に言い聞かせて大人になるまでずっと生きてきたとしたら……

①自分の子どもが思うままに泣いている姿を見たときに，どんな気持ちになるでしょうか。

②悲しい気持ちを誰かに見せることは必ずしも悪いことではないのかもしれないと，ふと気づいてしまったとき，どんな気持ちになるでしょうか。

社会環境が受け継がれることや，虐待による心理的・発達的な影響を抱えながら大人になること，その困難さを抱えながら社会生活や子育てを行うことなど，悪循環を断ち切れないがゆえの結果として虐待が連鎖しているのです。

　虐待の世代間連鎖を生む親側の要因の一つに，アタッチメントの問題があります。子どもは，幼い頃の親との関わりを通して，不快な感情を身近な人との関係性の中でどのようにして治めようとするのかという関係性のパターンである**アタッチメント・スタイル**や，自分自身や他者との関係性についての自分なりの理解の枠組みである**内的作業モデル**を形成します。この対人関係の雛型を介して自分の子どもとも向き合うことになるため，親はかつて身につけた適応的とはいえない努力の仕方や考え方を繰り返してしまい，結果的に自分自身やわが子を苦しめることになってしまうのです（**表 10.4**）。しかし様々な傷つき体験を抱えて生きる人たちの中であっても，その体験や感情を交えながら語り直すという**内省**の経験や，自身のアタッチメントの特徴を学び，それを意識して子どもと関わろうとする努力の積み重ねによって，この連鎖に気づき，踏みとどまることが少しずつ可能になっていくことが明らかになってきています。

10.5　教師との関係性における困難さ

　ここまでに見てきた通り，児童期の子どもとその親を取り巻く環境は近年過酷さを増してきています。追い詰められ，心理的にも身体的にも余裕を失ってしまった親子関係の悪循環の行き着く先の一つに虐待的な関係性がありましたが，近年ではその悪循環が，親子を支える支援者の一人でもある教師をも巻き込むようになってきています。教師の休職者，離職者は増加傾向にあり，児童期の子どもたちにとっての家庭以外の重要な居場所である学校や学級においても困難さが生じてきているようです。

　教師をはじめ，看護師や医師，ソーシャルワーカーなどの対人援助職に就く人たちは，他の職業に就く人と比べて，うつ病などの精神疾患を発症したり，離職・求職したりする場合が多いことが国際的にも知られています。その原因として，**燃え尽き症候群**（**バーンアウト**）と呼ばれる，極度の身体の疲労

表 10.5　**教師のバーンアウトに影響を及ぼす要因**

職務特性	感情労働の多さ，職務内容の多様さ
社会要因	教育目標の変化，学習指導要領の変更，教育の機会の多様化，子どもや家庭の状況の多様化
環境要因	職場における過重労働，職務負担，長時間労働，職務ストレス
個人要因	個人の性格，年齢，ストレス対処能力，職務に関するスキル（指導スキル，子どもと関わるスキル，保護者と関わるスキル）

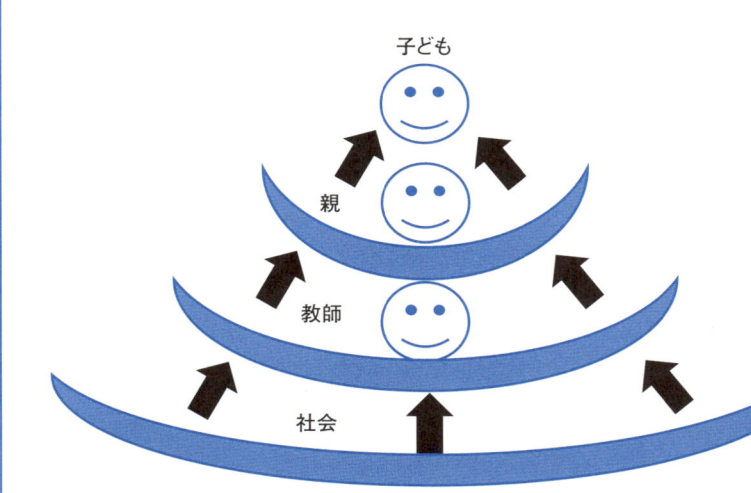

図 10.8　**子どもを支える構造**

と感情の枯渇を示す状態に陥ってしまうことが指摘されています。教師は子どもに勉強を教えることだけでなく，様々な家庭環境で育つ子どもたち一人ひとりの個性や事情を尊重し，思いやり，誠実に関わるといった感情労働とも呼ばれる働きを日々行っています。その結果，情緒的消耗感と呼ばれる仕事に対する意欲や気持ちが擦り減ってしまう感覚に陥り，子どもやその家族，あるいは同僚などに対する冷淡な態度や，無関心や思いやりに欠ける言動などが表れる脱人格化，専門職としての有能感や達成感を得られなくなる個人的達成感の低下の 3 つの症状に苦しむことになるのです（表 10.5）。これは，様々な事情によって余裕を失い，子どもを子どもと思っていないかのような態度や行動をしたり，子育てについての自信や達成感を失っていくという虐待関係にある親の姿と通じる状態であると理解することができるかもしれません。こうした関わりによって子どもたちが傷つくことはもちろんですが，子どもを支援するはずの立場にある自分が，子どもと向き合うことができなくなっていることに教師自身が苦悩しているという点も共通しています。

　子どもを支えるためには親を支える必要性があるのと同じように，親子を支えるためにも教師を支えることの必要性が高まってきていることを意識し，社会全体で支援を行っていくことが急務です（図 10.8，表 10.6）。

10.6 おわりに

　このようにして見てみると，子どもという存在は，周囲の様々な人々や物事による影響を受けながら，また同時に，周囲に影響を与えながら育っていく存在であることが改めてわかります。しかし紹介してきたように，現代の子どもを取り巻く環境は大きく変わってきており，子どもだけを対象とする支援ではなく，子どもを取り巻く様々な人たちを支える支援が不可欠となってきています。

　とはいえ，いつの時代も，完璧な子育てというものはなく，こころに傷が一つもない人もまたいないものなのかもしれません。虐待の連鎖を断ち切るために必要なものの一つが，自分の気持ちを振り返り語るという内省であったよう

表 10.6　バーンアウトからの回復過程（Bernier, 1998 より）

①「問題を認める」段階	心身の不調や意欲の減退が，単なる疲労から来ているのではなく，心理的な要素が深く関わっていることを自覚する段階。家族や職場の上司・同僚の気づきと助言が重要となる。
②「仕事から距離をとる」段階	仕事に関わる様々な思いを断ち切り，仕事との間に心理的な距離をとる段階。仕事を続けながら心理的な距離をとることは難しいため，休職することで，職場との間に物理的な距離をとることから始めることが有益な場合がある。休むことへの罪悪感が生じることも多いため，医師やカウンセラーなど専門家に相談することも重要となる。
③「健康を回復する」段階	仕事から距離をとり，徐々に気持ちの落ち着きを取り戻していき，心身共にリラックスするようになる段階。忙しい日々の中で忘れかけていた趣味や新しい活動などに，気負うことなく時間を費やすことが可能になる。
④「価値観を問い直す」段階	これまでの生活を振り返り，過去の行為を思い出し，自分自身を再発見する段階。何を大切にして，何を変え，何を残すのかについて自ら考え直すことを行う。不安も伴う時期であるが，社会復帰のために非常に重要な段階である。
⑤「働きの場を探す」段階	外の世界との関わりを取り戻し，新しい価値観に合った仕事を求める段階。仕事復帰して働きながらより良い環境を探す場合もあれば，一度大学などで学び直す場合もある。
⑥「断ち切り，変化する」段階	それまでの自分のキャリアを断ち切り，新しい環境で，人生を再設計していくことを選択する段階。

燃え尽き症候群を防ぐための視点

　表 10.5 や図 10.8 を見るとわかるように，燃え尽き症候群の問題はその人個人の問題としてだけ見なすのではなく，その人を取り巻く様々な関係性（環境）も含めて検討することが必要となります。様々なものの影響を受けている問題であるからこそ，個人だけでなく関連する要因についてアセスメントを行うことで，支援の可能性が開かれ，悪循環に陥るのを防ぐことが可能となります。

に，子どものことを思うあまりに苦悩し燃え尽きてしまう親，教師，その他の支援者たちも皆，目の前の子どものこころに寄り添いつつ，支えようとする自分自身のこころにも寄り添い，必要な手助けを求めて，語り合い，助け合うことが不可欠であるといえるかもしれません。

参 考 図 書

崔 炯仁（2016）．メンタライゼーションでガイドする外傷的育ちの克服──〈心を見わたす心〉と〈自他境界の感覚〉をはぐくむアプローチ──　星和書店

杉山 登志郎（2007）．子ども虐待という第四の発達障害　学研教育出版

友田 明美（2017）．子どもの脳を傷つける親たち　NHK 出版

友田 明美・藤澤 玲子（2018）．虐待が脳を変える──脳科学者からのメッセージ──　新曜社

臨床心理士子育て支援合同委員会（編）（2010）．臨床心理士のための子育て支援基礎講座　創元社

復 習 問 題

1. 少子化問題について具体的な数字を交えて説明して下さい。
2. 児童虐待の 4 種類の特徴とその発見の方法を説明して下さい。
3. 燃え尽き症候群（バーンアウト）の症状について簡潔に説明して下さい。

第11章

児童期から思春期・青年期への移行

　毎日目の前のことを全力で楽しみ，泣いたり笑ったりして，永遠に続くかのように感じられていた子ども時代も，いつしか終わりのときがやってくることになります。では子ども時代はいったいいつ，どのようにして終わり，私たちは大人になっていくのでしょうか。皆さんは自分がいつ大人になったのかを覚えているでしょうか。そもそも大人と子どもは何が違うのでしょうか。

　この章では，子どもたちがどのようにして大人へと成長していくのかについて，そのメカニズムや変化のプロセスについて体の変化という視点，人間関係の変化という視点，そしてこころの変化の視点という3つの視点から見ていきたいと思います。

11.1　子ども時代を振り返る

　子どもから大人へと成長していく過程についての知識を学ぶ前に，まずは自分自身の子ども時代を少し振り返ってみましょう。

まずは考えてみよう——今までの私

① "6歳の私" から "今の私" までがたどってきた生活の満足度をグラフにしてみよう。

②グラフの線が上がったり下がったりしている時期を2つ選んで，そのときのエピソードを書き込んでみよう。

　（例）部活の大会，人生初のテストで赤点，バレンタインで玉砕……

③自分にとっての "反抗期" はどこからどこまでかを区切ってみよう。

④自分にとっての "思春期" もしくは "青春時代" はどこからどこまでかを区切ってみよう。

　いかがでしたか。グラフを描きながら昔を振り返るというこの方法はインタビュー研究を行うときに使われたりする手法ですが，こうして目に見える形にしてみると，自分自身の人生を振り返るという不慣れな作業も，少しやりやすくなると思われます。大学の授業でこのワークを行うと，生活の満足度のグラフの形は，一人ひとりで大きく異なってきます（図 11.1）。ギザギザと線の動きが激しい人，大きな波がある人，波は少ないものの低空飛行している人，高かった満足度があるときを境にがっくりと折れている人など，人生の道のりは様々です。

　満足度を大きく高めたり下げたりする出来事には，その人の人生ならではの出来事が挙げられるのですが，それに加えて，この時期ならではの共通した体験が見られることもしばしばあります。部活動の人間関係で悩んだり，親友との時間を楽しんだり，なぜだか親との関係を煩わしく感じたりと，子ども時代の終わり頃から大人になっていくまでの間には，多くの人が共通して通る道もあるようです。児童期や後で説明する思春期といったことばとは違って心理学

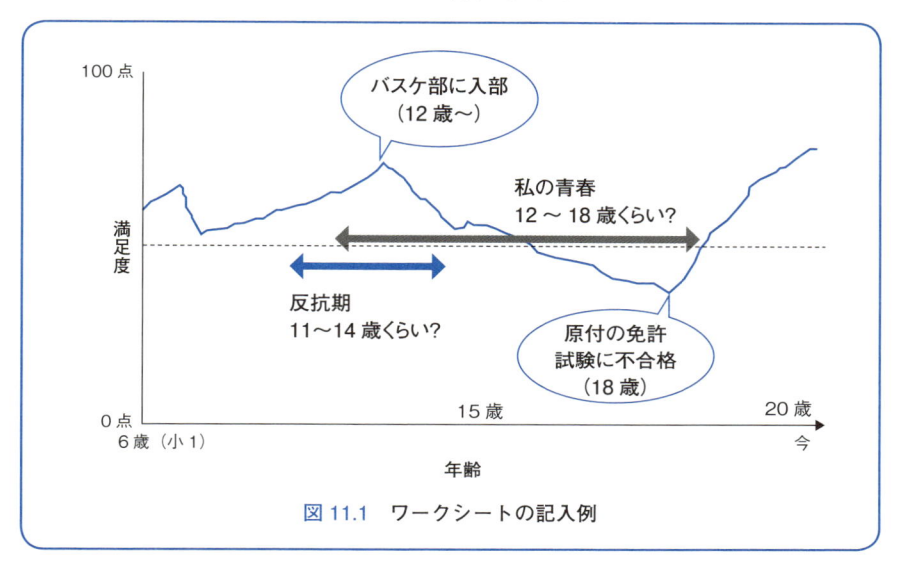

図 11.1　ワークシートの記入例

● ミニレクチャー　フロイト理論における児童期 ●

　第 10 章の初めに紹介したエリクソンの心理・社会的発達理論の他にも，人間のこころの発達段階を理論化したものはいくつもあります。その中でも有名なものに，臨床心理学を生み出した一人とも呼ばれる，オーストリアの精神科医フロイト（Freud, S.）の「心理・性的発達理論」があります。

　エリクソンの理論が社会との関わりという視点を重視したのに対し，フロイトの理論は「リビドー」と呼ばれる（性的な）こころのエネルギーが向けられる相手やその際に重要となる体の部位の変化によって，こころの成長過程をとらえました。

　出生後から 1 歳半頃までの「口唇期」，1 歳代から 3 歳頃までの「肛門期」，3, 4 歳頃から 6 歳頃までの「男根期」，5, 6 歳頃から 11, 12 歳頃までの「潜伏期」，11, 12 歳頃以降の「性器期」と，人生を 5 つの段階に分けました。

　その中で，児童期に相当するのが「潜伏期」と呼ばれる時期です。この時期，リビドーは強く抑圧され，社会的規範の学習や知的活動にエネルギーが向けられており，次の時期まで潜伏している，きわめて穏やかな時期であると考えられています。そしてその次の「性器期」では，それまで自分自身の体の一部に向けられていたリビドーが統合され始め，対人関係の中へとエネルギーが向かうようになり，相手の全人格を認めて愛することが可能になると考えられています。

　この観点から見ると，自分に注いでいたエネルギーを自分以外の誰かに向けるようになる，すなわち誰かを愛するようになっていくことが，大人になるということなのかもしれません。

の中の発達段階を指し示すことばではありませんが，夢や希望に満ち活力のみ
なぎる若い時代を人生の春に例えて“青春”と呼び，多くの大人にとって自分
の人生の青春時代と呼べるような，気持ちの上がり下がりの大きな時代がこの
頃だといわれています。

11.2　思春期・青年期とは

　では，改めて子ども時代の終わり頃から大人になっていくまでの過程の時期
を心理学的に見ていきましょう。心理学の世界では，主に小学生頃の時期を示
す児童期と，社会から大人として認められた後の段階である成人期との間の
発達段階を指して青年期と呼びます。この時期はこころの面でも，体の面でも，
子どもから大人へと変化していく移行期と考えられており，人生の新しい局面
に踏み込む時期であるとされます（表 11.1）。

　児童期が 11，12 歳頃までとされ，成人期が概ね 25 歳頃からの時期区分とさ
れていることを考えると，その間にある青年期は 13，14 年間と比較的幅広い
年齢を示す期間だといえるでしょう（図 11.2）。しかしその間の生活を少し想
像してみると，中学生から大学生や駆け出しの社会人までが含まれていること
がわかります。そのため青年期にはもう少し細かな分け方が存在しており，中
学生の時代を青年期前期，高校生の時代を青年期中期，そして大学生頃の時代
を青年期後期と 3 つに分類されることがあります。

　加えて，世間では小学生の高学年のあたりから中学生くらいの年齢を指して
「思春期」と呼ぶことがあります。では，青年期と思春期という 2 つのことば
はどのような関係にあるのでしょうか。心理学の世界では，性的な機能の成熟
と身体の急激な成長が始まり，こころと体のバランスが大きく揺らぐことにな
る時期を思春期と呼んでいます。すなわち，児童期の終わりから青年期の初め
頃の数年間を表すことばが心理学における思春期ということばになります。

　私たちのこころの土台となる体に大きな変化が生じ，体の変化にこころの変
化が追いついていけないといった状態が生まれることは，子どもたちのこころ
に波紋を呼び，その波紋は子どもの周囲の人間関係にも大きなうねりとなって

表 11.1 思春期・青年期をとらえる言葉

「疾風怒濤」 ホール (Hall, G. S.)	この時期は不安と動揺が特徴的であり，疾風怒濤（シュトゥルム・ウント・ドランク）の時代であると表現した。
「第二の誕生」 ルソー (Rousseau, J-J.)	「われわれはいわば二度生まれる。一度目は生存するため，二度目は生きるために。一度目は人類の一員として，二度目は性を持った人間として」と述べられるように，この時期を新たな自己として生まれ変わる時代であるととらえた。
「心理的離乳」 ホリングワース (Hollingworth, L.)	この時期の不安や緊張は，大人への移行と社会的環境の葛藤から生まれるものととらえ，親からの自立がこの時期の課題であると考えた。
「境界人」 レヴィン (Lewin, K.)	この時期にある者は，子どもに属するのではなく，大人に属するのでもない。その性質を「境界人」（マージナル・マン）と呼んだ。

身長や体重の増加などの量的側面が加速する「成長加速現象」と，性的な機能などの質的変化の開始年齢が早期化する「成熟前傾現象」を合わせて「発達加速現象」といい，思春期の始まりは徐々に低年齢化しています。

大学進学率の上昇，若者の就職困難，早期の離職・転職率の上昇，晩婚化など，様々な社会の変化を受けて，成人期の始まりとされる時期がより高年齢へと変化してきており，「青年期延長」と呼ばれています。

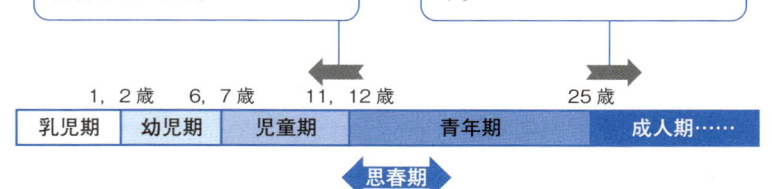

図 11.2 青年期の長期化と思春期の位置づけ

波を生じさせることになります。そのため，皆さんの中にも，この時期どうしてかはわからないけれども，気分や体調が優れなくなったことのある人や，家族との関係性や学校の先生との関係性，友人との関係性などで違和感や戸惑いを覚えるような経験をしたことがある人はたくさんいるのではないでしょうか。児童期から思春期・青年期への発達のサインとしてそういった体験が生じているととらえることができるのかもしれません。

11.3　思春期におけるこころと体の変化

　では，改めて思春期におけるこころと体の変化について詳しく見ていきましょう。人間の体の成長には 2 つの大きな変化の時期があります。一度目は生まれてから 1 年の間で，身長が約 1.5 倍，体重が 3 倍にまで成長することになります。これを第一発育急性期といいます。そして二度目の変化の時期が思春期頃で，身長や体重に再び急成長が見られることになります。そのため第二発育急性期は思春期スパートとも呼ばれることがあります。この時期の成長の急なスピードアップは，男子よりも女子において 1，2 年早くから見られるため，10，11 歳頃には男女の平均体重が逆転することになります（図 11.3）。

　こうした体格の変化（量的変化）に加えて，思春期では体の機能の変化（質的変化）が生じることになります。この時期の子どもたちの体の中では，性腺刺激ホルモンの分泌が盛んとなり，男子であれば精巣の発育と男性ホルモンの分泌が，女子であれば卵巣の発育と女性ホルモンの分泌が促進されます。そして声変わりが起こったり，恥毛が生え始めたり，乳房の発達，精通，初潮などが生じることとなります。人間が赤ちゃんの頃から持っている体の構造上の男女の違いを第一次性徴と呼ぶのですが，この思春期によって生じたりする体の変化を第二次性徴と呼びます。

　では皆さんが自分の体に大人の体の特徴が表れ始めた頃には，その変化をどのように感じていたでしょうか。嬉しさや誇らしさを感じる子どもがいる一方で，そうした変化に嫌悪感を抱いたり，戸惑ったり，恥ずかしさを感じたりと，その受け取り方は様々です。特に生理という出血や痛みを伴う現象が始まると

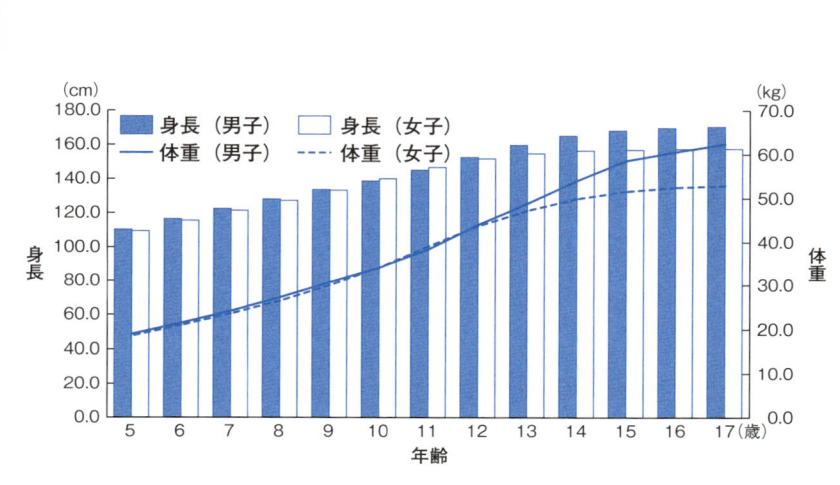

図 11.3　身長と体重の年齢ごとの推移（平成 30 年度学校保健統計速報より）

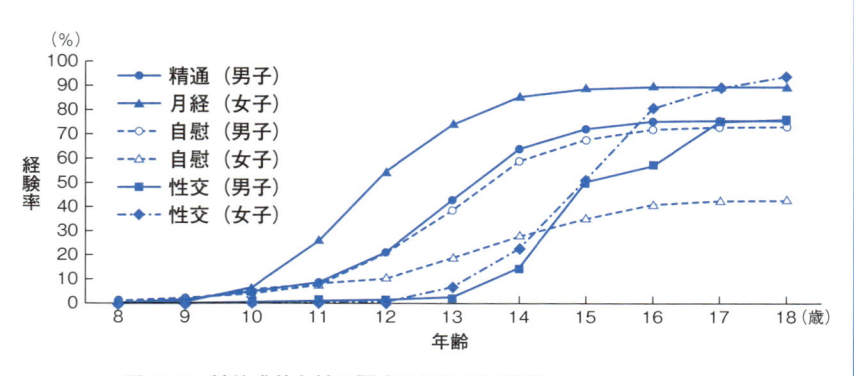

図 11.4　性的成熟と性に関する行動の経験率
（日本性教育協会　第 7 回青少年の性行動全国調査報告より）

いう変化は大きな動揺を与えるため，男子に比べて女子の方がこの思春期の体の変化について否定的な感情を抱きやすいことが知られています。

　また，性的な成熟が始まるこの頃より，（異）性への興味が強まり，性的な行動への関心も高まっていくこととなります（図 11.4）。しかし心理的にも性機能的にもまだ十分に成熟していないこの時期の性的な行動は，外傷的な体験となることが知られています。加えて，性感染症や妊娠・避妊に関する十分な知識もないため，危険な性行為によるリスクも高く，その指導やケアは慎重に行う必要があります。

11.4　児童期から思春期にかけての家族との関係の変化

　こころと体の変化により，子どもたちは自分の内面への関心を強めていき，その結果，自分の価値観と呼べるものが形作られ始めます。自分の価値観が出来上がるということは，他人の勧めや評価に従って生きるのではなく，自分自身の判断で生きることができるようになることを意味します。赤ちゃんが母親からの授乳に頼って生きている状態から，成長して離乳することで，身体的な意味での自立を成し遂げるように，この時期の子どもたちは自らの価値観によって，親からの心理的な意味での自立を試みようとします（図 11.5，図 11.6）。ホリングワースはそれを心理的離乳と呼びました。そしてこの時期の子どもたちは自分の価値観を形にするために，それまでに受け継ぎ従ってきた周囲からの価値観に対して一時的に拒否的な態度を示したり，対抗的な振る舞いをしたりするようになります。そうした姿から，この時期は（第二次）反抗期とも呼ばれています。そのため，家族との関係性，中でも親との関係性にも変化が生じることになります。

　ドイツの精神分析家であるブロス（Bros, P.）は，この時期のこころと対人関係の複雑な変化を整理して第二の個体化と呼ばれる発達過程を提唱しています。反抗期において子どもたちのこころの中では，それまで依存の対象であった両親に注いできたこころのエネルギーが一時的に回収され，代わりに同性との親密な交流の中でお互いを理想化し合い，その理想の実現に励もうとし始め

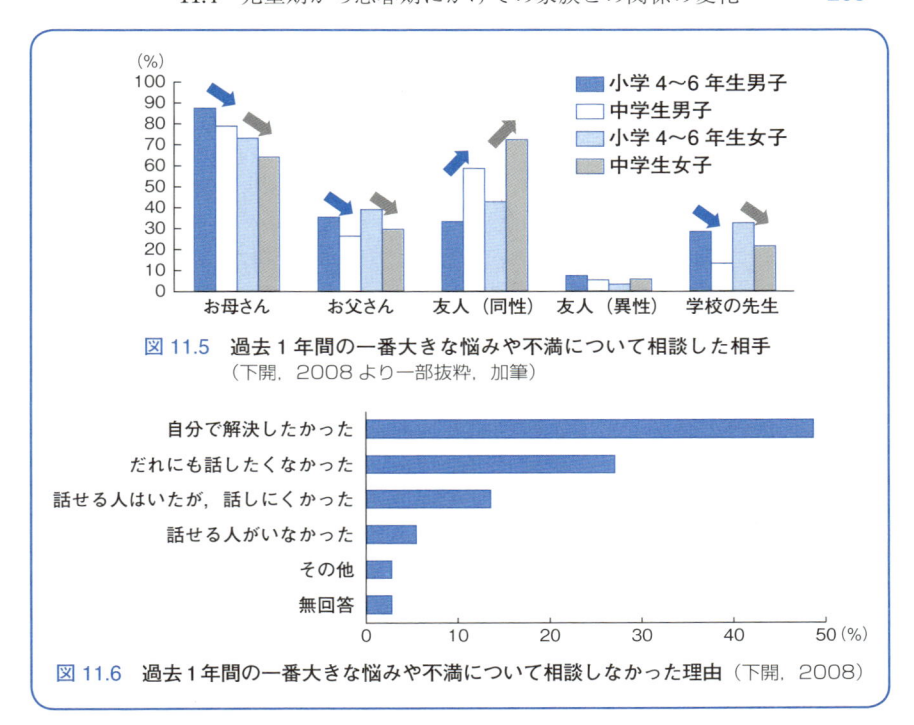

図 11.5 過去 1 年間の一番大きな悩みや不満について相談した相手
（下開，2008 より一部抜粋，加筆）

図 11.6 過去 1 年間の一番大きな悩みや不満について相談しなかった理由（下開，2008）

● ミニレクチャー 「青年期平穏説」と自立 ●

　自立の過程において反抗期は必要であるという考え方とは反対に，必ずしも反抗期は必要ではないのではないかという考え方も存在しています。実際に近年の日本で行われた調査研究の中では，反抗期を経験しなかったという者の割合が30 ～ 40％以上いるという結果のものも多く，少なくとも反抗期がこの年代において必ず通るわけではないことが明らかになってきています。そして家族の機能が十分に働いている場合，親離れをする際に必ずしも反抗が必要ではないという知見も得られるようになってきています。加えて，ほめる育児の増加や，親世代の価値観を子どもにそのまま押し付けない関わりの広まりなどにより，親子の間で反抗が生じにくくなってきているという変化も生じています。ただし，自己決定といった積極的な自立への試みは反抗期を経験した者の方が盛んであるという結果や，反抗しない背景に家族機能の弱さがあり，子どもが家族を守るために「過剰適応」に陥っている場合のリスクについても指摘されており，単純な反抗期の有無ではなく，それを子どもがどのように受け止めているのかといった方が重要であるという考え方が広まりつつあります。

ます。そのため，親からは自分の言うことを聞かなくなったように見えたり，仲間同士でつるんで何か悪いことやくだらないことばかりに没頭しているように見えるようになるのです。その後，こころのエネルギーはさらに両親から離れ，同性の友人に加えて，自分自身や異性へと注がれるようになり，一時的にはますます家族以外の者が大切になっていくのですが，こうして家族以外の身近で重要な他者との関係性の中で自分（たち）なりの理想を形作ったり，自分を愛したり，同性や異性を愛するという経験を積むことで，両親を含めて，それまで関わってきた様々な人の姿を自分の中に取り込み，整理し，"私"としてまとめ上げ直すことが可能になると考えられています。こうした自分づくりの試行錯誤の大切な一つのステップとして反抗期があるのです。

11.5　児童期から思春期にかけての学校や仲間関係の変化

　子どもたちの友人関係の変化についてもう少し詳しくその流れを見ていきましょう。児童期の子どもたちは，まず小学 3，4 年生頃になると，4 〜 6 名程度の同性の排他的な仲良し集団**ギャング・グループ**を作って過ごすようになっていきます（図 11.7）。仲間の間だけで通じる合言葉や暗号，秘密の集合場所，特定の遊びなどをしたりします。**ギャングエイジ**（**徒党時代**）と呼ばれるこの頃の友人関係は，遊びの中でグループの特定の目的を共有し，役割分担をしたり，ルールを定めたりするなど社会的なやりとりがなされることを特徴としており，自己主張や自己抑制など社会的スキルを身につけていきます。一般的にこの関係性は男子に特徴的に見られるといわれています。

　そして思春期に入ると，いわゆる"親友"と呼ばれるような関係の 3 〜 5 名程度の仲良し集団**チャム・グループ**を作るようになっていきます。秘密を共有したり，互いの共通点をことばで確認し合うようなやりとりをするなど，（内面的に）同じであることを大切にします（図 11.8）。また，集団の維持のために，誰かを仲間外れにして結束を高めることもあります。こうした友人関係の特徴を**チャムシップ**といいます。一般的にこの関係性は女子により特徴的に見られるといわれています。

まずは考えてみよう──今までの友達関係

　あなたの友達グループはどんなものだったでしょうか。人数や性別，決まり事など，思い出せる特徴を書き出してみましょう。

①小学校低学年（1，2年生）まではどうだったでしょうか。

②小学校中学年頃（3，4年生）はどうだったでしょうか。

③中学や高校ではどうだったでしょうか。

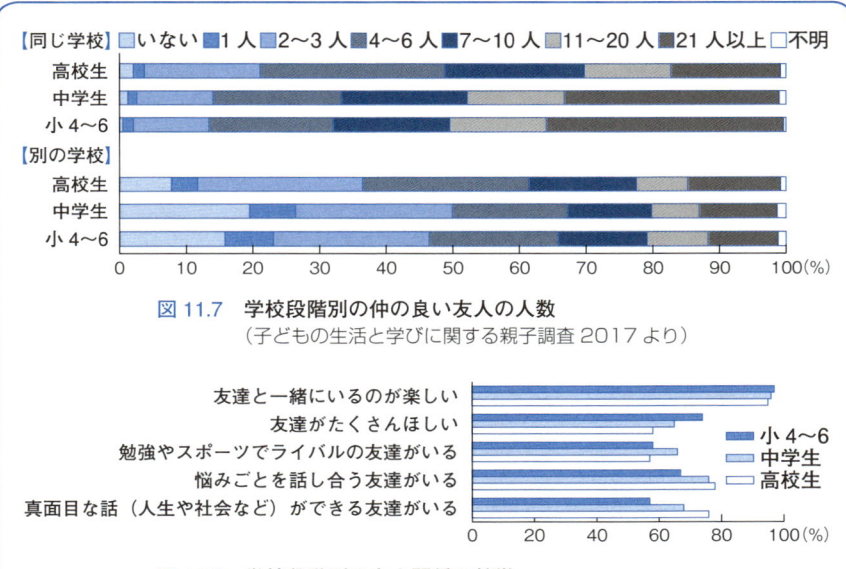

図 11.7　学校段階別の仲の良い友人の人数
（子どもの生活と学びに関する親子調査 2017 より）

図 11.8　学校段階別の友人関係の特徴
（子どもの生活と学びに関する親子調査 2017 より）

図 11.7 より，仲の良い友人として子どもがとらえる相手の人数は，年齢が上がるにつれて少なくなっていくことがわかります。その一方で，同じ学校で過ごす者だけでなく，普段別々に過ごす学外の者であっても友人であるととらえるようになっていくことも見てとれます。

図 11.8 より，友人との関係性の性質を見てみると，友人関係を楽しいと感じている人の割合は変わらないようですが，小学生は友達をたくさんほしいと感じていることが多く，中学生はライバルとして，高校生になると悩み事や真面目な相談をする相手として友人関係を体験しているといったふうに，友人関係に求めるものが年齢とともに変化することが見てとれます。

　思春期以降には，趣味や将来のこと，価値観などを話し合い，“同じであること”よりも，むしろ他の仲間と“異なるところ”に気づき，それでもその仲間集団が居場所であることを感じられるような関係性を少しずつ築くようになります。これを**ピア・グループ**といいます。お互いの違いや価値観を尊重できる関係性であるため，仲間外れやいじめといった問題も起こりにくいと考えられています。この関係性は，人間的な成熟や精神的な安定を基盤としており，相手の立場に立って考える想像力や配慮によって互いに信頼を深めていくことができるという特徴を持つ関係性です。

　近年は遊び場の消失やゲームの普及，塾や習い事の激化などの社会の変化によりギャング・グループ経験が不足し，また，日本全体が持つ同じであることへの意識の高さから，チャム・グループの中で集団への服従の強化や，一体感の確認のために，いじめがより生じやすい状況が作られている現状があります。

11.6 児童期から思春期にかけての自分自身との関係の変化

　この時期は，自分自身のとらえ方も大きく変化する時期であることもわかっています。「私は〜である」という自分で自分自身を対象としてとらえた認知は，心理学では**自己概念**と呼ばれています。また自己概念には，自分に対する知識の部分と，自分に対する評価の部分の 2 つの側面があると考えられています。そしてこの自己概念の中の評価の部分は**自尊感情**や**自己肯定感**といえる部分でもあり，自分に対する評価の低さは様々なこころの病の発症のリスク要因であるといわれています（**図 11.9**，**図 11.10**）。

　自己概念の研究で有名なハーター（Harter, S., 1986）によると，7 歳頃までの子どもたちに自分自身を説明してもらうと，かけっこが速い，リンゴが好き，犬を飼っているなど，観察が可能で具体的な自分の側面や，好み，持ち物などで自分を描写するようです。またこの時期の自己概念の特徴としては，実際の自分の姿と，自分が理想としている自分の姿とが混同されているという特徴があり，結果的に自己評価は高い状態になっていることがあります。

　しかし 8 歳頃を過ぎてくると，自分を説明するために用いられていた具体的

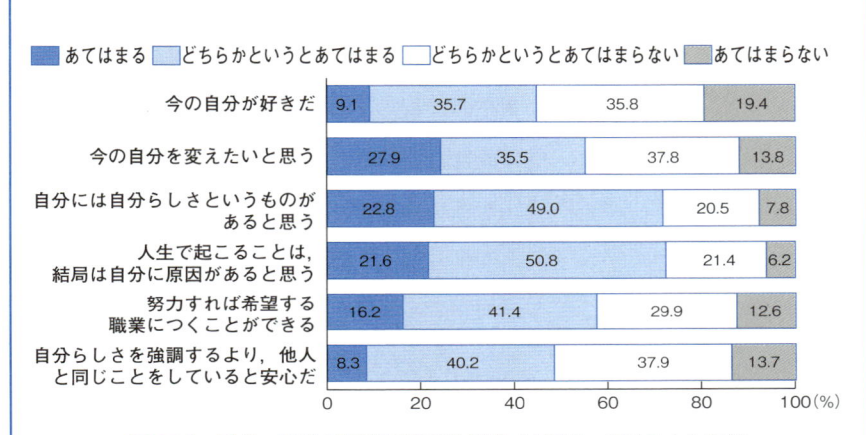

図 11.9 子供・若者の意識に関する調査（内閣府，2017 より抜粋）

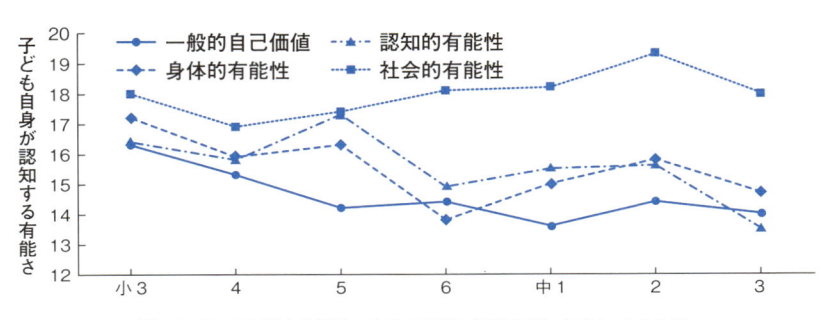

図 11.10 子どもが認知する有能性の学年差（桜井，1983）

図 11.9 より，日本の子どもたちは今の自分自身を好きだとはあまり感じておらず，変えたいと考えていることが見てとれます。その一方で，自分の努力次第で将来を変えることができるという期待感や，自分らしさの存在については必ずしも悲観的に感じているわけではないようです。

図 11.10 より，年齢の変化により子どもたちの自分への評価（有能感）がどのようになっていくかを見ていくと，自身の多くの側面において小学校の後半から自己評価は低下していく傾向が見てとれます。ただし社会的な有能性に関しては高い水準を保てているようであり，友人関係を始め，人間関係の広がりについては自分を肯定的にとらえることができているようです。

な情報が徐々にまとまり，より抽象的なことばで自分をとらえるようになっていきます。さらには，性格や考え方の癖など，目に見えない特徴を自分を説明するために使ったり，肯定的な面だけでなく否定的な面も併せて自分をとらえたりするようになっていきます。また，さらに大きな変化として，子どもたちはこれぐらいの年齢頃から，自分以外の人の視点から自分を見つめることが可能になっていきます。そのため，他人と自分を比べるようになり，現実の自分の姿がとらえられるようになります。また，周囲や社会が期待する姿を意識するようになり，自分への理想が高くなったりもします。その結果，理想の自分と現実の自分との間のずれも理解できるようになります。しかし理想と現実のギャップを埋めることは誰にとっても簡単なことではなく，さらに自分への理想が高くなりがちなこの時期の子どもたちは，そのギャップが広がりやすく，結果的にそれまでの自分と比べて，自己評価が低下しやすい時期に入ることになります。

　こうした自分をとらえる力の発達が原因となって，この時期以降，精神疾患や不登校，いじめなど，様々な問題の発生率が上がっていくことが予想されます。

11.7　『魔女の宅急便』から見る思春期

　児童期から思春期への移り変わりの理解のまとめとして，また一つ映像作品を紹介したいと思います。みなさんは長編アニメーション『魔女の宅急便』をご存知でしょうか。この作品は"空を飛ぶことだけができる"13歳の小さな魔女の少女キキが，魔女である母親のホウキを受け継ぎ，家族と離れて1年間の修行の旅に出かけるという物語です。ある街で宅急便の仕事を始めるキキなのですが，同世代の人たちとのやりとりや仕事を通して様々な思いを経験することになります。そして，あるときを境に唯一の力であった空を飛ぶことができなくなり，さらにはホウキを失ってしまうことになります。

　第10章で紹介したエリクソンの心理・社会的発達理論によれば，児童期の次の段階である青年期の発達課題はアイデンティティ確立 対 アイデンティ

映像から考えてみよう——キキの魔女の力や，彼女の成長について考える

①キキは雨の中での宅配，トンボ君との喧嘩という2つの出来事の後，どうして一度力を失うこととなったのでしょうか。

②キキが再び空を飛ぶことを心から願い，そして空を飛べるようになるためには，どういったことが必要となっていたでしょうか。

● **ミニレクチャー　アンケート研究から学ぶアイデンティティ** ●

　谷（2001）の研究の中で，アイデンティティ（自我同一性）の感覚を測定するアンケートがどういった要素から構成されるのかを分析したところ，以下の4つからできていることが推察されています。

〈多次元自我同一性尺度（MEIS）によるアイデンティティの4側面〉
①自己斉一性・連続性：自己の不変性及び時間的連続性についての感覚
②対自的同一性　　　：自分が目指すべきもの，望むものが明確に意識されている感覚
③対他的同一性　　　：他者から見られているであろう自分が，本来の自分と一致しているという感覚
④心理社会的同一性　：現実の社会の中で自分自身を意味づけられるという，自分と社会との適応的な結びつきの感覚

● **ミニレクチャー　アイデンティティの状態をとらえる視点** ●

　マーシャ（1966）はアイデンティティの状態を，自分自身の職業，価値などについて思い悩み選択に苦慮しているかどうかの「危機」と，決定された自分のあり方・進路について傾倒しているかどうかの「傾倒」（自己投入）の2つの観点から4つの類型に分類しました。これを**アイデンティティ・ステイタス**と呼びます。

表 11.2　**アイデンティティ・ステイタス**（Marcia, 1966）

アイデンティティ・ステイタス	危機	傾倒
アイデンティティ達成	すでに経験した	している
モラトリアム	現在，経験している	曖昧，あるいは傾倒しようとしている
早期完了（フォークロージャー）	経験していない	している
アイデンティティ拡散	すでに経験した	していない
	経験していない	していない

ティ拡散です。アイデンティティ（自我同一性）とは，自分が自分であるという感覚を持ち，かつ自分の思う自分が周囲の人たちが思う自分とある程度一致しているという自信や安定感を指す心理学の用語です。そして思春期・青年期はこの感覚を獲得して社会に踏み出していくための一定の猶予期間（モラトリアム）であるとされています。まさにキキの修行の旅は，家族から離れて，魔女である自分自身を見つめ直すというアイデンティティの確立に向けた冒険であるといえます。そして様々な苦悩の中で，自分を見失い，自分の居場所や存在価値を失ったように感じる体験は，アイデンティティ拡散の状態だといえるでしょう。

　力を失ったことで苦しみ悩むキキは，ウルスラという画家を目指して試行錯誤を続ける少女との対話を通して，同じ苦しみを抱える存在に触れ，励まされ，自分自身を改めて振り返ります。そしてある日，事故に巻き込まれた友達を無我夢中で救おうとする中で，新たなホウキを手にして，不格好で危なげな飛び方ながらも再び空へと舞い上がっていきます。自分探しの修行の旅はまだまだ始まったばかりですが，キキのこうした姿は，まさにアイデンティティを獲得していく過程を表しているといえます。それまでに手にしてきたもの，受け継いできたものを一度手放し，苦悩し，友に出会い，自分を見つめ直し，そして新たに自分自身を選びとり，作り変えていく。児童期の終わりは，こうした冒険の旅の始まりのときなのです。

11.8　おわりに

　このようなこころと体の変化を受けて，子どもたちは少しずつ大人へと成長を遂げていくことになります。それまで自分が疑いもしなかった様々な物事に疑問を持ち，時に反発し，自分なりの考え方を模索し，"自分"を作っていくということはことばで言うほど簡単なものではありません。臨床心理学的な見方をすれば，それまでの自分が一度失われ新しく作り替わるという，心理的な死と再誕がなされる時期だといえるかもしれません。しかし，児童期から思春期を経て，青年期を過ごす中で自分とはこういうものであるというアイデン

● **ミニレクチャー　変わりゆく思春期・青年期** ●

　先の表11.1 にも表されている通り，これまで思春期や青年期は，子どもたちにとって非常に不安定な時期であると考えられてきました。しかし近年の子どもたちはかつてほどこの時期に強い動揺を示さないことが指摘されるようになってきています。青年期が延長されてきていることが社会の中で定着し，かつてほど早く，みんなが同じように自立の道を進まなければならないという社会の圧力が減ってきていることがその一つの要因だと考えられています。加えて，「友達親子」と呼ばれる親と子の境界（責任の所在）の曖昧な関係性や，良い意味でも悪い意味でも大人たちが受容的な関わりをするようになってきたことで，この時期の子どもたちの疾風怒濤と呼ばれるような激しさは影を潜めつつあるようです。

● **ミニレクチャー　LGBT と第二次性徴** ●

　児童期と比べて自分の身体の持つ性別の特徴がより明確なものとなる思春期は，自分自身の性別や，どの性別の者を愛するのか（性的志向性）を強く意識するようになる時期です。そのため LGBT と称される，女性同性愛者（レズビアン），男性同性愛者（ゲイ），両性愛者（バイセクシャル），そして自分自身の身体的な性別とこころの性別が一致しない者（トランスジェンダー）らは，この時期の自分自身や周囲の人間関係の変化に強く戸惑うことが知られています。中でもトランスジェンダーの人は，自分自身のこころの性別と体の性別が違うという状態にあるため，自分のこころとは裏腹に，自分のこころとは異なる性別の大人の体へと自分が変わっていくことが，本当に辛い体験となります。しかし LGBT の人への支援はまだまだ少なく，特にこの時期の変化に伴う苦痛への支援の充実が今後より一層求められています。

ティティを確立するということは，決して，それ以上変わることのない，揺るぎない自分を作り上げるということではありません。大人の社会へと新しい一歩を踏み出すに当たって，それまでの自分を振り返り，自分とはこういうものなのだということを“ひとまず”作るのがこの時期の課題であり，ここで形作られた自分というものは，それから先の様々な経験の中で何度も何度も修正され，時に作り替えられていくことが可能なのです。自分探し・自分作りの旅は，途中に進学や就職，結婚や出産といったチェックポイントが何度もありながらも，私たちの一生を通して続く大冒険だといえるでしょう。

参 考 図 書

上地 雄一郎・宮下 一博（編著）（2004）．もろい青少年の心——自己愛の障害——北大路書房

谷 冬彦・宮下 一博（編著）（2004）．さまよえる青少年の心——アイデンティティの病理—— 北大路書房

無藤 隆・岡本 祐子・大坪 治彦（編）（2004）．よくわかる発達心理学　ミネルヴァ書房

復 習 問 題

1. 思春期と青年期の異同について説明して下さい。
2. 児童期から思春期・青年期にかけての友人関係の発達を説明して下さい。
3. 『魔女の宅急便』のキキの成長を，アイデンティティ・ステイタスの観点から説明して下さい。

第12章 学校における人間関係

児童期の子どもたちは日々の生活の多くを学校で過ごします。「学校が楽しい」「学校が好き」という子どももいれば，残念ながらそう思えない子どもも少なからず存在します。彼らの違いはどこにあるのでしょうか。「学校が好き」という子どもたちの多くは「仲の良い友達がいるから」とその理由を話します。彼らは，学校という集団生活の場で，同年代の子どもたちと共に様々な活動をする中で，お互いを思いやり，支え合い，励まし合い，助け合い，認め合うことの素晴らしさを学びます。ところが，学校で良好な人間関係を築くことができない子どもたちは，いじめや暴力（第13，15章），不登校（第14章）や学級崩壊など様々な生徒指導上の問題を抱えてしまいます。他者との関わりがその有り様によって，児童の心身の成長にとって大きな力となる反面，最大のストレス源となってしまうこともあります。本章では，学校や学級の中で児童が築く人間関係の様相と，良好な人間関係を築くことの重要性について解説します。

12.1　学校の役割と特徴

12.1.1　学校とは

　学校教育法第 1 条において，学校とは「幼稚園，小学校，中学校，高等学校，中等教育学校，特別支援学校，大学及び高等専門学校とする」ことが定められています。このうち児童が通う小学校については，同法第 29 条に，「心身の発達に応じて，義務教育として行われる普通教育のうち，基礎的なものを施すことを目的とする」ことが明記されています。この「義務教育として行われる普通教育」について，教育基本法第 5 条において，「国民は，その保護する子に，別に法律で定めるところにより，普通教育を受けさせる義務を負う」ことが定められており，同条第 2 項において「義務教育として行われる普通教育は，各個人の有する能力を伸ばしつつ社会において自立的に生きる基礎を培い，また，国家及び社会の形成者として必要とされる基本的な資質を養うことを目的として行われるもの」と定められています。その目的を達成するための具体的な目標内容については学校教育法第 21 条に示されています（**表 12.1**）。

　文部科学省（2010）は，生徒指導提要の中で**生徒指導**について「一人ひとりの児童生徒の人格を尊重し，**個性の伸長**を図りながら，同時に社会的な資質や能力・態度を育成し，さらに将来において社会的な自己実現ができるような資質・態度を形成していくための指導援助であり，個々の児童生徒の自己指導能力の育成を目指すもの」（p.1, p.5）であると説明しています。以上のことから，生徒指導を含む日本の学校教育全体の意義は，児童生徒一人ひとりの「**自己実現**」と「**社会性の獲得**」にあり，その最終目標は児童生徒の「健全な成長の促進」と「**自己指導能力**の育成」にあるといえるでしょう。

　このような学校教育の目標の達成に当たって，平成 29 年告示の新学習指導要領第 1 章総則第 4 の 1（1）及び（2）においては，学校における学習や生活の基盤として，児童が教師との信頼関係や，他の児童とより良い人間関係を構築することの重要性が指摘されています。そうした良好な人間関係を基盤とした有意義で充実した学校生活を送る中で，児童の現在及び将来における自己実現が図られるのです（**表 12.2**）。

表 12.1　学校教育法（平成 29 年一部改正　法律第 41 号）第 21 条　義務教育として行われる普通教育の目標

1. 学校内外における社会的活動を促進し，自主，自律及び協同の精神，規範意識，公正な判断力並びに公共の精神に基づき主体的に社会の形成に参画し，その発展に寄与する態度を養うこと。
2. 学校内外における自然体験活動を促進し，生命及び自然を尊重する精神並びに環境の保全に寄与する態度を養うこと。
3. 我が国と郷土の現状と歴史について，正しい理解に導き，伝統と文化を尊重し，それらをはぐくんできた我が国と郷土を愛する態度を養うとともに，進んで外国の文化の理解を通じて，他国を尊重し，国際社会の平和と発展に寄与する態度を養うこと。
4. 家族と家庭の役割，生活に必要な衣，食，住，情報，産業その他の事項について基礎的な理解と技能を養うこと。
5. 読書に親しませ，生活に必要な国語を正しく理解し，使用する基礎的な能力を養うこと。
6. 生活に必要な数量的な関係を正しく理解し，処理する基礎的な能力を養うこと。
7. 生活にかかわる自然現象について，観察及び実験を通じて，科学的に理解し，処理する基礎的な能力を養うこと。
8. 健康，安全で幸福な生活のために必要な習慣を養うとともに，運動を通じて体力を養い，心身の調和的発達を図ること。
9. 生活を明るく豊かにする音楽，美術，文芸その他の芸術について基礎的な理解と技能を養うこと。
10. 職業についての基礎的な知識と技能，勤労を重んずる態度及び個性に応じて将来の進路を選択する能力を養うこと。

表 12.2　平成 29 年度告示学習指導要領第 1 章総則第 4 の 1（文部科学省，2017）

(1) 学習や生活の基盤として，教師と児童（生徒）との信頼関係及び児童（生徒）相互のよりよい人間関係を育てるため，日頃から学級経営の充実を図ること。また，主に集団の場面で必要な指導や援助を行うガイダンスと，個々の児童（生徒）の多様な実態を踏まえ，一人一人が抱える課題に個別に対応した指導を行うカウンセリングの双方により，児童（生徒）の発達を支援すること。
(2) 児童（生徒）が，自己の存在感を実感しながら，よりよい人間関係を形成し，有意義で充実した学校生活を送る中で，現在及び将来における自己実現を図っていくことができるよう，児童（生徒）理解を深め，学習指導と関連付けながら，生徒指導の充実を図ること。

12.1.2 児童の発達と学校が果たす役割

ピアジェ（Piaget, J., 1932）の発達理論に基づけば，児童期はピアジェが**具体的操作期**と呼ぶ時期に当たります。この時期は，それ以前の，自分自身の立場からしか物事を見たり，感じたり，考えたりすることができない，いわゆる「**自己中心性**」の段階から抜け出し，具体的な事象に限るという条件はあるものの，既有の知識を相互に関連づけながら，物事をより多面的・多角的にとらえ，組織的・理論的な思考を用いて問題解決に当たることができるようになる**脱中心化**の段階です。ピアジェはこの段階は同時に，子どもが親や教師などの権威者による強制的・他律的な関係性に基づく行動規範（**表 12.3**「規則意識の第 2 段階」）から，平等な立場の友人と互いに議論して，自分たちで自分たちの守るべき規範を作り出す共同的・自律的関係に基づく行動規範（**表 12.3**「規則意識の第 3 段階」）へと移行する時期であると説明しています。

森田・清永（1994）は，子どもたちが成人して社会のメンバーとなるための資質を形成していく過程を「**社会化**」と呼び，その主たる場の一つとして学校を挙げています。そしてピアジェと同様に，学校には，教師—児童関係に代表される上下関係に基づく一方的な尊敬—服従によるタテの関係と，学級集団や仲間集団に代表される相互尊敬に基づくヨコの関係があることを指摘し，前者は義務の感情に基づく規範を，後者はお互いの場を作り，守るという，より自律的な規範を生みだす関係であるとしています。児童が学校という環境の中で，あらかじめ決められたルールや規則を守って規律ある生活をするためには，タテの関係に基づく規範が内面化されなければなりません。一方，教師など権威者の目の届かないような場においても，他の児童との人間関係や，場の秩序が良好に保たれるためには，ヨコの関係に基づく規範が内面化される必要があるでしょう。すなわち，児童がより良く成長発達し，日常の生活のルールや規則を適切に内面化するためには，このタテとヨコの両者による社会化が不可欠であり，学校はまさにこのタテとヨコの人間関係を形成するための場なのです。

従来，児童期の特に中期から後期にかけて見られるヨコの関係によって形成される特徴的な仲間集団は**ギャング・グループ**と呼ばれていました（11.5 参照）。ギャング・グループは，一般に同性の同年齢児で構成される排他性・閉

表 12.3 **ピアジェの認知発達段階論と規則の強制／他律と共同／自律の道徳性**
（関口，2009 を参考に作成）

認知発達	規則実行の発達	規則意識の発達
感覚運動期 （0 ～ 1.5，2 歳） • 反射的な感覚支配的行動 • 刺激を求めて外界に働きかけ	**運動的一個人的段階** （2 ～ 5 歳） • 知能と道徳の区別もなく，すべて個人的な段階で，規則についても何も言えない	**規則意識の第 1 段階** （2 ～ 6 歳） • 規則は強制的ではない
前操作期 （1.5，2 ～ 7，8 歳） • 表象／イメージの獲得 • 象徴遊び・ごっこ遊び • 外的動作なしの対応 • 自己中心性	**自己中心性の段階** （5 ～ 7 歳） • 一人遊びか，友達と遊んでも勝ち負けを決める統一的な規則はない	**規則意識の第 2 段階** （6 ～ 10 歳） 【強制／他律の道徳性】 • 規則は大人から与えられるものであり，強制的かつ永続的と考える
具体的操作期 （7，8 ～ 11，12 歳） • 脱中心化—獲得された知識の相互関連づけと，それを用いた問題解決	**初期協同の段階** （7 ～ 11 歳） • 友人間で勝ち負けを意識し始め，それを決めるための統一的な規則を制定しようとする	**規則意識の第 3 段階** （10 歳～） 【共同／自律の道徳性】 • 規則は相互同意に基づく規範と考えるようになる • 規則は同意のもとで変えられると考える
形式的操作期 （12 歳以降） • 具体的な現実に縛られることなく，抽象的・形式的な思考が可能	**規則制定化の段階** （11 ～ 15 歳） • 前段階で始まった規則の制定が完了する段階	

鎖性の強い仲間集団であり，同一行動による一体感や，力関係による役割分化などに特徴づけられることが知られています（滝口・吉川，2014）。そもそも児童期は親への依存度が下がり，代わりに仲間への依存度を高めていく時期であるため，仲間集団と強く結びつくことで親からの自立に伴う不安感を和らげるとともに，仲間集団での活動を通して適切な自己主張の方法や，ルールを守るなどの社会生活に必要な様々なスキルや知識が習得されるのです（國枝・古橋，2006）。

　國枝ら（2006）は，小学校 2，4，6 年生の児童を対象とした調査から，友達がいないと困ると感じる割合は学年進行に伴って増加し，その理由も「遊べない」や「話ができない」といった表面的・行動的なものから，「相互援助」や「寂しい」といった互恵内面的なものへと変化するなど，友達の重要性は学年が上がるに従って量，質ともに変化することを明らかにしています。ところが一方で，固定メンバーによる仲間集団は作られるものの，そこにはリーダー的な存在がいないことや，必ずしも常に同一のグループで行動するわけではないことなどの特徴から，今日の児童の仲間関係は，従来のギャング・グループの特徴とは一致しなくなってきていることを指摘しています。滝口ら（2014）も小学校 3，4，5 年生を対象とした調査から，5 年生では下級生よりも友達の幅が広がる反面，いくつかの仲間集団に同時に所属することによって，一つひとつの集団内のメンバーの結びつきは弱まっていると主張しています。

　有村（2011）は，仲間集団の形成プロセスは子どもの成長発達の段階によって異なるとし，4 つの特徴的な発達的集団を挙げています。1 つ目は，児童期初期に見られる学級内の小グループや係などによる「役割活動的集団」，2 つ目は，児童期後期に見られる自分たちで活動を創り上げる「自発的・自治的集団」，3 つ目は青年期前期に見られる生徒会活動やボランティア活動などを積極的に行う「社会貢献的集団」，そして 4 つ目はすべての発達段階で見られる特技や趣味を活かして楽しむ「同好活動的集団」です。さらに有村は，これらの集団形成には，いずれの段階であっても，子ども一人ひとりを社会化するための基本的な要件が機能的に作用する必要があると主張し，①基本的生活習慣，②対人関係の習得，③集団活動の体験，④規範意識の体得，⑤社会生活の実体

表 12.4 年齢段階ごとの集団形成の特徴と社会化のための基本要件
(有村, 2011 を一部改変)

段階	集団形成の特徴	社会化のための基本要件
小学校低学年	【役割活動的集団・同好活動的集団】 • 単なる集合の段階，教師などへの依存が強い • 手伝いや仕事に積極的に関わる（係活動の芽生え） • 1 対 1 の関係からグループ活動等の集団的な関わり • 身近な者との友達関係（そこでの離合集散の繰り返し）	①基本的生活習慣 • 衣食の基本 • 身辺の整理整頓 • 挨拶や礼儀作法 ②対人関係の習得 • 気持ちや考えの適切な伝達 • 他者への受容的態度
小学校高学年	【自発的・自治的集団・同好活動的集団】 • 男女やグループ間の意識化（同調性と反発・対立） • 活動体験による個性発揮と相互尊重（高学年の自覚） • 論理的な意見交換や自発的な問題解決力 • 下級生等の援助や学校行事等への積極的参加	③集団活動の体験 • 目的理解 • 役割分担 • 相互協調 • 自他理解 ④規範意識の体得 • ルール・マナーの習得 • 自己コントロール • 耐性の獲得
中学生	【社会貢献的集団・同好活動的集団】 • 自らの内面性の発見（思春期と自己成長との揺らぎ） • 自他の価値観の差異（役割適正による集団の選択） • 集団活動への自治的関与（生徒会・部活動など） • 得意な学びや技術等の相互啓発，職業観・勤労観の形成	⑤社会生活の実体験 • 社会の模擬的学習 • 社会の一員としての自覚 • 社会参加の意識と貢献
高校生	【社会貢献的集団・同好活動的集団】 • 自他の生活経験を拡大する集団活動（ボランティア等） • 自他の特性を尊重した活動成果の希求（生徒会活動等） • 自他の在り方・生き方への関心と自己形成の思索 • 自他理解による将来展望と職業観の選択と決定	

験の 5 つをその要件として挙げています（**表 12.4**）。

12.2 学級集団における人間関係

12.2.1 学級集団の特徴と役割

　学校教育や学校生活の基盤となる教師—児童間あるいは児童相互の信頼関係や良好な人間関係の形成の場となるのは，多くの場合，学級です。森田ら（1994）は，かつての子どもたちは，学級集団を越え，学年集団，近隣集団，地域内集団など，その行動範囲が多岐にわたっていたのに対して，今日の子どもたちは，その行動範囲を家庭と学級へと狭め，交友関係も同年齢だけによる学級内関係へと一元化されていると指摘しています。このことは，今日の児童相互の人間関係やそれに基づく活動において，学級が担う役割がますます大きくなっていることを表すとともに，非常に高い凝集性を持った学級集団が，今日の日本の学校教育の大きな特徴の一つになっていることを表すものでもあります。

　学級は，「学校における最も基本的な単位集団であり，教育の効果と能率とを主たる目的として組織される学習者の集団」（細谷ら，1990）と定義されます。小石（1995）は，学級について「同じ程度の発達段階にあって同じ程度の能力を有する子どもたちを一つの集団にまとめて，学校が定める教育目標を一斉指導の下，効果的・能率的に達成することを目指して編成された公式集団（フォーマルグループ）」と説明しています。

　小石による「同じ程度の発達段階にあって同じ程度の能力を有する子どもたち」とは，あくまでも形式的な話であって，個々の児童の成長発達の速度は当然のことながら一定ではありません。しかしながら，学級集団の主たる目的が「指導の効率化」であっても，学校教育全体の目的は，単なる教科指導にとどまらず，道徳や生徒指導，あるいは特別活動等を通じた個々の児童の個性の伸長と，社会の担い手となるための社会性の獲得という全人格的な成長・発達にありますので（文部科学省，2010），例えば，異なる能力や個性を持った他の児童たちとの交流の中で個人差や個性を尊重することの重要性を学ぶなど，集

コラム 12.1　児童理解のためのアセスメント

　学校の中で児童と良好な人間関係を構築し，児童一人ひとりの個性の伸長と社会性の獲得という全人格的な成長・発達を促すためには，個々の児童に関わる様々な情報を収集し，的確な児童理解に基づいた学級運営や生徒指導が求められます（文部科学省，2010）。生徒指導提要には，児童理解のためのアセスメントの手法として，観察法，面接法，質問紙調査法，検査法，作品法，事例研究法が挙げられています。

・観 察 法

　児童の個別的理解の促進を主な目的とし，心身の健康状態を丁寧に見取ることが重要。観察の場は，朝の会等の健康観察をはじめ，登下校時，授業中，昼休み，清掃活動，特別活動，部活動等，学校生活全般にわたる。

・面 接 法

　指導を主たる目的とする場合と，児童理解を主たる目的とする場合がある。理解を目的とする面接では，児童と対面のコミュニケーションをとり，知識，要求，考え，悩み，性格などについての資料を収集する。

・質問紙調査法

　個々の児童の特性を，平均的な傾向と比較しながら理解することを目的とする。比較的短時間に多数の児童の実態を把握することが可能であるため，学級，学年，学校といった集団全体の傾向の理解にも有効。

・検 査 法

　標準化された検査を用いて，児童の能力，性格，障害等の特性を把握することを目的とする。主なものとして知能検査，人格検査，発達検査，心理検査，学力検査などがある。

・作 品 法

　図画工作・美術・技術・家庭・保健体育・音楽等を含む各教科や，総合的学習の時間での作品や自己表現を通して児童理解につなげる。

・事例研究法

　日々の観察記録，面接記録，調査結果，外部機関からの情報等，児童の蓄積された事例を基に理解を深める方法。

　いずれの方法で収集された資料も，児童理解のための多くの資料の中の一つととらえ，他の資料と併せて結果を理解することが重要です。

団活動によって効果的に学ぶことのできる教育目標の達成こそが，学級集団が担う大きな役割なのです（小石，1995）。

12.2.2　学級集団のまとまりと凝集性

　学級集団が先述した役割を全うし，児童一人ひとりがより良く成長を遂げるためには，学級集団そのものが望ましいものでなければなりません。望ましい学級集団の中で様々な活動を通じて児童一人ひとりがより良い成長を遂げ，またその児童一人ひとりがより良い学級集団を構成していくという，いわば個人の成長と学級集団の成長との肯定的循環が形成されることが重要なのです（香川大学・香川県教育センター，2014）。そして，その望ましい学級集団の基盤となるのが，教師—児童間そして児童相互の良好な人間関係です。

　キャンベル（Campbell, D. T., 1958）は，集団が 1 つのまとまりとして認識されることを「集団の実体性」と呼びました。集団の実体性は，メンバーが自らを集団の一員として認識し，共通の活動を通じて相互に近接性を感じ，その結果を共有することで共通運命を分かち合っていると感じ，メンバー同士で価値観や態度に類似性を見出すことで高められていきます。またその集団が閉鎖的であるほど集団のまとまりを強く意識することになります。学級集団は，固定された同一メンバーと少なくとも 1 年間活動を共にする集団ですので，自ずと閉鎖的な様相を持つことになる反面，高い実体性を持つことにもなるのです。学級集団のメンバーである児童一人ひとりがこの実体性を強く認識することで，学級の一員としての自覚を持った行動が促進されることになります。

　集団の実体性と近い概念として，「集団の凝集性」と呼ばれるものがあります。ただし集団の凝集性は，集団に対する「まとまり」としての認識ではなく，「メンバー一人ひとりをその集団にとどまらせるように働く力」（Festinger, L., Schachter, S., & Back, K., 1950）と定義されます。メンバー一人ひとりがその集団に所属していたいと思わせる，集団が持つ魅力と考えるとわかりやすいでしょう。フォーサイス（Forsyth, D. R., 2006）は，集団の凝集性の特性を，①メンバーが相互に感じている魅力の程度，②一体性，そして③チームワーク，の 3 点にまとめています（表 12.5）。凝集性の高い学級集団は，先に紹介した

表 12.5　**集団凝集性への影響要因**（Forsyth，2006 を参考に作成）

影響要因	概要
①メンバー間の相互魅力	集団のメンバー一人ひとりがお互いに感じている魅力の程度であり，個々のメンバーがその集団にとどまろうとする力の合成力。
②一体性	メンバーを結びつける相互作用的活動を通じて感じる集団の持つ価値観への引力や拠り所感などが集合した力。
③チームワーク	共通の目標に向かって協働することで高まる集団が行っている活動やその活動の目標への魅力。

集団の実体性が高い学級，つまり児童一人ひとりが自身の所属する学級を「まとまりがある」と認識している学級ともいえるでしょう。

　凝集性の高い学級集団は，実体性が高いだけでなく，所属する児童に様々な肯定的な影響を与えることが知られています（**表 12.6**）。例えば，学級自体が魅力ある集団となることで，児童はその学級に所属していることに対して強い満足感を得るとともに，学級内で発言したり行動したりすることに対する緊張感や不安感が低減し，児童相互のより積極的なコミュニケーションが促されることが期待されます。また学級内の決まりや規範などの価値基準も積極的に受け入れ，日々の生活でもそれに沿った行動が期待されます。

　一方で，凝集性の高い学級集団が持つこれらの肯定的な側面は時として否定的な影響を持つこともあります。例えば，所属する学級への魅力の高まりは，外集団，すなわち他の学級や学年が行っている良い活動や取組みへの関心の低下につながることもあります。また既存の学級の状態を保持したいという強い気持ちは，転入生など新規メンバーに対する拒絶の姿勢として表現されるかもしれません。さらに，学級内の決まりや規範の積極的受容は，肯定的な側面だけにとどまらず，例えば「いじめ」のような否定的な行動についても，それを非難したり抑止したりする代わりに，積極的に是認したり，見て見ぬふりをすることで暗黙的な支持を表明したり，あるいは勇気を出してそれを正そうとする者に対して逸脱者のレッテルを貼ったり，制裁的な行動（例えば，新たないじめの標的とするなど）が行われたりすることが考えられます。

　学級は児童にとって学校生活の大半を過ごす場ですので，メンバーからのいじめや制裁に怯（おび）え，不安を抱えながら，一部の学級メンバーが決めた規範やルールに嫌々従う場ではなく，児童一人ひとりがこの学級にいると安心すると感じるような互恵的な人間関係が構築される場となることが重要です。有村は，そのような集団を「**準拠集団**」と呼び，話し合い活動，係活動や班活動などの体験的な活動と，そこでの児童相互の情緒的な交流によって，学級集団は児童が自らの行動，価値や態度を決定する際の拠り所となる準拠集団へと変わっていくと述べています（有村，2011）（**図 12.1**）。

表 12.6　集団凝集性の両価性

肯定的側面	否定的側面
• 集団の実体性（まとまり）の向上 • メンバーとしての満足感の向上 • メンバー間のコミュニケーションの促進／結束力の強化 • メンバー相互の友好性の向上 • 集団内活動での緊張・不安の低減 • 集団内価値基準の積極的受容	• 外集団への注目の低下 • 新メンバーの受容の低下／社会的閉塞性の高まり • 集団内同調圧力の強化 • 個人の意見・価値観の表明が困難 • 否定的行動への積極的是認／暗黙的支持 • 逸脱者への制裁意識の高まり

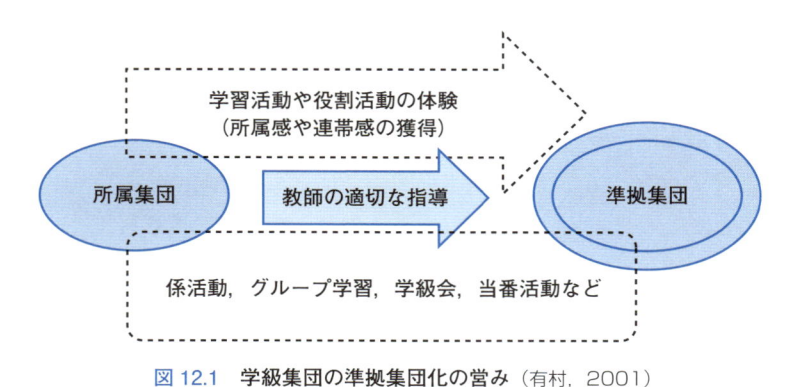

図 12.1　学級集団の準拠集団化の営み（有村，2001）

12.3　スクールカースト

12.3.1　スクールカーストとは

　近年，学級内の児童生徒間，あるいは児童生徒の仲間集団間の階層的な関係を表す「スクールカースト」という概念が注目を集めています。森口（2007）は，スクールカーストを学級内の地位やステイタスを表すことばであり，その決定要因は学級内での人気やモテるか否かだと説明しています。そして，学級内での人気の高低に強く影響を及ぼすと考えられる，①自身の意見や考えを強く主張できる「自己主張力」，②他人を思いやれる「共感力」，そして③場の雰囲気に自身を合わせることができる「同調力」，の 3 要素から成る総合的なコミュニケーション能力が最大の決定要因だと説明しています。つまり，これらの能力の高低によって児童生徒個々人の，あるいは所属している仲間集団の学級内での地位が決定され，この地位が，例えば，学級内の役割分化や，後述するいじめ被害のリスクの高低にも大きく影響するのです。

　堀（2015）は，森口の提唱したコミュニケーション能力の 3 要素についてさらに詳細な説明を加えています（表 12.7）。堀によると，この 3 要素には優先順位があり，その場の空気感やノリを理解し，一緒に盛り上がれる能力である「同調力」が，多くの児童生徒にとって人間関係力の前提としてとらえられている最も優先順位の高い能力です。そして次に優先順位が高い能力が「自己主張力」です。ただしここでいう自己主張とは，他の児童生徒を喜ばせたり楽しませたりなど，肯定的な影響を与えられるような自己主張であり，誰にも理解されないような自己主張はむしろ「自己チュー」として嫌悪の対象となりスクールカーストを下げることになってしまいます。そして最も優先順位の低い能力が「共感力」ということになります。相手の立場に立って，思いやりをもって相手に接するという共感力の獲得は，学校教育が目指す児童生徒の健全な社会性の育成にとって不可欠の重要な要素ですが，こと学級内で高い地位を得るという観点においては，他の要素と比べて重要度が低いと考えられています。

　また鈴木（2015）は，大学 1 年生を対象とした回顧的インタビューから，小

表 12.7　**スクールカーストの決定因**（堀，2015 を参考に作成）

			優先順位
総合的なコミュニケーション能力	同調力	・バラエティ番組に代表されるような、「場の空気」に応じてボケたり，ツッコミを入れて盛り上げたりしながら，常に明るい雰囲気を形成する能力。 ・生徒たちによって現代的なリーダーシップには不可欠と考えられている，現実的には最も人間関係を調整し得る能力。	高い
	自己主張力	・自分の意見をしっかりと主張することができ，他人のネガティブな言動，ネガティブな態度に対してしっかりと戒めることのできる力。 ・80 年代以降，世論，識者，そして政治・行政のいずれにおいても大切であると主張されてきた能力であり，臨時教育審議会設置以降の教育政策の根幹として位置づけられてきた能力。	
	共感力	・他人に対して思いやりをもち，他人の立場や状況に応じて考えることのできる力。 ・従来から学校教育において何よりも優先される絶対的価値だと考えられており，リーダー性にとっても絶対的に必要とされ重視されてきた能力。	低い

学校では，特定の児童個人が，学級内での地位が高い，あるいは低い児童として認識されることを明らかにしています。鈴木は，学級内地位が低いと認識された児童は，いじめの対象となるような周囲から嫌われている児童であり，反対に地位が高いと認識された児童は，ドッジボールで活躍できたり，かけっこが速かったりなど，他の児童の憧れや尊敬の対象となるような児童だったことを報告しています。また小学校においては一部の個人を対象として認識されていたスクールカーストが，中学校以降は，生徒が所属する仲間集団間の力関係の差としてとらえたものへと変化すること，そして生徒は各グループに「ギャル系・普通系・地味系・オタク系」などと名前をつけて学級内の「地位」を把握するようになることが報告されています。

12.3.2　スクールカーストといじめとの関連

　森口（2007）が，著書『いじめの構造』の中で，藤田（1997）によるいじめの類型に一層のリアリティを持たせるためとの理由からスクールカーストの概念を導入したことからもわかるように，スクールカーストは，学校におけるいじめ問題を理解する上で非常に有用な概念として位置づけられています。森口や堀によるスクールカーストの決定因である 3 つの力の総合力をスクールカーストを測る基準として，いじめ被害のリスクとの関連を示したマトリクスを表 12.8 に示しました（森口，2007；堀，2015）。このモデルにおいてスクールカーストの最も高い位置にいるのは，自己主張力，共感力，同調力のすべてを兼ね備えた「スーパーリーダー」と呼ばれる児童生徒です。そしてそのすぐ下に位置するのは，自己主張力と同調力は高いけれども，共感力が低い「残虐リーダー」と，自己主張力と共感力は高いけれども，同調力が低い「孤高派タイプ」です。このすぐ下のカーストに位置するのが，共感力，同調力ともに高いけれども自己主張力が低い「人望あるサブリーダー」で，さらにその下に同調力だけが高い「お調子者／いじられキャラ」と，共感力だけが高い「いいヤツタイプ」がいます。スクールカーストの最下層は自己主張力だけが高い「自己チュータイプ」と，自己主張力，共感力，同調力のいずれも持たない「何を考えているのかわからないタイプ」です。この中でも，スクールカーストの低

表 12.8　スクールカーストの決定要因といじめ被害リスクとの関連 (堀, 2015)

				同調力	
				高い	低い
自己主張能力	高い	共感力	高い	スーパーリーダー	孤高派タイプ
			低い	残虐なリーダー【いじめ首謀者候補】	自己チュータイプ【いじめ被害リスク大】
	低い	共感力	高い	人望あるサブリーダー	いいヤツタイプ【いじめ被害リスク中】
			低い	お調子者／いじられキャラ【いじめ同調者候補】	何を考えているかわからないタイプ【いじめ被害リスク大】

い,「いいヤツタイプ」「自己チュータイプ」「何を考えているのかわからないタイプ」の児童生徒たちはいじめ被害リスクが最も高く,「お調子者／いじられキャラ」はいじめの観衆や同調者に,また「残虐リーダー」はいじめの加害者となる可能性が高いことが指摘されています。

　先に紹介した鈴木の研究から,児童は自身が所属する学級内でのスクールカーストや,自身の地位について強く意識しているわけではありませんが,学級内の人気者や嫌われ者といった形で個人単位の地位は存在しており,それがいじめ関与と関わっていることから,児童を対象としたスクールカーストのさらなる実態の解明が期待されます。

参 考 図 書

文部科学省（2010）. 生徒指導提要　教育図書

有村 久春（2011）. カウンセリング感覚のある学級経営ハンドブック——教師の自信と成長—— 金子書房

堀 裕嗣（2015）. スクールカーストの正体——キレイゴト抜きのいじめ対応—— 小学館

復 習 問 題

1. 児童が学校生活を送る中で,現在及び将来における自己実現を図るためには何が必要でしょうか。
2. 凝集性の高い学級集団の肯定的側面と否定的側面について説明して下さい。
3. スクールカーストとは何か,それは何によって決められるのか,説明して下さい。

第13章 いじめ

　テレビのお笑い番組などで，1人のタレントが，複数の共演者からバカにされたり，からかわれたりした後に，大げさなリアクションを取って笑いが巻き起こるといった場面を目にすることがあります。他者を貶（おと）めて周囲の笑いを誘うという演出を面白いとする風潮は，現代社会のいじめの蔓延（まんえん）を象徴しているようにも感じます。いじめは極めて日常的な出来事であることから，それを許容するかのような言説が様々語られています。「いじめは昔からある」「誰もが一度は経験するものだ」「いじめを通して子どもは成長する」「いじめられる側にも問題はある」等々。しかしながら，その実態は，相手を傷つけ，追い詰め，時に標的とされた子が自ら命を絶つという悲惨な結末を迎えることさえある決して許されない行為であることを忘れてはいけません。本章では，学校におけるいじめ問題の定義と態様，そして効果的な予防・対応について解説します。

13.1　いじめの定義と構造

13.1.1　いじめの定義の変遷といじめ防止対策推進法

　複数の児童が 1 人の児童をイジるようにからかうと，からかわれた児童はおどけて大げさなリアクションをとりました。すると周りで見ていた児童たちの間で大きな笑いが巻き起こりました。学級でよく見られる光景です。

　こうした児童の様子を目の当たりにした教師はどうするでしょうか。これを「いじめ」ととらえてからかった児童や周囲で笑っていた児童を注意する先生もいれば，合意の下で行われている遊びやふざけととらえて深刻に考えない先生もいるかもしれません。やった側とやられた側それぞれの児童の性格特性，両者の関係性，学級の雰囲気，周囲でその行為を見ていた児童たちの反応，あるいは教師自身の経験や価値観など，実に様々な要因によって特定の行為に対する理解や判断は変わってしまいます。特にこの例のような，ごく初期の段階の，いわゆる「いじめの芽」と呼ばれるような軽微な行為の場合，やっている側も，やられている側も，また周囲で見ている者たちも，それが「いじめ」だという認識すらないことも少なくありません。それだけ「いじめ」は，子どもたちの日常に蔓延した現象であり，この日常性こそがいじめの認知を難しくさせる要因ともいえます。だからこそ，いじめ行為をどのように定義し，またその定義をどのように運用していくのかという問題は，いじめの実態把握はもとより，予防・対応においても大きな影響を与える事柄であり，その意味や意義をしっかりと理解しておくことが重要です。

　文部科学省（旧文部省，以下「文科省」と略す）によるいじめの定義は，これまでに 3 度の改訂が行われています。最初の定義は，学校でのいじめが原因と考えられる児童生徒の相次ぐ自死事件によっていじめが社会問題化した昭和60（1985）年，「児童生徒の問題行動等生徒指導上の諸問題に関する調査」（以下「文科省調査」）に初めて「いじめ」に関する調査項目が加えられたことに伴って示されました。以降，第 2 のピークといわれる平成 6（1994）年，そして第 3 のピークといわれる平成 18（2006）年にそれぞれ定義の改訂が行われています。現時点での最新の定義は，平成 25（2013）年に成立・施行された

表 13.1　文部科学省（旧文部省）によるいじめ定義の変遷
（文部省，1985，文部科学省，1994，2006，2015 を一部改変）

年度	定義
昭和 60 （1985）	「いじめ」とは，「①自分より弱いものに対して一方的に，②身体的・心理的な攻撃を継続的に加え，③相手が深刻な苦痛を感じているものであって，学校としてその事実（関係児童生徒，内容等）を確認しているもの。なお，起こった場所は学校の内外を問わないもの」とする。
平成 6 （1994）	「いじめ」とは，「①自分より弱いものに対して一方的に，②身体的・心理的な攻撃を継続的に加え，③相手が深刻な苦痛を感じているもの。なお，起こった場所は学校の内外を問わない。」とする。 なお，個々の行為がいじめに当たるか否かの判断を表面的・形式的に行うことなく，いじめられた児童生徒の立場に立って行うこと。
平成 18 （2006）	個々の行為が「いじめ」に当たるか否かの判断は，表面的・形式的に行うことなく，いじめられた児童生徒の立場に立って行うものとする。 「いじめ」とは，「当該児童生徒が，一定の人間関係のある者から，心理的，物理的な攻撃を受けたことにより，精神的な苦痛を感じているもの。」とする。なお，起こった場所は学校の内外を問わない。 （注 1）「いじめられた児童生徒の立場に立って」とは，いじめられたとする児童生徒の気持ちを重視することである。 （注 2）「一定の人間関係のある者」とは，学校の内外を問わず，例えば，同じ学校・学級や部活動の者，当該児童生徒が関わっている仲間や集団（グループ）など，当該児童生徒と何らかの人間関係のある者を指す。 （注 3）「攻撃」とは「仲間はずれ」や「集団による無視」など直接かかわるものではないが，心理的な圧迫などで相手に苦痛を与えるものを含む。 （注 4）「物理的な攻撃」とは，身体的な攻撃のほか，金品をたかられたり，隠されたりすることなどを意味する。 （注 5）けんか等を除く。
平成 25 （2013）	「いじめ」とは，「児童生徒に対して，当該児童生徒が在籍する学校に在籍している等当該児童生徒と一定の人的関係のある他の児童生徒が行う心理的又は物理的な影響を与える行為（インターネットを通じて行われるものも含む。）であって，当該行為の対象となった児童生徒が心身の苦痛を感じているもの。」とする。なお起こった場所は学校の内外を問わない。 「いじめ」の中には，犯罪行為として取り扱われるべきと認められ，早期に警察に相談することが重要なものや，児童生徒の生命，身体，又は財産に重大な被害が生じるような，直ちに警察に通報することが必要なものが含まれる。これらについては，教育的な配慮や被害者の意向への配慮の上で，早期に警察に相談・通報の上，警察と連携した対応をとることが必要である。

「いじめ防止対策推進法」（平成 25 年法律第 71 号）によって規定されています
（表 13.1）。

　文科省による最初の定義は，いじめを，①いじめる側といじめられる側の力
の優劣，②行為の継続性（あるいは反復性），③いじめられる側の深刻な被害
感情，そして④学校の認知，という 4 つの構成要素で説明していました。これ
らのうち，①や②は，国内外の多くの定義でも同様に見られるものです。一方，
④は，いじめはそもそも教師の目の届かないところで行われるものであり，ま
た，いじめられた児童がその事実を教師に伝えることは簡単ではないことなど
から，平成 6 年の改訂時に削除され，代わりに「いじめに当たるか否かの判断
は表面的・形式的に行うことなく，いじめられた児童生徒の立場に立って行う
こと」と，いじめられた側の児童生徒に寄り添う姿勢が示されました。さらに，
平成 18 年度改訂以降の定義では，先に挙げた，「力の優劣」「行為の継続性
（反復性）」「被害の深刻さ」を示す文言はすべて削除され，代わりに「一定の
人間関係のある者から」といういじめが「関係内攻撃」であることを表す文言
が加えられました。平成 25 年度のいじめ防止対策推進法による定義も概ね平
成 18 年度定義の内容を踏襲したものとなっていますが，平成 18 年度定義にお
いて「心理的・物理的な攻撃」とされていた文言は「心理的または物理的な影
響を与える行為（インターネットを通じて行われるものも含む）」となり，「精
神的な苦痛」は「心身の苦痛」へとそれぞれ改められました。また，いじめの
範疇（はんちゅう）を越えた犯罪行為として取り扱うべき事案の存在と，そうした事案に対す
る警察等の外部機関との連携による対応の必要性について新たに言及されてい
ます。

　また，いじめ防止対策推進法では，いわゆる「いじめの芽」といわれるよう
なごく軽微な行為を含む，それまで「いじめ」と判断され難かったより広範な
行為（例えば，二者間の双方向の攻撃行動である喧嘩など）を「いじめ」とし
て認知するよう求めています（図 13.1，図 13.2）。この結果，学校や教師から
はより多くの事案への対応を求められることによる多忙感に加えて，定義が指
し示す広範ないじめ行為に関して保護者や教職員間で共通認識を持ちにくいな
ど，定義の解釈や運用の難しさを指摘する声が多く上げられました。しかしな

図 13.1　社会通念上のいじめと法律上のいじめの概念図
（文部科学省「いじめ防止対策推進法」を基に作成）

いじめ防止対策推進法に規定するいじめの定義を正確に解釈して認知を行えば，社会通念上のいじめとは乖離した行為「ごく初期段階のいじめ」「好意から行ったが意図せず相手を傷つけた場合」等もいじめとして認知することとなる。法の定義は，ほんの些細な行為が，予期せぬ方向に推移し，自殺等の重大な事態に至ってしまうことがあるという事実を教訓として学び取り規定している。よって，初期段階のいじめであっても学校が組織として把握し，見守り，必要に応じて指導し，解決につなげることが重要である。

国の基本方針において，「けんか」はいじめとして扱わない旨の記述が存在するが，これは，社会通念上の「けんか」を全ていじめから除外するものではない。法に規定されたいじめの定義に照らすと，一般に「けんか」と捉えられる行為（一定の人的関係のある児童生徒間でなされるもの）は，なんらかの心身の苦痛を生じさせるものが多く，それらは法に基づきいじめと認知される。いじめと認知することを要しない「けんか」は，極めて限定的である。

図 13.2　いじめ防止対策推進法によるいじめ定義に対する文部科学省の見解
（文部科学省（2016）「いじめの認知について」より一部抜粋）

がら，本定義は，一般に「いじめ」と認知されないようなささいな行為であっても，見過ごされ，被害が継続すれば，時に自殺等の重大な事態にまで深刻化してしまうことがあるという事実を踏まえ，そうした重大事態に陥らないために，ごく初期の軽微な行為の段階で事態を把握し，適切に対応すべく定められたものであることを理解することが重要です（文部科学省，2016）。

13.1.2　いじめの四層構造論

　いじめが既存の人間関係に基づいて行われる「関係内攻撃」であることは，いじめ防止対策推進法に規定された定義によって示された通りです。また森田・清永（1994）も，いじめを「同一集団内の相互作用過程において優位にたつ一方が，意識的に，あるいは集合的に，他方にたいして精神的・身体的苦痛を与えることである」（p.45）と定義しており，やはり一定の人的関係があることを前提としています。

　森田ら（1994）は，このようないじめを取り巻く人的関係性について，デュルケム（1971）による社会反作用説に基づいて，いじめを集団構造の観点からとらえる「いじめの四層構造論」を提唱しました（図 13.3，表 13.2）。

　社会反作用説は，私たちが行う様々な社会行動について，それが望ましい行為であれば，その行いを是認し，称賛するという肯定的な反作用が，また望ましくない行為であれば，それを否認し，抑止しようとする否定的な反作用が，周囲の者たちから示されると説明しています。つまり，この肯定的反作用と否定的反作用が適切に行使されることによって社会の秩序が保たれるわけです。いじめや非行，犯罪といった一般に逸脱行動と呼ばれる行動は，もちろん後者の望ましくない行為ですので，正常な社会の反応としては，それを見ていた周囲の者たちから，その行いを否認し，抑止しようとする否定的な反作用が示されなければなりません。つまり，学級内にいじめが起こった際に，そのいじめを見た周囲の児童たちの行動によってその学級の反作用力が示されるのです。もし誰もそのいじめを非難したり，抑止しようとしたりしないのであれば，それはいじめに対する反作用力が衰えた学級集団であり，優先的な介入が必要といえるでしょう。さらに森田らは，反作用力の担い手である周囲の子どもた

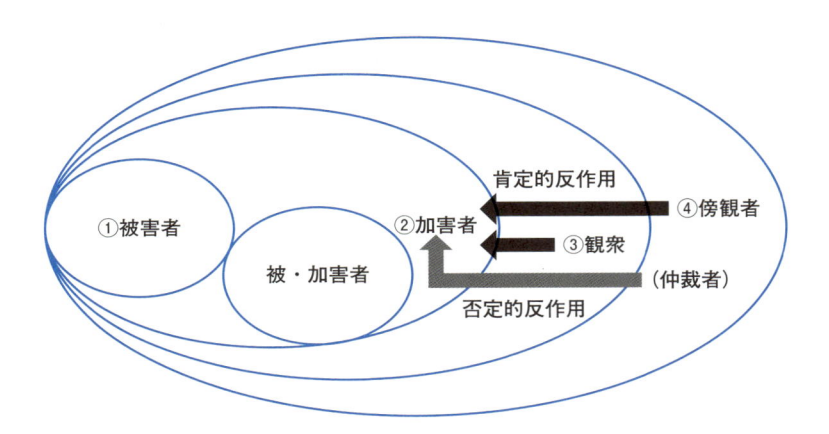

図 13.3 いじめの四層構造論 (森田・清永，1994 を基に作成)

表 13.2 いじめの四層構造における主な立場と役割分担
(森田・清永，1994 を基に作成)

立場	役割
①被害者（被加害者）	いじめられている側（被加害者＝いじめの被害と加害を両方経験している者）
②加害者	いじめている側
③観衆	直接手は下さないが，周囲で面白がったり，はやし立てたりしていじめを助長する者（いじめの積極的是認／肯定的反作用）
④傍観者	いじめがあることを知ってはいるが，関与することを避け，見て見ぬ振りをする者（いじめの暗黙的支持／肯定的反作用）
⑤仲裁者	いじめる側に対する非難・否認またはいじめられている側に対する救済・支援を行う者（いじめに対する否定的反作用）

ちは，いじめを見て，はやし立てたり，面白がって盛り上げたりしながら，いじめる側の行為を積極的に是認する「観衆」と，いじめの存在を知りながら見て見ぬふりを装っていじめ行為を黙認することで，暗黙的な支持を送る「傍観者」の二層に分かれると説明しています。観衆層や傍観者層の子どもたちが積極的に，あるいは暗黙的に，いじめる側に対して肯定的な反作用を示すことで，いじめ行為はますますエスカレートしていくことになるのです。

　一方，この四層構造の中で，傍観者層の一部から，いじめる側に対して勇気を出して「いじめは良くない」「いじめをやめよう」などと訴えたり，標的とされた児童に寄り添ったり，励ましたりするなど，いじめ行為に対して否定的な反作用を示す仲裁者の役割を担う児童が出てくる場合があります。もしこの仲裁者が示す否定的反作用に周囲の子どもたちが同調すれば，学級内にいじめを否認し，抑止しようとする力が生まれ，いじめが起こりにくい，あるいは起こっても深刻化しにくい学級となることが期待できます。いじめ予防においては，このような仲裁者が生まれやすい学級風土づくりが重要といえるでしょう。

13.2　いじめの実態と様相

13.2.1　いじめの認知件数

　文部省（当時）は，昭和 60（1985）年度の「文科省調査」に初めていじめに関連した項目を加え，全国の小学校，中学校，高等学校，及び特別支援学校（1994 年度より）を対象に，いじめの実態把握を始めました。いじめ防止対策推進法が施行された平成 25（2013）年度から最新の平成 29（2017）年度までの結果を図 13.4 に示します。

　平成 25 年度以降いじめの認知件数は年々増加しており，平成 29 年度調査においては，小学校，中学校，高等学校，及び特別支援学校を合わせてその数は 41 万 4,378 件（前年度 32 万 3,143 件）に上っています。さらに学校種別に見ると，小学校で 31 万 7,121 件（前年度 23 万 7,256 件），中学校で 8 万 424 件（前年度 7 万 1,309 件），高等学校で 1 万 4,789 件（前年度 1 万 2,874 件），特別支援学校で 2,044 件（前年度 1,704 件）と，いずれの学校種においても，平成

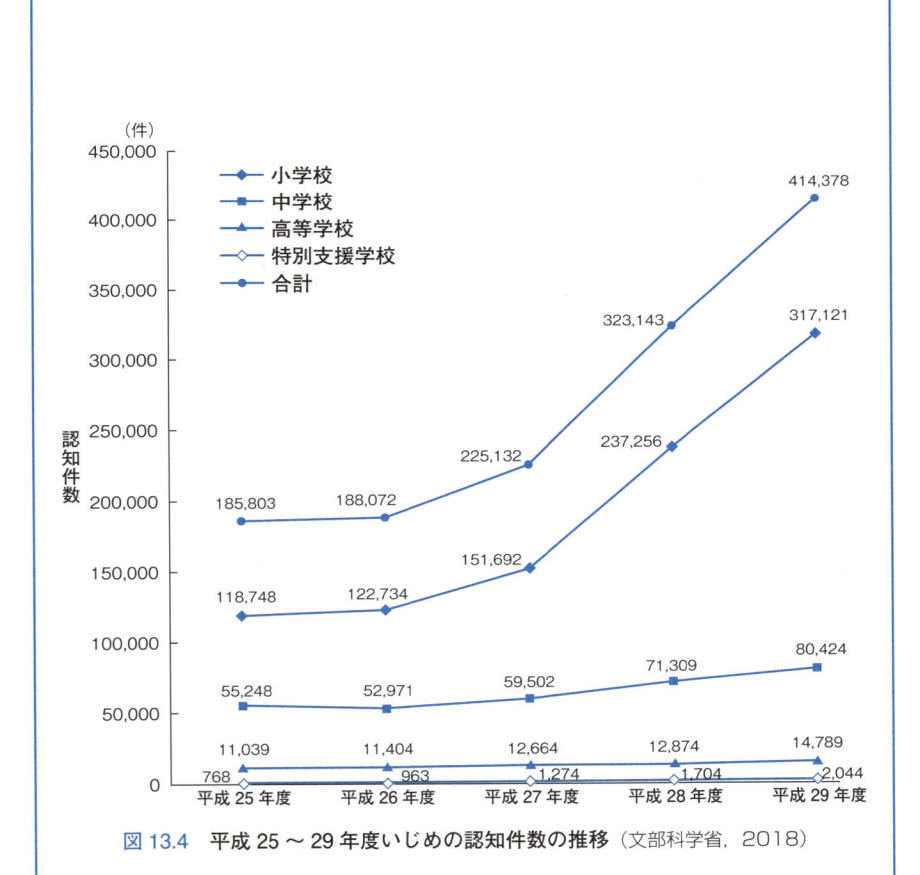

（件）

凡例：
- 小学校
- 中学校
- 高等学校
- 特別支援学校
- 合計

縦軸：認知件数

年度	平成25年度	平成26年度	平成27年度	平成28年度	平成29年度
合計	185,803	188,072	225,132	323,143	414,378
小学校	118,748	122,734	151,692	237,256	317,121
中学校	55,248	52,971	59,502	71,309	80,424
高等学校	11,039	11,404	12,664	12,874	14,789
特別支援学校	768	963	1,274	1,704	2,044

図 13.4　平成 25 ～ 29 年度いじめの認知件数の推移（文部科学省，2018）

25 年度より継続して増加していますが，特に小学校においては，平成 25 年度から 19 万 8,373 件増加，また前年度比でも 7 万 9,865 件増加とその割合が顕著です。このことは，マスコミ報道等においても「いじめ認知件数 41 万超　過去最多に！」などとセンセーショナルな見出しで伝えられました。実情をよく知らない人たちがこうした見出しや数値だけを見たら，学校におけるいじめ問題は年々増加・深刻化しており，もはや歯止めがきかない状態であると考えるかもしれません。

　ところが滝（2011）は，平成 18（2006）年度調査より，それまでの「発生件数」から「認知件数」へと調査対象となる数値に対する評価の観点が改められたことを指摘し，認知件数の増加は，学校が真剣にいじめと向き合い，それまでいじめとして認知してこなかったような事案にまで積極的に対応しようとした結果として肯定的に理解すべきと述べるとともに，認知件数の多寡にばかりこだわることは，いじめがゼロの状態が「良い」状態であるかのような認識を生み，ともすれば目の前の「いじめの芽」を見過ごすことにもつながりかねないと警鐘を鳴らしています。

　国立教育政策研究所（2016）によるいじめ追跡調査の結果は，暴力を伴わないいじめ（仲間外れ・無視陰口）について，小学 4 年生から中学 3 年生までの 6 年間，被害，加害ともにいじめに関与した経験を全く持たなかった児童生徒は 1 割程度であり，多くの児童生徒が入れ替わり被害や加害を経験していることを明らかにしました。この結果が示すように，「いじめはどの子どもにも，どの学級・学校でも，起こりうる」（文部科学省，2013）問題であることを前提として，軽微な「いじめの芽」を積極的に認知し，一つひとつの事案に対して適切に対応することが，いじめへの取組みにおいて重要なのです。

13.2.2　いじめの態様

　次に，いじめの手口別の認知件数について表 13.3 に示しました。小学校においては，最も多いのは，「冷やかしやからかい，悪口や脅し文句，嫌なことを言われる」といった口頭による攻撃で全体の 61.4% を占めています。次いで，「軽くぶつかられたり，遊ぶふりをして叩かれたり，蹴られたりする」の

表 13.3　**いじめの手口別認知件数**（文部科学省，2018）

区分	小学校	中学校	高等学校	特別支援学校	計
冷やかしやからかい，悪口や脅し文句，嫌なことを言われる	194,848 61.40%	52,812 65.70%	9,238 62.50%	1,098 53.70%	297,996 62.30%
仲間はずれ，集団による無視をされる	45,362 14.30%	10,685 13.30%	2,076 14.00%	167 8.20%	58,290 14.10%
軽くぶつかられたり，遊ぶふりをして叩かれたり，蹴られたりする	73,435 23.20%	11,623 14.50%	1,629 11.00%	483 23.60%	87,170 21.00%
ひどくぶつかられたり，叩かれたり，蹴られたりする	19,727 6.20%	3,574 4.40%	584 3.90%	181 8.90%	24,066 5.80%
金品をたかられる	3,575 1.10%	884 1.10%	370 2.50%	67 3.30%	4,896 1.20%
金品を隠されたり，盗まれたり，壊されたり，捨てられたりする	18,218 5.70%	4,826 6.00%	853 5.80%	120 5.90%	24,017 5.80%
嫌なことや恥かしいこと，危険なことをされたり，させられたりする	24,886 7.80%	5,352 6.70%	954 6.50%	159 7.80%	31,351 7.60%
パソコンや携帯電話等で，ひぼう・中傷や嫌なことをされる	3,455 1.10%	6,411 8.00%	2,587 17.50%	179 8.80%	12,632 3.00%
その他	13,365 4.20%	2,970 3.70%	757 5.10%	133 6.50%	17,225 4.20%
認知件数合計	317,121	80,428	14,789	2,044	414,378

＊上段：件数，下段：構成比。
（注1）複数回答可とする。
（注2）構成比は，各区分における認知件数に対する割合。

軽度暴力が 23.2％，「仲間はずれ，集団による無視をされる」といった関係性攻撃が 14.3％でした。また，近年問題視されている「パソコンや携帯電話等で，ひぼう・中傷や嫌なことをされる」といういわゆる「ネットいじめ」は，小学校では，全体に占める割合としては 1.1％と低い値ですが，先にも触れたように認知件数自体が増加傾向にありますので注意が必要です。むしろ携帯電話やスマートフォンの所持の低年齢化に伴い，小学生でも約 3 人に 1 人の児童が自分専用の端末を所持している（内閣府，2018）ことを踏まえると，今後も増加する可能性は高く，喫緊の生徒指導課題の一つとして対応が求められています（ネットいじめ・ネット問題については第 15 章を参照のこと）。

13.2.3 いじめの発見

　いじめ対応の第一歩は，いじめがまだ軽微な「芽」の段階で把握し，適切に対応することです。表 13.4 に小学校における「いじめ発見のきっかけ」について示しました。小学校では「学校の教職員等が発見」（70％）が，「学校の教職員以外からの情報により発見」（30％）を大きく上回っています。このことは学校によるいじめの早期発見に向けた努力の表れと肯定的にとらえることもできますが，その内訳を見ると，学校の教職員による発見の大部分が「アンケート調査など学校の取組により発見」（56.7％）であることがわかります。一方，「学級担任が発見」は 11.5％にとどまります。文科省（2017）によるいじめ防止等のための基本的な方針では，児童のささいな変化に気づく力，すなわちいじめに対する感度を高めることの重要性が指摘されています。そもそもいじめは大人が気づきにくく，判断しにくい形で行われるということをしっかりと認識した上で，ささいな兆候であっても，いじめではないかとの疑いを持って，早い段階から的確に関わりを持ち，積極的に認知することが重要なのです。

　次に，「学校の教職員以外からの情報により発見」の内訳を見ると，「本人からの訴え」が 16.1％と最多となっており，次いで「保護者からの訴え」（9.4％）となっています。従来いじめの被害者の多くは誰にも相談できずにいることが種々の調査で明らかとされていますので，学校におけるいじめ早期発見のため

表 13.4　**いじめの発見のきっかけ**（文部科学省，2018）

区分	小学校	
	件数（件）	構成比（%）
学校教員が発見	222,064	70.0
学級担任が発見	36,334	11.5
学級担任以外の教職員が発見	4,317	1.4
養護教諭が発見	972	0.3
スクールカウンセラー等の相談員が発見	536	0.2
アンケート調査など学校の取組により発見	179,905	56.7
学校の教職員以外からの情報により発見	95,057	30.0
本人からの訴え	51,167	16.1
当該児童生徒（本人）の保護者からの訴え	28,771	9.4
児童生徒（本人を除く）からの情報	9,109	2.9
保護者（本人の保護者を除く）からの情報	4,110	1.3
地域の住民からの情報	253	0.1
学校以外の関係機関からの情報	417	0.1
その他（匿名による投書など）	230	0.1
計	317,121	100.0

の取組みが，被害児童の積極的な被害の訴えへとつながっている可能性が示唆されたものの，先に示したアンケート調査による報告の割合と比べると明らかに少ないことから，いじめられた児童がより相談しやすい環境の整備が今後の課題といえそうです。

13.3 「いじめ」の予防と対応

13.3.1 いじめの予防と対応のために学校がとるべき施策

　社会全体でいじめ問題に向き合い，対処していくための基本的な理念や体制を定めた法律として「いじめ防止対策推進法」が平成25年6月に成立，同年9月に施行されました（文部科学省，2013）。同法では，学校や地域がいじめ防止等のための対策に関する基本的な方針を定め（第12，13条），学校がいじめの早期発見のための相談・通報の窓口となり，いじめ問題への対応が「計画的」「組織的」に実行されること（第15，16，22条）等が定められています。またいじめにより「児童等の生命，心身，又は財産に重大な被害が生じた疑いがあると認めるとき」（第28条第1号）や「児童等が相当の期間学校を欠席することを余儀なくされている疑いがあると認めるとき」（第28条第2号）などの「重大事態」においては，調査組織を設置し，その事実関係を調査することなどが定められています。同法の概要を図13.5に示しました。

　本法及び本法によって定められたいじめ防止等のための基本的な方針において，いじめ防止のための最も重要な施策として，いじめを早期の段階で積極的に認知することが挙げられています。またそのための取組みとして，いじめはどの子どもにも起こりうるという前提の下，すべての児童生徒を対象に，子どもたちがいじめ問題について考え，議論することなどのいじめ防止に資する活動に主体的に取り組む環境づくりが重要であることが示されています。先述したように，いじめは大人の目につきにくい時間や場所で行われることや，遊びやふざけ合いなどを装って行われるなど，大人が気づきにくく判断しにくい形で行われることが多いことを認識し，ささいな兆候であっても決して見逃したり，軽視したりすることなく，「いじめ」かもしれないとの疑いをもって，早

いじめ防止対策推進法（概要）

第一章　総則

1　「いじめ」を「児童生徒に対して、当該児童生徒が在籍する学校（※）に在籍している等当該児童生徒と一定の人的関係にある他の児童生徒が行う心理的又は物理的な影響を与える行為（インターネットを通じて行われるものを含む。）であって、当該行為の対象となった児童生徒が心身の苦痛を感じているもの」と定義すること。

　　　　　　　　　　　　　※小学校、中学校、高等学校、中等教育学校及び特別支援学校（幼稚部を除く。）

2　いじめの防止等のための対策の基本理念、いじめの禁止、関係者の責務等を定めること。

第二章　いじめの防止基本方針等

1　国、地方公共団体及び学校の各主体は、「いじめの防止等のための対策に関する基本的な方針」の策定（※）を定めること。　　　　※国及び学校は策定の義務、地方公共団体は策定の努力義務

2　地方公共団体は、関係機関等の連携を図るため、学校、教育委員会、児童相談所、法務局、警察その他の関係者により構成されるいじめ問題対策連絡協議会を置くことができること。

第三章　基本的施策　／　第四章　いじめの防止等に関する措置

1　学校の設置者及び学校が講ずべき基本的施策として、①道徳教育等の充実、②早期発見のための措置、③相談体制の整備、④インターネットを通じて行われるいじめに対する対策の推進を定めるとともに、国及び地方公共団体が講ずべき基本的施策として、⑤いじめの防止等の対策に従事する人材の確保等、⑥調査研究の推進、⑦啓発活動等について定めること。

2　学校は、いじめの防止等に関する措置を実効的に行うため、複数の教職員、心理・福祉等の専門家その他の関係者により構成される組織を置くこと。

3　個別のいじめに対して学校が講ずべき措置として、①いじめの事実確認と設置者への結果報告、②いじめを受けた児童生徒又はその保護者に対する支援、③いじめを行った児童生徒に対する指導又はその保護者に対する助言について定めるとともに、いじめが犯罪行為として取り扱われるべきものであると認めるときの警察との連携について定めること。

4　懲戒、出席停止制度の適切な運用等その他いじめの防止等に関する措置を定めること。

第五章　重大事態への対処

1　学校の設置者又は学校は、重大事態（※）に対処し、同種の事態の発生の防止に資するため、速やかに、適切な方法により事実関係を明確にするための調査を行うものとすること。

　（※）｛一　いじめにより児童等の生命、心身又は財産に重大な被害が生じた疑いがあると認めるとき
　　　　　二　いじめにより児童等が相当の期間学校を欠席することを余儀なくされている疑いがあると認めるとき

2　学校の設置者又は学校は、1の調査を行ったときは、いじめを受けた児童生徒及びその保護者に対し、必要な情報を適切に提供するものとすること。

3　学校は、重大事態が発生した旨を地方公共団体の長等（※）に報告、地方公共団体の長等は、必要と認めるときは、1の調査の再調査を行うことができ、また、その結果を踏まえて必要な措置を講ずるものとすること。

　　　　　※公立学校は地方公共団体の長、国立学校は文部科学大臣、私立学校は所轄庁である都道府県知事

第六章　雑則

　学校評価における留意事項及び高等専門学校における措置に関する規定を設けること。

（平成２５年９月２８日から施行）

図 13.5　いじめ防止対策推進法（概要）（文部科学省，2013）

い段階から介入し，いじめの積極的な認知につなげることが重要なのです（文部科学省，2017）。

　一方で，いじめの積極的認知は，あくまでもいじめ対応の入り口に過ぎません。せっかくいじめを「芽」の段階で把握できてもその後の対応が疎かになっては意味がありません。この点について，いじめ防止対策推進法及びいじめ防止等のための基本的な方針においては，いじめを発見したかあるいは相談を受けた教員は，決して一人で抱え込まず，学校長をはじめ，校内のいじめ対策組織に速やかに報告するとともに，必要に応じて，スクールカウンセラーやスクールソーシャルワーカー，警察機関等，学内外の専門家や専門機関と積極的に連携を図りながら，「チーム学校」として被害児童への支援及び加害児童への指導を組織的かつ適切に行うことと定められています（文部科学省，2013，2017）。

13.3.2　児童生徒主導によるいじめ予防・対応実践——いじめゼロサミットの取組み

　いじめ問題の予防・対応の実践において，児童生徒がいじめ防止に資する活動に主体的に関わっていくという子ども主導による取組みが注目されています。2007 年に大阪府寝屋川市内の全公立中学校生徒会執行部員が，自分たちを取り巻く様々な問題について話し合おうという目的で集まった寝屋川市中学生サミットはその先駆けであり，現在では同様の取組みが西日本を中心に 20 カ所以上で行われています（宮川・竹内・青山・戸田，2013；渡辺，2009）。さらに，いじめ防止対策推進法が施行された平成 25 年度より，文部科学省による全国いじめ問題子どもサミットも開催されており，全国から集まった児童生徒たちが，各々の地域や学校での取組みを発表したり，共通のテーマで意見を交わしたりする機会となっています。これらの取組みの特徴は，ピア・サポートの考え方に基づいた「子ども中心」の活動であり，学校や教育委員会などの大人はあくまでも後援という形でその活動をサポートしている点です。

　ここでは著者が助言者の立場で参加した，香川県の「いじめゼロ子どもサミット」に向けた小・中学生の取組みについて紹介します。本サミットは，

コラム 13.1　いじめを学級単位の深刻度で見ることの重要性

　戸田・ストロマイヤ・スピール（2008）は、「いじめのプロセスモデル」において、いじめは、いじめる側の集団化といじめられる側の無力化のプロセスであると説明しています。特に、学級のようなメンバーが固定化された集団においては、集団が形成されたばかりの初期の段階では、個々のメンバー同士がお互いに探り合いの状態にあるため、ささいな行為（いわゆる「いじめの芽」）が被害者と加害者とが入れ替わりながらそこかしこで見られるといいます。ところが、時間の経過とともに、特定の子どもがいじめの標的として固定化されると同時に、観衆層や傍観者層の子どもたちが積極的あるいは暗黙的にいじめる側を支持するようになると、いじめる側は集団化して一層力を得る反面、標的とされた子どもは社会的な支援を失ってますます孤立を深めていくことになるわけです。この状態は、まさに「いじめの芽」が「いじめ」にまで深刻化した状態といえるでしょう。

　戸田らは、いじめる側といじめられる側の比率（Bully/Victim Ratio）を見ることで、特定の学級や学年におけるいじめの進行度や介入優先度が把握できると主張しています。例えば、いじめる側といじめられる側の比率が同程度（つまり BVR が 1.0 以下）の学級においては、いじめはまだ「芽」の段階である可能性が高いと考えられます。一方、BVR が 1.0 以上の学級では、いじめる側が集団化し、いじめられる側が孤立化した、いじめが進行した状態である可能性が疑われ、そうした学級には介入資源が優先的に投入されるべきと考えられるわけです。またこのとき、いじめられる側の児童の中でも特に、やり返したり、周囲に助けを求めたりできないでいる「純粋被害者」と呼ばれる児童がいた場合には、この児童は最も高リスクな状態にあると考えられ、即時の個別的対応が必要といえるでしょう。

2009 年に始まった取組みで，3 年ごとに開催されており，2018 年に第 4 回サミットが開催されました。第 4 回サミットでは，「『みんな』で感じ，考え，つながろう」をテーマに県教育委員会の呼びかけに応じて自主的に集まった小・中学生合わせて約 80 人の実行委員が，企画から運営までのすべてを担いました。実行委員会では，表 13.5 に示す通り，各回の活動目標を定め，目標に即した活動を行いました。各回の活動の流れは，表 13.6 に示す通り，活動の中心は 12 〜 24 名から成るチームによる話し合いと，その後の全体会による各チームの報告とまとめでした。中学生がリーダーシップをとりながら，小学生も自由に意見を表明できる雰囲気の中で，積極的な意見交流が目指されました。

第 1 回委員会では，サミットの目的と内容，そしてサミットに向けての実行委員が担う 4 つのチームの役割について確認した上で各自のチームを決定しました。チーム決定後はチーム内で与えられた役割を班ごとに協議しました。第 2 回委員会では，サミット冒頭で参加者にいじめ問題への意識を高めてもらうための発表スライドの作成や，地域の人たちにいじめ防止を訴えかけるためののぼりやポスターの作成，サミット当日に参加児童生徒に話し合ってもらうテーマについての検討など，各チームがサミット当日の具体的な流れやイベントをイメージしながら，準備を進めました。そして第 3 回委員会では，当日に向けたチームごとの最終確認と，全体のリハーサルを行いました。サミット当日は児童生徒，保護者，教職員，さらにはボランティアで参加してくれた地元のプロスポーツ選手や，パレードや街頭インタビューに協力してくれた地域住民の方々を含め 600 名を超える参加者があり，子どもと大人がいじめを減らすために，共に感じ，考え，つながることができた一日となりました。

13.3.3 いじめ減少に向けた課題と展望

サミットの開催や実行委員としての活動が個々の児童にどのような効果をもたらしたのかは，客観的指標を用いた評価を行っていないためわかりません。しかしながら，本サミットに参加した児童生徒からは「いじめられている子や面白がっている子に話しかけ，いじめを止めようと思う」「いじめを先生や親に伝えにくいときは親しい近所の人を頼ってはなど，自分にはない視点の意見

表 13.5　いじめゼロ子どもサミット実行委員会の活動

実施回	活動内容
第1回	• サミットの目的と内容，実行委員の役割の確認 • 「開会式・閉会式運営」「パレード」「広報」「話し合い」の4チームの説明とチーム分け • チームごとに活動内容について協議
第2回	• 問題意識を高めるための上映スライドの作成，開・閉会式進行案の検討（開会式・閉会式運営チーム） • パレード用のぼりの作成，地域の人へのアピール項目の検討（パレードチーム） • 班協議に用いる問題提起のためのビデオ作成，啓発用のポスター及び缶バッジのデザイン考案（広報チーム） • 班協議及び全体協議（子ども会議）の議題及び進行案の検討，街頭アンケートの項目検討（話し合いチーム）
第3回	• チームごとに第2回までの検討事項の最終確認 • 本番当日の役割分担の確認及びリハーサル
サミット本番	• 開会式・閉会式の司会進行，アイスブレイキング，貴重提案（開会式・閉会式チーム） • パレード運営，地域の人々へのいじめ防止アピール（パレードチーム） • 受付運営，他チームのサポート（広報チーム） • 班別協議進行，該当アンケート運営，子ども会議パネラー（話し合いチーム）

表 13.6　実行委員会活動の流れ

活動項目	活動内容
アイスブレイク	自己紹介，チーム分け（第1回実行委員会）
振り返りと目標の設定	各チームからの活動報告，当日の活動内容及び目標の確認
チーム別活動	チームごとの話し合い，発表資料等作成
全体会	各チームからの活動報告，意見聴取，感想交流
次回の確認・閉会	次回委員会までの活動予定確認

が聞けた。ここで学んだことを学校内で広めたい」などいじめ防止に向けた前向きな感想が聞かれたことから一定の効果があったことが推測されました。

　子ども主導の取組みは，大人が主導する種々の活動に対して否定的な意識を持っている児童生徒であっても，自分と同じ仲間が主導しているということから前向きに参加しやすいという利点がありますが，その一方で，すべての児童生徒が協力的とは限りませんし，取組みに参加した児童と，参加していない児童との間でいじめ問題に対する意識に大きな差が生まれてしまうこともあります。特に各学校の代表が集まるサミットのような場では，意欲のある児童生徒同士の積極的な意見交流が見られても，各々が自分の学校に帰ったときにサミット同様の活発な協議ができるとは限りません。つまり，サミットで得た取組みの成果を各学校でどう波及させていくのかについては，まだまだ課題が残されています。例えば，サミットに参加した児童が，その成果を全校児童の前で発表する機会を設けたり，周囲の大人が子どもたちの間の意識の差に目を向け，意欲ある児童のやる気が削がれてしまわないように，意識の低い児童に対して積極的な働きかけを行い，校内でのいじめ防止活動への参加を促したりなど，子どもたちがサミットに参加することを通じて得た知見やアイデアを各学校で具現化し，またいじめ行動に対する否定的な意識を根づかせていく工夫や環境づくりが重要なのです。

　森田ら（1994）は，日本のいじめの特徴を「同一集団内の相互同一化過程における異質者に対する同調ないしは排除への圧力」であると説明しています。いじめる側の子どもたちは，特定の個人や集団に対して「異質者」のレッテルを貼るとともに，周囲の子どもたちを巻き込んで数的優位な状況を作り出した上で，自分たちを「多数派」と位置づけ，標的とした子どもたちを責め立てるわけです。しかしながら，本来，特定の集団において，何が「同質（多数派）」となり，何が「異質（少数派）」となるのかは，その集団の構成員の特徴や集団全体の雰囲気によって変わるものです。森田ら（1994）がいじめの四層構造論で示したように，周囲の子どもたちがいじめに対して反対の声を上げることができれば，いじめる側は少数派となり，その勢力を行使することは難しくなります。そのためには，子どもたち一人ひとりが，いじめに対して「No」と

言える風土，さらには，そうした子どもたちの声を大人がしっかりと受け止められる風土を学級や学校に作っていくことが不可欠です。先に紹介した子ども主導の取組みは，子どもと大人が協同でそうした風土を作り出せる最善の方法の一つです。こうした取組みが多くの学校で実践されることが望まれます。

参 考 図 書

森田 洋司・清永 賢二（1994）．新訂版　いじめ──教室の病い──　金子書房

森田 洋司（2010）．いじめとは何か──教室の問題，社会の問題──　中公新書

スミス，P. K. 森田 洋司・山下 一夫（総監修）葛西 真記子・金綱 知征（監訳）（2016）．学校におけるいじめ──国際的に見たその特徴と取組への戦略──　学事出版

復 習 問 題

1. いじめ防止対策推進法が定めるいじめの定義と，それ以前のいじめの定義の違いについて説明して下さい。

2. いじめの四層構造論では，深刻化する前にいじめを止めるためには誰がどのように行動することが大事だと述べられていますか。理由とともに説明して下さい。

3. いじめ防止の取組みにおいて，大人主導の取組みと比べたときの子ども主導の取組みのメリットについて説明して下さい。

第14章 不登校

　何らかの理由により学校に行けない子どもの問題は従来からありましたが，ここ数年は増加傾向にあります。小学校における不登校は，修学面のみならず，義務教育課程において求められている個性の伸長や社会性の形成など，児童の健やかな成長発達において少なくない影響を及ぼします。かつては学校復帰が唯一の目標とされていた不登校児童への対応も，現在では，不登校の背景には家庭そして学校に係る様々な要因があることから，不登校児童一人ひとりが抱える種々の状況を正確に把握し，個々の状況に即した真摯な支援と対応が不可欠であると考えられています。本章では，不登校の定義や類型，現状や背景要因について概観するとともに，不登校への適切な予防と対応について解説します。

14.1　不登校の定義と実態

14.1.1　不登校の理解の変遷

　文部科学省による「児童生徒の問題行動・不登校等の生徒指導上の諸問題に関する調査」（以下「文科省調査」）において「不登校」は、「年度間に連続又は断続して 30 日以上欠席」した学校長期欠席児童のうち、「何らかの心理的、情緒的、身体的、あるいは社会的要因・背景により、児童生徒が登校しないあるいはしたくともできない状況にあること（ただし、「病気」や「経済的理由」による者を除く。）」と定義されています（表 14.1）。

　日本社会において不登校が初めて問題視されるようになったのは、昭和 30（1950 〜 60）年代中頃であり、当時は「学校恐怖症」という用語が使われていました（文部科学省, 2010）。かつて病気などの正当な理由なく学校を長期欠席する行為は、「怠学」と呼ばれ問題行動としてとらえられていましたが、学校長期欠席者の中には従来の怠学児童とは異なる神経症的症状（学校に行きたい気持ちはあるが行動に移せない）を示す者がいるとの指摘から、アメリカの児童精神科医であるジョンソンら（Johnson, A. M., Falstein, E. L., Szurek, S. A., & Svendsen, M., 1941）が新たな情緒障害として「学校恐怖症」の名称を用いたのが始まりです（保坂, 2002）。その後、学校に行けない子どもたちを恐怖症という神経症の一種と見なすことに対して疑問を持った研究者ら（Klein, E., 1945; Warren, W., 1948 など）によって「学校ぎらい」や「登校拒否」などの用語が用いられるようになりました。その背景には、学校に行けないのは学校に対する恐怖心からではなく、親から離れることに対する不安（分離不安）からだとするジョンソン（1957）の見解があったことが指摘されています（保坂, 2002）。その後、学校に行きたい気持ちがあるにもかかわらず、いじめや発達障害、保護者による虐待など様々な理由によって学校に行けない子どもに対して一律に「拒否」という用語を用いることに対して異議が唱えられたことに加えて、1992 年に文部省（当時）から「登校拒否は、特定の状況下にある一部の子どもに起こるものではなく、どの子どもにも起こり得るもの」との見解が示されたことによって、学校に行かないあるいは行けない状態像を表すことば

表 14.1 **学校長期欠席者の類型**（文部科学省，2018）

長期欠席者：年度間に連続又は断続して 30 日以上欠席した者	
類型	**概要**
病気	本人の心身の故障等（けがを含む。）により，入院，通院，自宅療養等のため，長期欠席した者。
経済的理由	家計が苦しく教育費が出せない，児童生徒が働いて家計を助けなければならない等の理由で長期欠席した者。
不登校	何らかの心理的，情緒的，身体的，あるいは社会的要因・背景により，登校しないあるいはしたくともできない状況にある者（ただし「病気」や「経済的理由」は除く）。
その他	「病気」「経済的理由」「不登校」のいずれにも該当しない理由により長期欠席している者。 • 保護者の教育に関する考え方，無理解・無関心，家族の介護，家事手伝いなどの家庭の事情。 • 外国での長期滞在，国内・外への旅行。 • 連絡先が不明なままの長期欠席。

として「不登校」の用語が用いられるようになり，今日に至ります（文部科学省，2010；土方，2016）。

14.1.2 不登校の類型と態様

文科省調査においては，不登校を含む長期欠席者について表 14.1 に示した類型によって調査を実施しています。平成 29 年度の調査結果（表 14.2）を見ますと，長期欠席者のうち，不登校のカテゴリーに含まれる児童生徒は，小学校で全在籍児童の 0.5％，中学校で 3.2％です。この割合だけを聞くと，多くの人が不登校児童生徒は非常に少数であるという印象を持つかもしれませんが，実数で見れば，小学校で 3 万 5,000 人以上，中学校においては，11 万人に迫るほどの児童生徒が不登校の状態にあるという事実は，非常に深刻な状態であると言わざるを得ないことに気がつくのではないでしょうか。

図 14.1 に過去 5 年間の小・中学校における不登校児童生徒数の推移を，また図 14.2 に平成 29 年度の学年別の実態を示しました。初めに過去 5 年間の不登校児童生徒数の推移を見ると，小学校，中学校ともに平成 25 年度から年々増加していることがわかります。またいずれの年度においても小学校における不登校児童数は，おおよそ 200 ～ 300 人に 1 人の割合となっており，30 ～ 40 人に 1 人の割合で推移している中学校に比べると相対的に非常に少ないことがわかります。しかしながら，平成 25 年度の数値と 29 年度の数値を比較すると，小学校では約 1.4 倍の増加率を示しており，約 1.1 倍の増加率を示す中学校と比べると小学校における増加の割合は顕著であり，注意が必要であることがわかります。

次に，学年別の不登校児童生徒数を見ると，小学 1 年生から 6 年生まで段階的に増加していることがわかります。また中学校入学時には小学 6 年生時の 2.5 倍と急激に増加していることから，小学校におけるスムーズな学年進行に加えて，中学校へのスムーズな進学が課題の一つであるといえそうです。従来こうした小 6 から中 1 にかけていじめや不登校数が急増する現象を小中学校間の接続の問題として「中 1 ギャップ」ということばが使われていました。またこの中 1 ギャップの背景要因として，小学校と中学校の学校制度の違い等

表 14.2 **長期欠席者に関する平成 29 年度実態** （文部科学省，2018）

区分 ＼ 理由	病気	経済的理由	不登校	その他	計
小学校	21,480 （0.3%）	9 （0.0%）	35,032 （0.5%）	15,997 （0.2%）	72,518 （1.1%）
中学校	23,882 （0.7%）	18 （0.0%）	108,999 （3.2%）	11,623 （0.3%）	144,522 （4.3%）
計	45,362 （0.5%）	27 （0.0%）	144,031 （1.5%）	27,620 （0.3%）	217,040 （2.2%）

［実数（在籍児童生徒数に対する割合）］

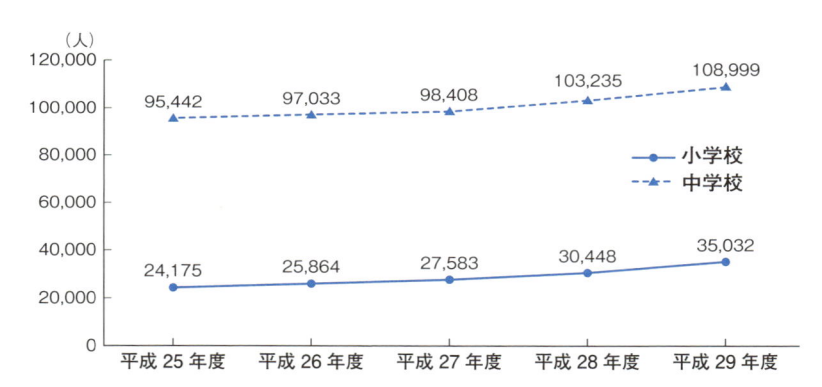

図 14.1 **過去 5 年間の小・中学校における不登校児童生徒数** （文部科学省，2018）

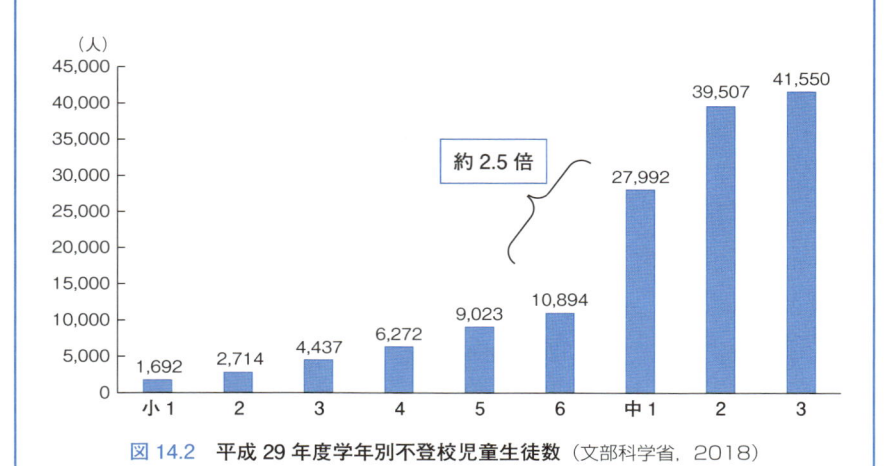

図 14.2 **平成 29 年度学年別不登校児童生徒数** （文部科学省，2018）

種々の外的要因が取り沙汰されてきました。ところが，国立教育政策研究所（2015）は，不登校が中学 1 年で急増するという見解は必ずしも正しくないことを指摘しています。彼らは文科省調査の結果を再分析し，小学校時に欠席や遅刻早退等の目立たなかった児童が，中 1 になっていきなり「不登校になる」割合は，せいぜい 20 〜 25％にとどまること，また逆に中 1 時点での不登校生徒の半数以上が実は小学 4 年〜 6 年時のいずれかにおいて 30 日以上の欠席相当の経験を持っていることを明らかにしました。この結果より，従来の「ギャップ」という表現は，いかにも小学校から中学校に至る過程のどこかに大きな「壁」や「ハードル」が存在していて，それが問題を引き起こす要因であるかのようなイメージを抱かせているものの，実際には，仮に問題が顕在化するのが中学校入学以降だったとしても，その「芽」は小学校段階ですでに始まっている場合も少なくないとして，小学校からの連続性に目を向けることの重要性が指摘されています。

14.2　不登校の要因

　文部科学省は平成 27 年度調査より不登校に係る項目について一部見直しを行いました。その中で不登校の要因についても，それまで「不登校となったきっかけと考えられる状況」と「不登校が継続している理由」として別項目で調査していたものを，不登校の主たる要因として「本人に係る要因（分類）」の 5 項目から 1 つを選択し，その主たる要因の理由として考えられるものを，複数選択式で学校・家庭に係る要因（区分）の中から該当する項目すべてを選択する方式に見直しています（表 14.3）。

　不登校の要因について，平成 29 年度調査における小学校の結果を表 14.4 に示しました。要因別の実態を見ると，本人に係る要因として「不安の傾向がある」が 37％と最も多く，次いで「無気力の傾向がある」（28％），「学校における人間関係に課題を抱えている」（13％）が続いています。さらにこれらの要因の理由について学校や家庭に係る要因を見てみると，「不安の傾向がある」者では，「家庭に係る状況」が 46％と最も多く，次いで「いじめを除く友人関

表 14.3 **不登校の要因** (文部科学省, 2018)

本人に係る要因（分類）		「学校における人間関係」に課題を抱えている 「あそび・非行」の傾向がある 「無気力」の傾向がある 「不安」の傾向がある 「その他」
学校・家庭に 係る要因 （区分）	学校に係る状況	いじめ いじめを除く友人関係をめぐる問題 教職員との関係をめぐる問題 学業の不振 進路に係る不安 クラブ活動・部活動への不適応 学校の決まり等をめぐる問題 入学・転編入学・進級時の不適応
	家庭に係る状況	家庭の生活環境の急激な変化 親子関係をめぐる問題 家庭内の不和

表 14.4 **不登校の要因別実態** (文部科学省, 2018)

【国公私立】小学校

学校，家庭に係る要因（区分）／本人に係る要因（分類）	分類別児童数	学校に係る状況								家庭に係る状況	左記に該当なし
		いじめ	いじめを除く友人関係をめぐる問題	教職員との関係をめぐる問題	学業の不振	進路に係る不安	クラブ活動・部活動等への不適応	学校のきまり等をめぐる問題	入学、転編入学進級時の不適応		
「学校における人間関係」に課題を抱えている。	4,420	186	2,804	703	351	37	22	93	177	1,121	157
	—	4.2%	63.4%	15.9%	7.9%	0.8%	0.5%	2.1%	4.0%	25.4%	3.6%
	12.6%	72.7%	42.4%	50.0%	7.1%	10.6%	25.3%	13.0%	13.0%	5.9%	2.7%
「あそび・非行」の傾向がある。	282	1	21	8	71	0	0	20	5	195	22
	—	0.4%	7.4%	2.8%	25.2%	0.0%	0.0%	7.1%	1.8%	69.1%	7.8%
	0.8%	0.4%	0.3%	0.6%	1.4%	0.0%	0.0%	2.8%	0.4%	1.0%	0.4%
「無気力」の傾向がある。	9,701	9	655	116	1,950	70	12	184	213	6,561	1,396
	—	0.1%	6.8%	1.2%	20.1%	0.7%	0.1%	1.9%	2.2%	67.6%	14.4%
	27.7%	3.5%	9.9%	8.3%	39.7%	20.0%	13.8%	25.6%	15.7%	34.6%	24.0%
「不安」の傾向がある。	12,888	52	2,794	472	2,064	209	47	327	768	5,938	2,490
	—	0.4%	21.7%	3.7%	16.0%	1.6%	0.4%	2.5%	6.0%	46.1%	19.3%
	36.8%	20.3%	42.2%	33.6%	42.0%	59.7%	54.0%	45.5%	56.5%	31.3%	42.8%
「その他」	7,741	8	347	107	482	34	6	94	197	5,127	1,759
	—	0.1%	4.5%	1.4%	6.2%	0.4%	0.1%	1.2%	2.5%	66.2%	22.7%
	22.1%	3.1%	5.2%	7.6%	9.8%	9.7%	6.9%	13.1%	14.5%	27.1%	30.2%
計	35,032	256	6,621	1,406	4,918	350	87	718	1,360	188,942	5,824
	100.0%	0.7%	18.9%	4.0%	14.0%	1.0%	0.2%	2.0%	3.9%	54.1%	16.6%

係をめぐる問題」（22％），「学業の不振」（16％）が続いています。次に「無気
力の傾向がある」者について見ると，ここでも「家庭に係る状況」が 68％と
最も多く，次いで「学業の不振」（20％）となっています。さらに「あそび・
非行の傾向がある」者についても，「家庭に係る状況」が 69％，学業の不振が
25％と同様の傾向が見られました。最後に，「学校における人間関係に課題を
抱えている」者については，「いじめを除く友人関係をめぐる問題」が 63％と
最も多く，次いで「家庭に係る状況」（25％），「教職員との関係をめぐる問題」
（16％）が続いています。

　これらの結果から，児童が抱えている不安や無気力の背景にあるものの多く
は，家庭内の不和や親子関係の問題，あるいは家庭における生活環境の急激な
変化などの家庭に係る状況であることがわかります。そうした家庭における
種々の問題は，児童を精神的に追い詰め，直面する過酷な現実から逃避するべ
く，「あそびや非行」へと向かわせてしまう一因になってしまっている可能性
も否定できません。このような状況に対して，学校と家庭とが連携しながら，
「こころの問題」として必要に応じて専門的な支援も受けながら，児童を支え
ていくことが重要です。また「学校における人間関係に関する課題」の多くは，
「いじめを除く友人関係をめぐる問題」であると示されたことから，「こころの
問題」への対応に加えて，学校での円滑な人間関係づくりにも積極的な取組み
が必要といえるでしょう。

14.3　不登校への対応と予防

14.3.1　不登校児童への支援・指導の実態

　平成 29 年度文科省調査から不登校児童への指導等の実態について表 14.5 及
び表 14.6 にまとめました。この結果から，学校内外の専門施設や機関等で相
談・指導等を受けた児童は，3 万 471 人で全不登校児童 3 万 5,032 人のうちの
87％でした。そのうち，学校外の施設や機関等で相談・指導等を受けた児童は
1 万 1,952 人（39.2％），また養護教諭やスクールカウンセラーなど学校内の専
門職員による相談・指導等を受けた児童は 1 万 8,519 人（60.8％）でした。

表 14.5 学校内外の専門機関等での相談・指導等を受けた不登校児童
（文部科学省，2018）

	実数（人）	学校内外で専門的な指導を受けた 不登校児童に占める割合
学校外の機関等での相談・指導を受けた	11,952	39.2%
学校内の専門職員等に相談・指導を受けた	18,519	60.8%
計	30,471	

表 14.6 不登校児童への指導等の結果 （文部科学省，2018）

	実数（人）	全不登校児童に占める割合
指導の結果登校する／できるようになった	8,746	25.0%
継続指導中	26,286	75.0%
継続指導中のうち継続した登校には至らないものの好ましい変化が見られた	7,638	29.1%
全不登校児童	35,032	

　さらに，相談・指導等を受けた結果，登校するまたはできるようになった児童は 8,746 人で，全不登校児童の 25.0％でした。また残りの 75％（2 万 6,286 人）の児童は指導中であり，そのうちの 29.1％（7,638 人）は継続した登校には至らないものの，好ましい変化が見られるようになったことが報告されています。

　全不登校児童のうちの約 9 割が学校内外で何かしらの相談あるいは指導を受けており，そのうちの約 3 割は再度登校できるようになり，また継続指導中の 7 割の児童の中の 3 割も肯定的な変化が見られているという結果は，一見すると非常に肯定的な結果のようにも思えます。しかしながら，この結果は見方を変えれば，全不登校児童の半数以上が登校できるようにはなっておらず，また何かしらの好ましい変化も見られていないことを示しているとの解釈も可能であり，今後のより一層の対応の充実が望まれます。

14.3.2　不登校児童への支援に係る最近の経緯

　文部科学省は，近年の不登校児童生徒数の高水準での推移を受けて，平成 27 年に「不登校に関する調査研究協力者会議」（以下「協力者会議」）を発足させ，不登校児童生徒の実態把握や学校内外における支援体制の実態及び課題について検討しました。この会議の成果は，翌平成 28 年に「不登校児童生徒への支援に関する最終報告——一人一人の多様な課題に対応した切れ目のない組織的な支援の推進——」（文部科学省，2016a）（以下「協力者会議報告」）としてまとめられています。

　また同年，本協力者会議と並行して，「フリースクール等に関する検討会議」（以下「検討会議」）も設置され，不登校に関する施策の中でも特に，長期にわたり不登校となっている義務教育段階の児童生徒への学校以外の場での学習等に対する支援に焦点を当てた検討が行われ，平成 29 年に報告書がまとめられています（文部科学省，2017a）。

　本検討会議と関連して，平成 28 年 12 月には，不登校児童生徒に対する教育機会の確保，夜間等において授業を行う学校における就学機会の提供，その他の義務教育の段階における普通教育に相当する教育の機会の確保等を総合的に

表 14.7　**教育機会の確保等に関する施策の基本理念**（文部科学省，2016b より一部抜粋）

1. 全ての児童生徒が豊かな学校生活を送り，安心して教育を受けられるよう，学校における環境の確保が図られるようにすること。
2. 不登校児童生徒が行う多様な学習活動の実情を踏まえ，個々の不登校児童生徒の状況に応じた必要な支援が行われるようにすること。
3. 不登校児童生徒が安心して教育を十分に受けられるよう，学校における環境の整備が図られるようにすること。
4. 義務教育の段階における普通教育に相当する教育を十分に受けていない者の意思を十分に尊重しつつ，その年齢又は国籍その他の置かれている事情にかかわりなく，その能力に応じた教育を受ける機会が確保されるようにするとともに，その者が，その教育を通じて，社会において自立的に生きる基礎を培い，豊かな人生を送ることができるよう，その教育水準の維持向上が図られるようにすること。
5. 国，地方公共団体，教育機会の確保等に関する活動を行う民間の団体その他の関係者の相互の密接な連携の下に行われるようにすること。

推進する目的で「義務教育の段階における普通教育に相当する教育の機会の確保等に関する法律」（平成 28 年法律第 105 号）（以下「**教育機会確保法**」）が成立しました（文部科学省，2016b）。さらに翌平成 29 年には，本法第 7 条第 1 項の規定に基づき，「教育機会の確保等に関する施策を総合的に推進するための基本指針」が定められています（文部科学省，2017b）。**表 14.7** に，本法第 3 条に定められた基本理念を示しました。この基本理念では，初めにすべての児童生徒が安心して教育を受けられるための学校環境の確保の必要性が示されるとともに，不登校児童生徒については，個々の状況に応じて，学校内外において必要な支援が受けられるための関係機関の相互連携による環境整備の必要性が示されています。

14.3.3　不登校児童への支援のあり方について

　先に紹介した「不登校に関する調査研究協力者会議」による最終報告では，初めに，①不登校は「どの児童生徒にも起こり得ること」として認識し，不登校状態の継続による当該児童生徒への影響と支援を行うことの重要性を理解すること，②不登校の背景要因は多種多様であることから，学校内外において**支援体制のネットワーク**を構築し連携協力を図ることの重要性を理解すること，そして，③不登校を「問題行動」と判断せずに，当該児童生徒に寄り添い共感的な理解と受容の姿勢をもって，当該児童生徒の社会的自立に向けた支援を行うことの重要性を理解すること，の 3 点が不登校児童生徒を支援する上での基本的な姿勢として述べられています（**表 14.8**）。

　その上で，本報告書では，**表 14.9** に示した今日の不登校児童生徒への支援はどうあるべきかについての基本的な考え方として 4 つのポイントが示されています。1 つ目のポイントは「支援の視点」についてです。かつて不登校は生徒指導上の「問題行動」としてとらえられていて，その指導目標は「学校への復帰」でしたが，先述した「支援する上での基本的な姿勢」にも示されたように，今日の不登校児童生徒への支援においては，「学校に登校する／できるようになる」ことを唯一絶対の目標にするのではなく，当該児童生徒が自らの進路を主体的にとらえて，社会的に自立することを目指すことが重要です。

表 14.8　不登校児童生徒を支援する上での基本的な姿勢
（文部科学省，2016aより一部抜粋）

1.　不登校への正しい認識と支援の重要性の理解	不登校については，取り巻く環境によっては，どの児童生徒にも起こり得ることとして捉える必要がある。また，不登校という状況が継続し，結果として十分な支援が受けられない状況が継続することは，自己肯定感の低下を招くなど，本人の進路や社会的支援のために望ましいことではないことから，支援を行う重要性について十分に認識する必要がある。
2.　学校内外における支援体制のネットワーク構築の重要性の理解	不登校については，その要因や背景が多様・複雑であることから，教育の観点のみで捉えて対応することが困難な場合があるが，一方で，児童生徒に対して教育が果たす役割が大きいことから，学校や教育関係者が一層充実した指導や家庭への働きかけ等を行うとともに，学校への支援体制や関係機関との連携協力等のネットワークによる支援等を図ることが必要である。
3.　不登校児童生徒への共感的理解と受容の姿勢をもって社会的自立に向けた支援を行うことの重要性の理解	不登校とは，多様な要因・背景により，結果として不登校状態になっているということであり，その行為を「問題行動」と判断してはならない。不登校児童生徒が悪いという根強い偏見を払拭し，学校・家庭・社会が不登校児童生徒に寄り添い共感的理解と受容の姿勢を持つことが，児童生徒の自己肯定感を高めるためにも重要であり，周囲の大人との信頼関係を構築していく過程が社会性や人間性の伸長につながり，結果として児童生徒の社会的自立につながることが期待される。

　2つ目のポイントは，学校教育の意義と役割です。特に義務教育段階の学校
は，個々の児童生徒の自己実現を目指した**個性の伸長**と，社会の担い手の育成
を目指した社会的な資質，能力，態度の育成という2つの重要な役割を担って
います。児童生徒がこれらを学校教育の中で身につけていくことは非常に重要
ですが，不登校児童生徒への支援においては，必ずしも学校復帰を唯一の選択
肢とせず，学校内外の関係者が共に連携協力しつつ，個々の児童生徒の状況に
応じた進路の選択肢を広げる支援が求められています。

　3つ目のポイントは，不登校児童生徒が主体的に社会的自立や学校復帰を目
指すための環境づくりを支援することの重要性です。先に紹介した「**教育機会
確保法**」第3条に「不登校児童生徒が安心して教育を十分に受けられるよう，
学校における環境の整備が図られるようにすること」と定められているように，
まずは学校が長期に不登校になっている児童に寄り添いつつ，当該児童が学校
に復帰できるよう学校環境を整えたり，教員が児童と関わりを持ち続けること
が何よりも重要です。しかしながら，長期不登校児童が学校で学習活動や体験
活動，友人と触れ合う機会などを十分に得られない場合には，学校以外におい
て様々な活動を行うことができる場所や機会を確保するなど，学校以外の場で
の学習等に対する支援を行い，その社会的自立や社会参加を目指すという学校
復帰の代替案についても支援のあり方の一つとして検討されなければなりませ
ん。

　最後の4つ目のポイントは家庭への支援です。先に紹介した文科省調査にお
いて，児童の不登校の主要な要因の一つに家庭内の不和や親子関係の問題，あ
るいは家庭における生活環境の急激な変化など家庭に係る状況があることが示
されており，不登校児童生徒への支援において家庭への直接的な働きかけが最
も効果があることが指摘されています（文部科学省，2016a）。このことを踏ま
え，個々の児童の状況に応じた適切な働きかけをするためには，保護者と学校，
さらには関係機関とが課題意識を共有し，当該児童の社会的自立に向けて一緒
に取り組んでいけるよう相互に信頼関係を構築することが不可欠です。しかし
ながら，保護者による当該児童への虐待や児童の非行への対応の困難さ，保護
者の夫婦関係や就労状況等による当該児童への関わりの問題など，様々な理由

表 14.9 **不登校児童生徒への支援に対する基本的な考え方**（文部科学省，2016a）

1. 支援の視点	不登校児童生徒への支援は，「学校に登校する」という結果のみを目標にするのではなく，児童生徒が自らの進路を主体的に捉えて，社会的に自立することを目指す必要があること。また，児童生徒によっては，不登校の時期が休養や自分を見つめ直す等の積極的な意味を持つことがある一方で，学業の遅れや進路選択上の不利益や社会的自立へのリスクが存在することに留意すること。
2. 学校教育の意義・役割	義務教育段階の学校は，各個人の有する能力を伸ばしつつ，社会において自立的に生きる基礎を養うとともに，国家・社会の形成者として必要とされる基本的な資質を養うことを目的としており，その役割は極めて大きいことから，学校教育の一層の充実を図るための取組が重要。不登校児童生徒への支援については，不登校となった要因を的確に把握し，学校・家庭・関係機関が情報を共有し，組織的・計画的に，個々の児童生徒に応じたきめ細やかな支援策を講ずるとともに，社会的自立に向けて進路の選択肢を広げる支援をすることが重要。
3. 不登校の理由に応じた働き掛けや関わりの重要性	不登校児童生徒が主体的に社会的自立や学校復帰に向かうよう，不登校のきっかけや継続理由に応じて，その環境づくりのための適切な支援をすることが必要。
4. 家庭への支援	不登校児童生徒の保護者の個々の状況に応じた働き掛けが重要。不登校の要因・背景によっては，福祉や医療機関と連携し，家庭の状況を正確に把握した上で適切な支援策を検討する必要があるため，家庭と学校，関係機関等との連携を図り，保護者と課題意識を共有し一緒に取り組むという信頼関係を築くことが重要。また，訪問型支援による保護者への助言等，保護者が気軽に相談できる体制を整えることが重要。

により保護者自身が支援を必要としている場合も少なくありません。このような状況にある場合には，医療や福祉機関，子育て支援に係る行政機関等との連携の下，保護者が自らの抱える問題について相談できる環境の整備も併せて検討される必要があります。

14.3.4　不登校が生じないような学校づくりを目指して

　従来の学校における不登校への取組みの多くは，児童が不登校になってからの事後的な対応が中心でしたが，近年は児童が不登校にならないような魅力ある学校づくりを目指すなど予防的な取組みの重要性が指摘されています。文部科学省による「協力者会議報告」における「不登校が生じないような学校づくり」について表 14.10 にまとめました。本報告では，特に重要な観点として，①魅力あるより良い学校づくり，②いじめ，暴力行為等問題行動を許さない学校づくり，③児童生徒の学習状況に応じた指導・配慮の実施，④保護者・地域住民等の連携・協働体制の構築，⑤将来の社会的自立に向けた生活習慣づくりの 5 点が挙げられています。

　すべての児童にとって，学校が安心感・充実感が得られる活動の場となるために，個々の児童の特性を理解し，生活面においては，すべての児童が将来の社会的自立に向けて，主体的に生活をコントロールする力を身につけることができるよう家庭，地域，学校が適切な連携を図り，また学習面においては，すべての児童が学ぶ意欲を高め，適切な学習習慣を身につけられるよう児童生徒の実態に応じた指導方法や指導体制の工夫改善を図ることが重要です。またいじめや暴力行為等，不登校のきっかけとなるような問題行動に対しては，必要に応じてスクールカウンセラーやスクールソーシャルワーカーなど学内の専門職員や，警察等の学外の専門機関とも協働・連携を図りながら，組織的に対応していくことが求められます。

表 14.10　不登校が生じないような学校づくりに関する主な施策 (文部科学省，2016a)

魅力あるよりよい学校づくり	「自己が大事にされている」，「自分の存在を認識されていると感じることができ，精神的な充実感を得られる心の居場所となっている」，「教師や友人との心の結び付きや信頼感の中で共同の活動を通して社会性を身に付けるきずなづくりの場となっている」，「学校が児童生徒にとって大切な意味のある場となっている」など魅力ある学校づくりを目指す。全ての児童生徒にとって，学校が安心感・充実感が得られる活動の場であることが重要。
いじめ，暴力行為等問題行動を許さない学校づくり	いじめられた児童生徒を徹底して守り通すとともに，いじめる側に対しては，教育的配慮の下，必要に応じて警察等の外部関係機関との連携や出席停止の措置を適切に講じるなど，き然とした態度で指導し，学校が全ての児童生徒にとって楽しく，安心して通うことのできる居場所とすることが重要。なお教職員による児童生徒への体罰や暴言等，不適切な言動や指導は許されない。性同一性障害や性的指向・性自認などに係る児童生徒への対応も重要であり，教職員が心ない言動を慎むことはもちろん，このような児童生徒の悩みや不安を受け止めることが重要。
児童生徒の学習状況に応じた指導・配慮の実施	学業の不振が不登校のきっかけの一つとなっていることを踏まえて，学習習慣，学習方法，学ぶ意欲の形成に課題がある場合，基礎的な内容の理解に課題がある場合，生活リズムの乱れや，教師との関係に課題がある場合など，児童生徒の実態に応じ，個別指導やグループ別指導，繰り返し指導，学習内容の習熟の程度に応じた指導，児童生徒の興味・関心等に応じた課題学習，補充的な学習や発展的な学習などの学習活動を取り入れた指導，教師間の協力的な指導など指導方法や指導体制を工夫改善し，個に応じた指導の充実を図ることが望まれる。
保護者・地域住民等の連携・協働体制の構築	学校を児童生徒が安心できる心の居場所やきずなづくりの場とするため，例えば，生徒指導担当教員と地域連携担当教職員が協働してコミュニティ・スクール（学校運営協議会制度）や地域学校協働本部等を活用し，開かれた学校づくりを推進していくことで，学校と保護者や地域住民等との連携・協働体制を構築することが重要。
将来の社会的自立に向けた生活習慣づくり	不登校のきっかけや継続理由に生活習慣に起因すると見られるものがあることを踏まえ，家庭における生活習慣の乱れを個々の家庭や児童生徒のものとして見過ごすことなく，社会全体の問題として，学校・家庭・地域が連携して取り組んでいくことが必要。児童生徒が将来の社会的自立に向けて，主体的に生活をコントロールする力を身に付けることができるよう，保護者に対する啓発と併せて，学校や地域における取組を推進することが重要。

参 考 図 書

文部科学省／不登校に関する調査研究協力者会議（2016）．不登校児童生徒への支援
　　に関する最終報告──一人一人の多様な課題に対応した切れ目のない組織的な支
　　援の推進──　文部科学省　Retrieved from http://www.mext.go.jp/component/
　　b_menu/shingi/toushin/__icsFiles/afieldfile/2016/08/01/1374856_2.pdf

復 習 問 題

1. 不登校とはどのような状態の児童のことを指すのか説明して下さい。
2. 文部科学省の調査で示された不登校の主な要因について説明して下さい。
3. 不登校支援の最終目標は学校復帰である。○か×か，理由とともに説明して下さい。

第15章 ネットいじめとインターネット問題

　近年，携帯電話やスマートフォンなどの携帯型通信機器は急速な発展と普及を遂げ，インターネットの世界はかつてないほどに身近なものとなりました。そこでは現実社会における年齢や社会的立場や肩書などによる制約も少なく，誰もが気軽に情報を発信・共有・交換し，自由なコミュニケーションを享受しているように見えます。ところが一方で，情報の適切な利用や内容の真偽等の判断が未熟な子どもたちは，今日大きな問題となっているネットいじめをはじめ，ネットやオンライン・ゲームへの過度な依存や課金，LINE や Twitter などのソーシャル・ネットワーキング・サービス上での炎上投稿や炎上加担，他者への誹謗・中傷や個人情報の暴露・拡散，売春やリベンジポルノなどの性犯罪や，ネット上のやりとりをきっかけとした暴力犯罪への巻き込まれなど，多くのリスクに予備知識も乏しく，無自覚なままさらされています。本章では，最近のネットいじめをはじめとした種々のインターネット上のトラブルの実態及び様相を概観し，子どもたちのインターネット上での不適切行動への関与に影響を及ぼすと考えられているインターネットの特性など，子どもたちを取り巻くインターネットメディアの実態と課題について解説します。

15.1 インターネットの利用とトラブルの実態

15.1.1 ネット利用の様態

内閣府が毎年行っている「青少年のインターネット利用環境実態調査」（以下「内閣府調査」）の結果より，平成26（2014）年度から最新の平成29（2017）年度までの小学生の**スマートフォン**（以下**スマホ**）及び従来型携帯電話の所持率の推移を**図15.1**に，また**インターネット**（以下**ネット**）利用率の推移を**図15.2**にまとめました。

スマホの所持率については，平成26年度時点で17.1％であったものが平成29年度には29.9％と2倍近くに増加しています。一方で，従来型の携帯電話の所持率は10.8％から5.3％と半減しており，児童の間でも急速な"スマホ化"が進んでいることがわかります。またネットの利用率についても，スマホによる利用が平成26年度の9.1％から平成29年度は17.4％と2倍近くにまで増加しています。さらに携帯電話やスマホを持っていない児童についても安心はできません。本調査によると，児童の28％が携帯ゲーム機やタブレット端末からネットを利用しており，携帯電話やスマホ以外の機器を含めたすべての通信機器による児童のネット利用の割合は実に65％を超えることが示されています。

次に，児童のネット上での活動について，先の内閣府調査から平成29年度の結果を**図15.3**にまとめました。これを見ると，ゲームの利用が77％と最多で，動画視聴（60％），メールやLINE等の無料通信アプリを用いたメッセンジャーサービス，FacebookやTwitterなどの**ソーシャル・ネットワーキング・サービス**（以下**SNS**）等を用いたコミュニケーション（47％）が後に続いています。さらに情報検索や音楽視聴も30％以上の児童が利用していました。性別による違いを見ると，男子ではゲームの値が，女子ではコミュニケーションの値がそれぞれ異性よりも高い傾向を示しています。これらの結果から，今日の児童が他者とのコミュニケーションにおいても，また個人的な余暇活動においても，その多くをネットを介して行っており，いまやスマホやネットが生活の一部になりつつある現状がうかがえます。

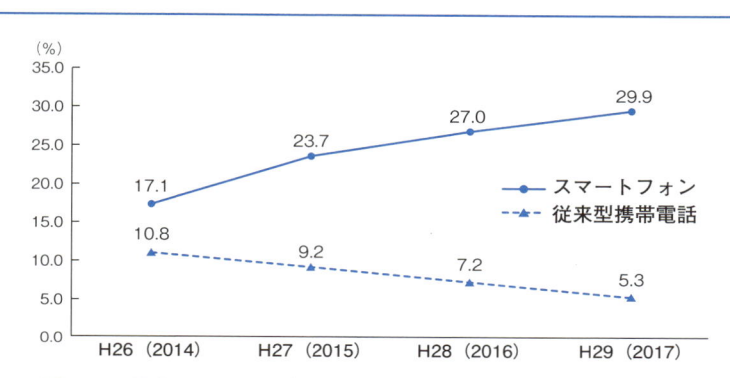

図 15.1　児童のスマホ及び従来型携帯電話の所持率（内閣府，2018）

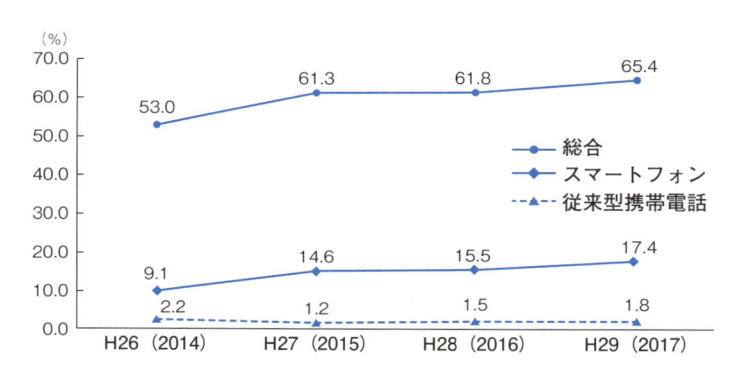

図 15.2　児童のネット利用率（内閣府，2018）

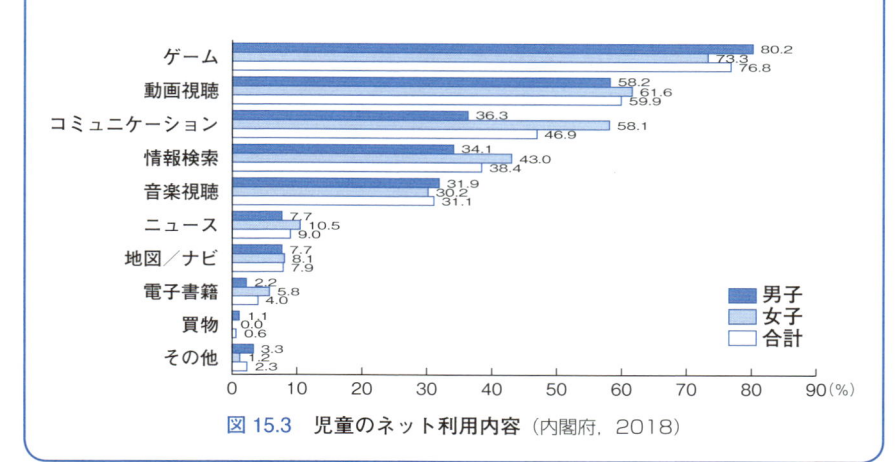

図 15.3　児童のネット利用内容（内閣府，2018）

15.1.2　ネット上での経験

　今日，多くの児童がネット上で様々な活動を行っていることは前述の通りですが，ネット上での活動は時として否定的な経験をもたらすことも少なくありません。先の内閣府調査から児童がネット上で経験した否定的な出来事について**表 15.1** にまとめました。

　児童がネット上で経験した否定的な出来事で最も多かったのは，「ネットにのめり込み過ぎたことにより睡眠不足になったり，勉強などに集中できなかったりした」ことでした。次いで，「自分の知らない人やお店などからメッセージが来た」や「迷惑メッセージやメールが送られてきた」など，望んでいない相手からのメッセージやメールの受信が挙げられています。さらに割合は低いですが，「ゲームやアプリでお金を使い過ぎた」という依存傾向を示唆するものや，「悪口や嫌がらせのメッセージやメールを送られたり，書き込みをされた」という**ネットいじめ**を示唆する回答も挙げられています。また「親に話しにくいサイトを見たことがある」や「プライバシーを侵害したり差別的な内容が掲載されているサイトにアクセスすることがある」など，不適切なサイトへのアクセスも少数ながら見られることから，ネットの世界が年齢等に関係なく，たとえ小学生であってもそうした不適切なサイトに自由にアクセスできてしまう危険と隣り合わせの世界でもあることを再認識させられます。

　児童のスマホ所持率やネット利用率が年々増加傾向にある一方で，保護者や教員など周囲の大人たちが，児童のこうしたネット上での活動状況を細かに把握することは非常に困難であることから，児童がこれらのリスクに無自覚に接近してしまうことは少なくありません。そうした状況の中で，児童のリスク接近・リスク接触の危険性を少しでも軽減するためには，大人の側が児童の利用実態の把握に努めることも重要ですが，児童自身がネット上で遭遇するリスクについて正しい知識を学び，学校や家庭内においてネットやスマホの利用に係るルール作りをするなど，児童自らが自律的かつ適切に利用できるよう指導・支援していくことが重要です。

表 15.1　児童のネット上での種々の経験（%）（内閣府，2018）

	男子	女子	計
睡眠不足／集中力低下	6.7	3.4	5.1
未知の人／店からのメッセージ受信	2.9	2.8	2.9
迷惑メール／メッセージ受信	3.5	1.5	2.6
ネット上で知り合った知人とのやり取り	1.5	1.9	1.7
ゲーム・アプリ等の過度の課金	0.9	0.9	0.9
誹謗中傷メッセージ・書込み被害	0.9	0.6	0.8
掲示板等への個人情報書込み	0	1.5	0.8
親に話しにくいサイトの閲覧	0.6	0.3	0.5
差別的内容等のあるサイトの閲覧	0.6	0	0.3
ネットで知り合った同性との面会	0	0.3	0.2
ネット知人との対人トラブル	0.3	0	0.2
その他	2.3	1.2	1.8

15.1.3　ネットいじめの態様

　ネット利用の増加に伴って，児童は様々なリスクに直面することになりますが（表 15.2），中でも多くの児童にとって最も身近なリスクの一つが，ネットいじめです。ネットいじめは，第 13 章で示した「いじめ防止対策推進法」に規定されている通り，「一定の人的関係のある他者に対してインターネットを通じて否定的な影響を与える行為」といえるでしょう。日本においてネットいじめが最初に注目されたのは，「学校非公式サイト（通称，学校裏サイト）」と呼ばれるネット上の匿名掲示板における児童生徒間の誹謗・中傷等の書き込みでしたが（文部科学省，2008），今日のネットいじめは，いわゆる“ともだち”機能によってつながった利用者が，相互に情報を発信・閲覧する SNS サイトにその舞台を広げており，手口も従来の誹謗・中傷の書き込みに加えて，なりすまし行為，動画像や個人情報の無断掲載や拡散，ネット上での仲間外しなど多岐にわたります。こうした SNS サイト上でのいじめは，相互に既知の間柄で行われることが多いことから，従来の対面状況におけるいじめとの重複性や順次性にも注意を向ける必要があります。

　図 15.4 に文部科学省による「平成 29 年度児童生徒の問題行動・不登校等生徒指導上の諸問題に関する調査」（以下「文科省調査」）よりネットいじめの過去 5 年間の認知件数の推移を示しました。最新の平成 29 年度調査では，小学校におけるいじめ認知件数 31 万 7,121 件のうち，「パソコンや携帯電話等でひぼう・中傷や嫌なことをされる」といういわゆるネットいじめの割合は，3,455件で，全体の 1.1％でした。いじめ全体の認知件数に占めるネットいじめの割合（構成比）は平成 28 年度より下がっていますが，認知件数を見ると平成 25年度から 2 倍に増加していることから，安心できない状況なのは明白です。

　いじめ研究で著名なロンドン大学のピーター・スミス教授は，仮に SNS 上での悪質な書き込みなどの加害行為が一度きりであったとしても，ネットの特性上その書き込みは長期にわたって繰返し多くの人の目にさらされることとなり，結果的に被害は繰り返されるため，ネットいじめは単純に被害・加害の認知件数の多寡だけでその深刻さを測ることはできず，その被害の影響や深刻さを過小評価すべきではないと警告しています（Smith, P. K., 2012）。

表 15.2　**ネットトラブルの類型**（総務省，2017）

依存	・睡眠不足
	・起床困難
	・居眠り／集中力低下
	・高額課金
いじめ 加害・被害	・無料通信アプリによる誹謗中傷
	・無料通信アプリによる仲間外し
	・匿名掲示板・SNS における誹謗中傷
	・匿名掲示板・SNS における個人情報暴露
	・特定個人の動画像の無断掲載／拡散
	・なりすましによる誹謗中傷・不適切投稿
犯罪 加害・被害	・匿名掲示板・SNS における個人や団体への誹謗中傷
	・匿名掲示板・SNS における個人や団体の情報暴露
	・特定個人の動画像の無断掲載／拡散
	・著作権物の違法アップロード・ダウンロード
	・違法プログラム／アプリ等の掲載／拡散
	・自身のわいせつ画像等の送信
	・SNS 等への投稿による個人情報漏洩
	・ワンクリック詐欺／架空請求詐欺

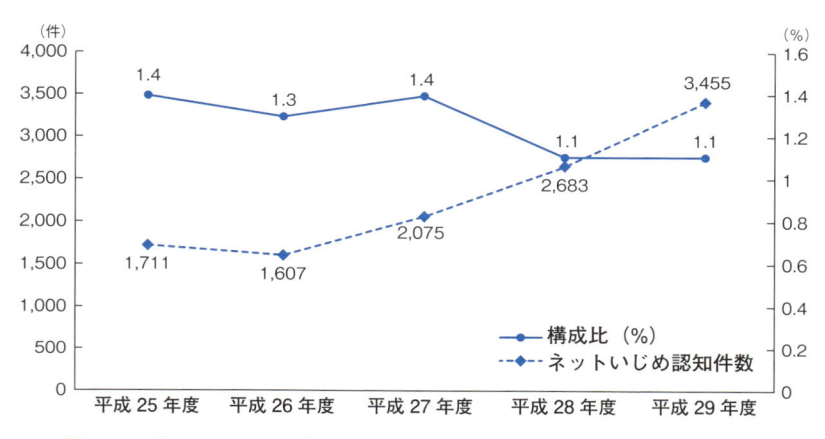

図 15.4　**ネットいじめの過去 5 年間の認知件数の推移**（文部科学省，2018）

15.2　ネットいじめ・ネット問題の背景要因

15.2.1　匿名性（信念）とその影響

　ネットいじめを含むネットトラブルの背景には，現実世界とは異なるネット世界特有の性質があることが知られています。小野・斎藤（2008）は，従来型とは異なるネットいじめ独自の特徴として，①匿名性，②アクセシビリティ，③傍観者性の3点を挙げています（表15.3）。

　ネットの匿名性については，モリオとブーフホルツ（Morio, H., & Buchholz, C., 2009）が，相手を視覚的に確認できない状態という最も低次かつ基本的な「視覚的匿名性」から，ネット上のアイデンティティと現実世界のアイデンティティとが切り離されている状態の「アイデンティティの乖離」，そして現実世界とネット世界のいずれにおいても相手を特定あるいは識別することが不可能な状態という最も高次で匿名性の高い状態である「識別性の欠如」の3段階に分けて階層的に説明しています（表15.4）。

　例えば，今日の児童間のネットいじめやネットトラブルの中心的な場の一つであるLINE等の無料通信アプリは，自身のコミュニケーションの相手が誰かは認識できているけれども，本人が目の前にいないため視覚的には確認できないという第1次元の視覚的匿名状態といえます。こうした視覚的匿名状態においては，次に挙げる3つの心理的な影響が考えられます。一つは，コミュニケーションの相手が本当に自分が想定している人物本人なのかどうかがわからないということです。これはいわゆる「なりすまし」被害と関連した問題です。例えば，自身が名乗っているネット上のニックネームを別の誰かが意図的に名乗って不適切な発言をしたり，自身の名前で身に覚えのないサイトが勝手に立ち上げられていたり，あるいは全く知らない他人が同級生や知人のふりをして自分に近づこうとしてくるなどの被害が考えられます。前の2つの例では周囲の者には，その行為を行っているのが本人なのか，それとも当該人物になりすました全くの別人なのかは判断できません。また3つ目の例の場合も，相手の正体について別の方法で確認しない限り確信は持てません。顔が見えないからこそ，ネット上の相手を安易に信頼することは時に危険が伴うのです。

表 15.3　ネットいじめ／ネットトラブルの 3 つの特徴
（小野・斎藤，2008 及び Pornari & Wood，2010 を参考に作成）

特徴	概要
匿名性（信念）	• 加害者の特定の困難さ，なりすまし行為の容易さ
	• 非言語的手がかりの欠如による感情的交流の困難さ
	• 社会的インパクトの低さによる配慮や気遣いの低下
	• 道徳不活性化による安易な加害行為への関与
アクセシビリティ／無境界性	• 物理的境界線がないことによる被害の継続
	• 想定観衆の見誤りによる無自覚な不適切投稿
傍観者性／群集化	• 不特定多数が観衆／傍観者となることによる責任の拡散と仲裁者となることへの自覚の低下
	• 多数派幻想による加害側の仮想的な有能感や正義感の獲得と被害側の追い詰められ感の上昇

表 15.4　匿名性の 3 次元（Morio & Buchholz，2009 を参考に作成）

次元	概念	概要
第 1 次元 [低匿名性]	視覚的匿名性	コミュニケーションの相手が誰かは認識できているが，相手の姿は見えない
第 2 次元 [中匿名性]	アイデンティティの乖離	ネット上では固有のニックネーム等で個人を識別できるが，現実世界では特定できない
第 3 次元 [高匿名性]	識別性の欠如	ネット上でも，現実世界でも個人を特定したり，不特定多数の中で識別したりできない

　2つ目の影響は，相手の表情や身振り手振り，声のトーンや大きさなどの非言語的手がかりがほとんどないということです。これら**非言語的手がかりの欠如**は，自身の感情の発信や，相手の感情の読み取りといった感情の相互交換を難しくさせることが知られています（深田，1998）。このことは，時として話し手の意図と，聞き手の解釈との間にズレを生むことにつながり，誤解や勘違いのもとにもなります（**図 15.5**）。対面状況であれば，即座に相手に対して弁解や謝罪もできますが，ネット上の場合には，そうした機会さえ与えられないまま，時に本人も無自覚なまま相手を不快にさせてしまい，その報復として，悪口を言われたり，仲間外しにされたりなど，いじめのきっかけになることもあります。そうした難しさを補う目的で，顔文字や絵文字，最近ではスタンプなど感情伝達のためのツールが開発・利用されていますが，こうしたツールでさえ時として相手を欺く目的で使われてしまうこともありますので注意が必要です。

　3つ目の影響は，相手から受ける**社会的インパクト**が小さいということです。社会的インパクトとは，個人が他者から受ける影響力の強さを表すもので，社会心理学者のラタネ（Latané, B., 1981）によって提唱されました。ラタネによると，個人が他者から受ける影響の強さは，相手の「社会的地位や勢力」，「空間的・時間的な接近度」，そして「人数」の3要素によって決まります。つまり，相手が目の前にいないという視覚的匿名状況は，相手との空間的な接近度によるインパクトを非常に小さいものにします。さらに高次の匿名状況であれば，相手の年齢や社会的地位も不明確となり，相手から受ける影響はさらに小さいものになります。この社会的インパクトの小ささは，相手に対する緊張感を低下させ，ひいては相手に対する配慮や気遣いの欠如につながると考えられます。

　これら3つの影響に加えて，ポルナリとウッド（Pornari, C. D., & Wood, J., 2010）は，視覚的匿名状況では，自身の行為から生じる被害状況（例えば，相手が傷ついたり落ち込んだりしている姿）を直接目にしないことから，相手に対する共感や同情，あるいは罪悪感等の内的な否定的感情が喚起されにくいと主張しています。また竹内・戸田・高橋（2015）は，自身が匿名であると信じ

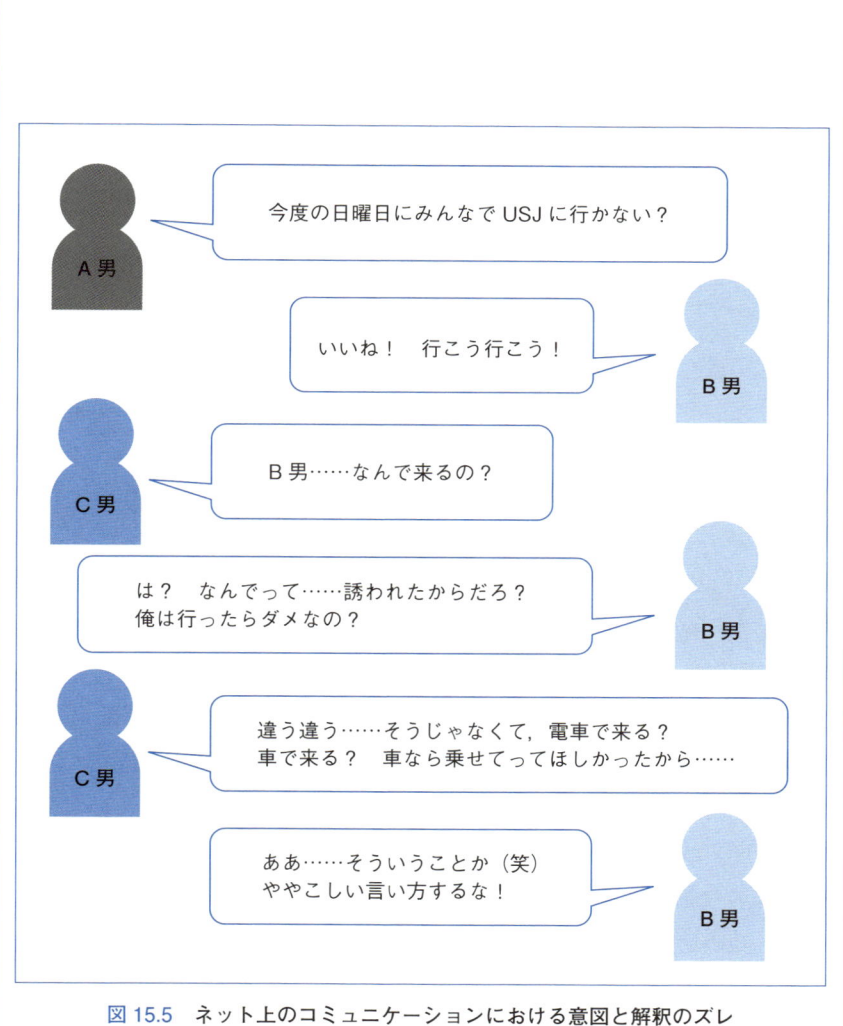

図 15.5　ネット上のコミュニケーションにおける意図と解釈のズレ
上の会話は誰のどの発言に問題があったのでしょうか？

込むことによって道徳不活性化を起こし，安易に誹謗中傷の書き込みをしてしまうと主張しています。これらはいずれもネットの匿名性という特性が，加害行為を促進させる要因として機能してしまうことを指摘するものです。

15.2.2　アクセシビリティと想定観衆

　近年，SNS 等への投稿を含む他者とのネット上での不適切な情報のやりとりが大きな問題となる事例が多数報告されています。平成 25 年頃より，公共の場所で行った不適切行為の動画像を SNS 上に投稿するという，いわゆる炎上投稿が社会の注目を集めるようになり，それによる逮捕者も多数出ています。また平成 30 年 8 月には愛知県で女子高校生の裸の動画をスマホで送信・拡散したなどとして，高校生の男女 13 人が児童買春・ポルノ禁止法違反などの容疑で書類送検される事件が報じられました（読売新聞，2018）。検挙された少年たちは「知らない人の動画だったから」と軽い気持ちで転送してしまったと話したそうです。さらに同年 10 月には平成 30 年度上半期の児童ポルノ摘発件数が前年同期比 281 件増の 1,423 件と過去最多だったことが警察庁によって発表されました（警察庁，2018）。被害にあった 18 歳未満の子ども 615 人（高校生 234 人，中学生 212 人，小学生 138 人，その他 31 人）のうち，だまされたり脅されたりして自身の裸の画像を送信させられる，いわゆる「自画撮り」の被害が約 4 割を占めていたこと，そして数ある SNS サイトの中でも特に Twitter の利用が最多であったことも併せて報告されました（図 15.6，図 15.7）。

　これらの投稿はいずれも投稿者たちの「まさか個人が特定されると思わなかった」という発言から，ネットの匿名性に対する信念がその背景にあったことが推測されます。さらに彼らは，「拡散するつもりはなく，ただ身近な友人たちと面白い動画や画像を共有したかっただけ」とも発言していました。この発言は，本人たちが想定していた投稿動画像の閲覧者（身近な友人）と，実際の閲覧者（ネット上の不特定多数の人間）との間に大きな乖離があったことを示唆するものです。これこそがネットの 2 つ目の落とし穴です。ネット世界とは，「誰でも，いつでも，どこからでも」アクセス可能な世界であり，仮に

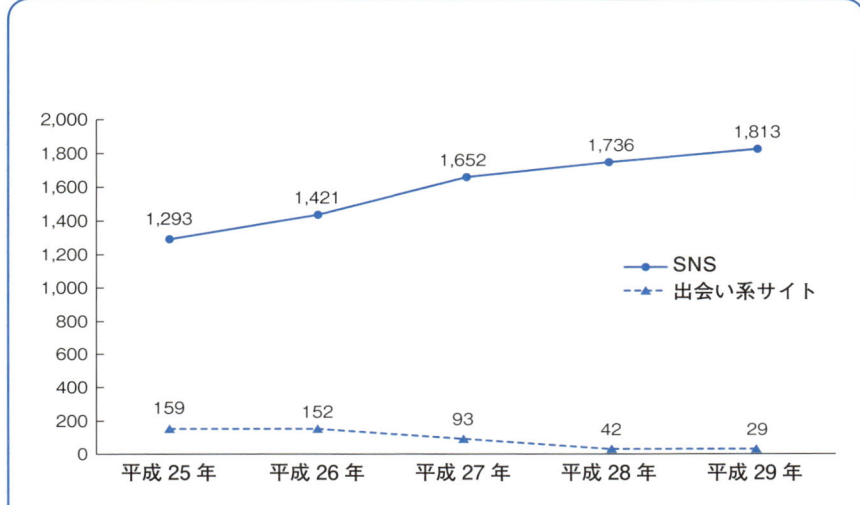

図 15.6　平成 25 〜 29 年の SNS 等に起因する事犯の被害児童数の推移（警察庁，2018）

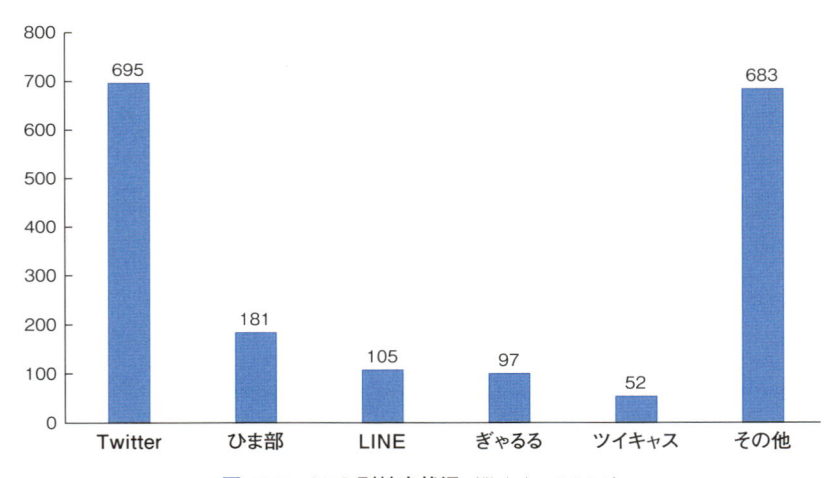

図 15.7　SNS 別被害状況（警察庁，2018）

自分たちは仲間内だけで楽しんでいるつもりでも，自ら閲覧者に制限をかけなければ，その情報は世界中に発信されてしまいますし，一度発信された情報は，自分たちの意図とは無関係に，誇張・歪曲され，どこまでも拡散してしまう可能性があるのです。このアクセシビリティの問題は，ネットいじめの被害者にとっても非常に深刻な問題です。なぜなら，学校にいようが，家にいようが，加害側からの否定的なメッセージは届き続けますし，そのメッセージは最初の被害から何年たとうがネット空間に残り続けるため，被害が終わることなく継続してしまうからです。

15.2.3　群集化と傍観者性

　ネットいじめ・ネットトラブルに係る 3 つ目の特性は「傍観者性」です。例えば，何かしら社会的に不適切と思われる言動をした個人に対して，不特定多数の人々がネット上で寄ってたかってその行いを非難する発言を繰り返すという事態について見聞きしたことはないでしょうか。いわゆる"炎上"と呼ばれる状態で，時に度を越した暴言や差別的な発言にまで発展することも少なくありません。山口（2015）は，①誰が（人），②何をして（行為），③その後どうしたのか（対応）という 3 つの観点から炎上を表 15.5 のように分類しています。この炎上が起こる要因の一つに，多くの人がネット上では，自身の言動に対して無責任でいられる（と思い込んでいる）ことが挙げられます。ネットの炎上場面では，非難する側と，非難される側との間には，多くの場合何ら接点や利害関係はなく，お互いにどこの誰なのかわからないということも少なくありません。また非難されている側が著名人などの場合は，非難している側は当然相手が誰かわかった上で非難しているわけですが，自身が直接被害を被ったわけではないにもかかわらず正義の使者よろしく相手を徹底的に責め立てます。一方，周囲で炎上状況を傍観している人たちには，自身が何らかの被害を受けたわけではないので，積極的に仲裁に入ろうという意識は生まれません。そもそも炎上というのは，非難を受けている側に何かしらの非があることが前提（少なくとも非難している側の人たちにとって）ですので，非難されて当然という雰囲気が共有され，仲裁に入らないことへの罪悪感も生まれにくいのです。

表 15.5　炎上の分類 (山口，2015)

大分類	小分類
誰が（人）	著名人
	法人関係
	一般人
何をした（行為）	反社会的行為や規則・規範に反した行為（の告白・予告）
	何かを批判する，暴言を吐く（政治・宗教・ネット等に対して）
	自作自演，ステルスマーケティング，捏造の露呈
	ファンを刺激（恋愛スキャンダル・特権の利用）
その後どうした（対応）	挑発，反論，主張をとおす
	コメント削除
	無視
	謝罪，発言自体の削除，発言撤回の発表

　そうして一度炎上状態になると，一見すると非難する側は群集化し，そこには多数派の意識が生まれているようにも見えます。つまり「自分だけではない」「みんなの総意だ」といった意識であり，こうした意識は時に行為の正当化に使われます。この構造は第 13 章で解説した従来型いじめの四層構造論における加害者の意識とも共通するものですが，ネットの世界ではその匿名性の性質からより顕著に現れやすいともいえるでしょう。

　このようなネットの炎上現象に見られる人々の群集化は，非難されている側の人間に，「自分の味方はこの世に 1 人もいない」「周りはみんな自分の敵だ」といった絶望感を抱かせ，精神的に追い詰めます。ところが，ここでも相手の姿が見えないという視覚的匿名性が影響しています。実際には責め立てているのはほんの数人（あるいはたった 1 人）であったとしても，ネット上で際限なく否定的なことばを浴びせられることで，世界中の人々から責められているような錯覚に陥ってしまうのです。山口（2015）は，約 2 万人を対象としたアンケート調査の結果から，炎上に加担するような書き込みをした経験のある者は，ごく少数（約 1.5％（303 人））に過ぎなかったことを報告しています。

　たとえ相手に何らかの非があるような状況であっても，その相手に対して無差別に否定的なことばをぶつけるという行為は，疑いようもなく「加害行為」であり許されないこと，そして，たとえ多くの人が賛同しているように見えても，実際にはごく少数の人間によって行われているに過ぎないということを改めて認識し，安易に加担しないという意識を持つことが重要です。

15.3　インターネット問題への対応と予防

15.3.1　問題把握の重要性

　ここまで概観してきたように，ネットやスマホの急速な発展と普及に伴い，児童が直面するネット上のリスクはますます多様化・複雑化しています。こうした状況にあって，学校現場では，ネット問題を喫緊の生徒指導課題として児童への早急かつ適切なリスク伝達と，予防や再発防止のための指導・教育が求められています（図 15.8）。しかしながら，個々の学校によって児童の実態や

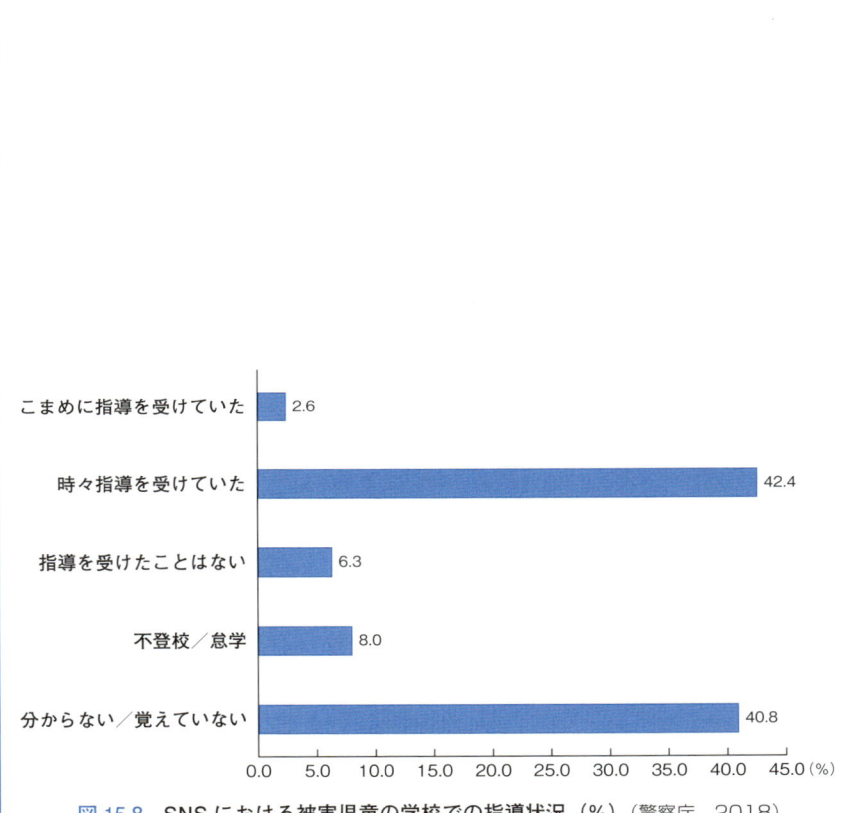

図 15.8 **SNS における被害児童の学校での指導状況（%）**（警察庁，2018）

抱えている問題，さらにそうした実態や問題に対する教員の意識，また予防や
対応のあり方は様々です。警察庁（2018）によると，SNS 上で被害にあった
児童の 1 割は学校でネットの危険性について「指導を受けたことはない」と回
答しており，4 割は指導を受けたかどうか「分からない，覚えていない」と回
答していました。児童をネット上の種々のリスクから守るためには，①問題を
起こさせないための適切な予防，と②起きてしまっている問題に対する再発防
止を含めた適切な対応の両方が不可欠です。これらの実現のためには，問題の
種類や深刻度を含めた児童のネット使用実態の把握と，それに応じた予防・対
応策との適切なマッチングが重要です（図 15.9）。例えば，すでに児童の使用
実態が深刻な問題を抱える「リスク接触」状況（出会い系サイトへのアクセス
や，ネット上での不適切な投稿など）にまで進行してしまっているにもかかわ
らず，ごく初期の段階の対応（学校へのスマホ持ち込み禁止や使用制限など）
に留まっているような場合には，既発生事態への対応だけでなく，将来児童が
直面するかもしれないさらなるリスク（児童ポルノ被害やネットいじめ被害・
加害など）を見越した予防・対応まで視野に入れた取組みは困難になってしま
います。そのため児童の使用実態についてできるだけ正確に把握し，所持，使
用，リスク接近，リスク接触など異なる水準の実態に応じた対応・対策を講じ
ていくことが重要なのです。しかしながら，これは簡単なことではありませ
ん。そこで第 13 章でも紹介した児童自身がいじめやネットいじめ防止に資す
る活動に主体的に関わっていくという子ども主導による取組みがここでも力を
発揮します。児童自身が自ら何が安全で何が危険かを考え，議論し，またそれ
を周囲の児童と共有することで，より自律的かつ自制的な利用が期待できるわ
けです。現在ではネットいじめを含むスマホ・ネット問題の予防をテーマにし
た「スマホ・ネット問題サミット」が先に紹介した「いじめ防止サミット」と
並んで様々な地域で開催されています。

15.3.2　情報リテラシーと情報モラル教育

　平成 23（2011）年度告示の学習指導要領では，「教育の情報化」が一つの柱
に位置づけられ，その中では「教科への ICT 活用」「情報教育」「校務の情報

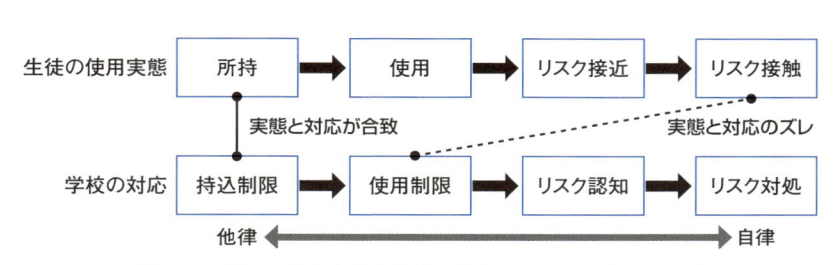

図 15.9　児童の使用実態と学校の対応のマッチングイメージ

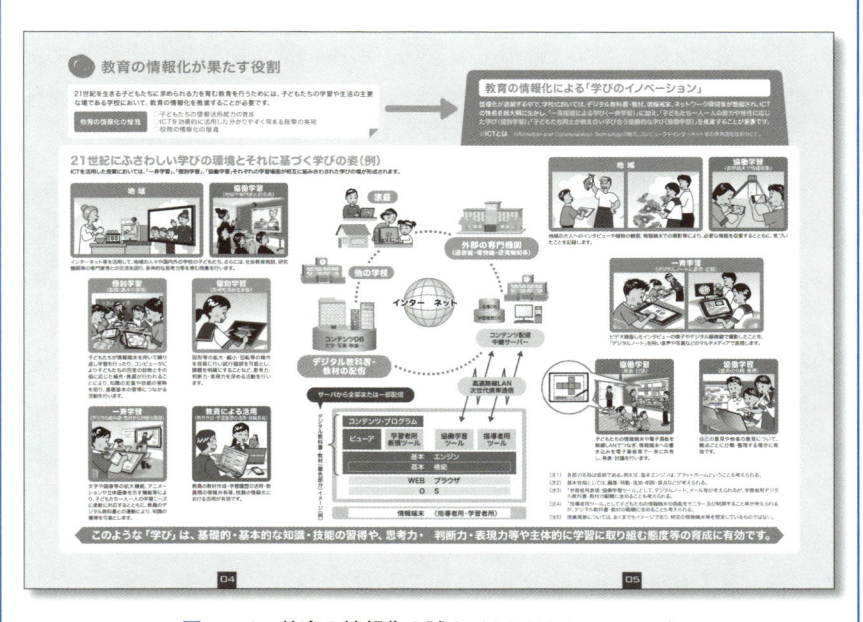

図 15.10　教育の情報化の試み（文部科学省，2011b）

化」の3領域が盛り込まれました。これを受けて総務省（2010）は，平成22（2010）年度よりフューチャースクール事業を開始し，タブレット端末を指定校の全児童に配付して学校全体で教育活動に用いる試みが開始されました。また文科省は，「教育の情報化」に関する内容を解説し補強するために平成22年に「教育の情報化に関する手引」（文部科学省，2011a）を公開，さらに翌平成23（2011）年には「教育の情報化ビジョン――21世紀にふさわしい学びと学校の創造を目指して――」（文部科学省，2011b）を公布しています（図15.10）。しかしながら，石原（2015）は，小学校においては，「教育の情報化」に盛り込まれた3領域の中でも特に情報活用能力の育成を目標に掲げている「情報教育」に関して，他の2領域と比べて依然として学校間で格差が大きいことを指摘しており，その理由として，小学校には情報活用能力を育成するまとまった時間が確保されていないことを挙げています。例えば，高校では共通教科「情報」，中学校では「技術・家庭科」の中に情報活用能力を育成するための専門の時間が確保されているのに対して，小学校では学習活動が各教科や領域の中にすべて埋め込まれているため，体系的・系統的な指導につながりにくいことを指摘しています。

　平成29（2017）年告示の新学習指導要領では，小学校における道徳の教科化に伴い，解説の指導の配慮事項の項で情報モラルに関する指導について解説されています（表15.6）。

　情報モラルの問題は，原則は現実世界の道徳と何ら変わりません。他者を傷つける行為，他者の物（個人情報や動画像等）を本人の承諾を得ずに勝手に使ったり（なりすまし行為），公開したり（個人情報暴露）する行為，他者を欺いたりだましたりする行為などは，現実世界でも，ネット世界でも，決して許される行為ではありません。しかしながら，先に述べた「匿名性」「アクセシビリティ」「傍観者性」などネット独自の特性から，こうした物事の善悪の判断について，発達段階上すでに身についているはずの道徳がうまく発揮されず，誰もが知らず知らずのうちに加害者あるいは被害者となってしまうことがあるということ，それゆえにネット上での言動は，現実世界以上に慎重にならなければならないということを子どもたちに伝えていかなければなりません。

表 15.6　情報モラルに関する指導についての解説（文部科学省，2017）

（1）情報モラルに関する指導
　社会の情報化が進展する中，児童は，学年が上がるにつれて，次第に情報機器を日常的に用いる環境の中に入っており，学校や児童の実態に応じた対応が学校教育の中で求められる。これらは，学校の教育活動全体で取り組むべきものであるが，道徳科においても同様に，情報モラルに関する指導を充実する必要がある。
　ア．情報モラルと道徳科の内容
　　　情報モラルは情報社会で適正な活動を行うための基になる考え方と態度と捉えることができる。内容としては，情報社会の倫理，法の理解と遵守，安全への知恵，情報セキュリティ，公共的なネットワークがあるが，道徳科においては，第2章に示す内容との関連を踏まえて，特に，情報社会の倫理，法の遵守といった内容を中心に取り扱うことが考えられる。
　　　指導に際して具体的にどのような問題を扱うかについては各学校において検討していく必要があるが，例えば，親切や思いやり，礼儀に関わる指導の際に，インターネット上の書き込みのすれ違いなどについて触れたり，規則の尊重に関わる指導の際に，インターネット上のルールや著作権など法やきまりに触れたりすることが考えられる。また，情報機器を使用する際には，使い方によっては相手を傷つけるなど，人間関係に負の影響を及ぼすこともあることなどについても，指導上の配慮を行う必要がある。
　イ．情報モラルへの配慮と道徳科
　　　情報モラルに関する指導について，道徳科では，その特質を生かした指導の中での配慮が求められる。道徳科は道徳的価値に関わる学習を行う特質があることを踏まえた上で，指導に際しては，情報モラルに関わる題材を生かして話し合いを深めたり，コンピュータによる疑似体験を授業の一部に取り入れたりするなど，創意ある多様な工夫は生み出されることが期待される。
　　　具体的には，例えば，相手の顔が見えないメールと顔を合わせての会話との違いを理解し，メールなどが相手に与える影響について考えるなど，インターネット等に起因する心のすれ違いなどを題材とした親切や思いやり，礼儀に関わる指導が考えられる。また，インターネット上の法やきまりを守れずに引き起こされた出来事などを題材として規則の尊重に関わる授業を進めることも考えられる。その際，問題の根底にある他者への共感や思いやり，法やきまりのもつ意味などについて，児童が考えを深めることができるようにすることが重要になる。
　　　なお道徳科は，道徳的価値の理解を基に自己を見つめる時間であるとの特質を踏まえ，例えば，情報機器の使い方やインターネットの操作，危機回避の方法やその際の行動の具体的な練習を行うことにその主眼を置くのではないことに留意する必要がある。

そのため，道徳科で情報モラルを扱う際には，指導する側は，扱う問題のレベルを，道徳レベルの問題として扱うのか，あるいはより慣習的・文脈的な**情報リテラシー**レベルの問題として扱うのかを意識することも必要です。情報機器を適切に扱う上では，モラルもリテラシーもどちらも大事なことですが，児童の使用実態と，発達段階の両方を考慮しながら，個々の児童の状態に即した指導・支援を行うことが重要です。

　また**表 15.6** に「……指導に際しては，情報モラルに関わる題材を生かして話し合いを深めたり，コンピュータによる疑似体験を授業の一部に取り入れたりするなど，創意ある多様な工夫は生み出されることが期待される。」とあるように，授業時にタブレット端末等を用いてネット世界を疑似的に体験できるような環境を作ることで，より効果的に児童の情報モラル及びリテラシーに対する意識を高め，また学びを促進することができると考えられます（石原，2015）。

参 考 図 書

三浦 麻子・森尾 博昭・川浦 康至（編著）（2009）．インターネット心理学のフロンティア──個人・集団・社会──　誠信書房
竹内 和雄（2014）．スマホやネットが苦手でも指導で迷わない！　スマホ時代に対応する生徒指導・教育相談　ほんの森出版

復 習 問 題

1. 児童のインターネットの利用動向について説明して下さい。
2. インターネットの 3 つの特性について説明して下さい。
3. 情報リテラシー・情報モラル教育における重要なポイントについて説明して下さい。

復習問題解答例

第 1 章

1. 赤ちゃんをあやしたり笑いかけたりして，楽しませる努力を惜しまない人。
2. 重要な他者。赤ちゃんにとっては主たる養育者。

第 2 章

1. 2.1 を参照のこと。
2. 2.3 を参照のこと。

第 3 章

1.
（1）①乱暴なことをしたら叱り，落ち着いた行動をしたらほめる。②母親が大人しく優しく振る舞い，父親がそれをほめる光景を子どもに見せる。③周りの女性が大人しく優しく振る舞っているところを子どもに見せる。
（2）①ゴミを道端に捨てたら叱り，ゴミ箱に入れたらほめる。②父親がゴミをゴミ箱に入れ，母親がそれをほめるところを子どもに見せる。③周りの人がゴミを道端に捨てずゴミ箱に入れるところを子どもに見せる。
2. やらなければいけないことを，自分の活動の意味や目標，さらには人生目標と関連づける。

第 4 章

1. 表 4.1 を参照のこと。

第 5 章

1. 表 5.1 を参照のこと。

第 6 章

1.「精力的な営業マン」とは，目新しいものを求めて努力し，成果を認められることを励みにしてブレーキをかけずに突っ走る人，と考えると，図 6.2 の立方体の左上，「情熱家」になります。

2. 受験生なので，合格という結「実」する成「果」が欲しかったのではないかと考えられます。

第7章

1. 胎内環境（母体の栄養，有害物質の摂取など），養育者との愛着，健康，栄養，対人関係，勉強の好き嫌い，学校適応，その他生活全般。

第8章

1. 臨床心理学は科学的探究と専門的援助実践の2つの側面からなる学問である。そして実践活動と研究活動に加えて，臨床心理学に関わる者の教育や訓練，その専門組織を整え，実践や研究成果を公表し，法律や規約などの制度の整備を行い，社会への説明責任を果たすといった専門活動を合わせた3つの活動をまとめて心理臨床と呼ぶ。

2. 表8.1「症状の持つ意味」を参照のこと。

3. 表8.2「アクスラインの8原則」を参照のこと。

4. 親自身の傷つきや自分以外の人の手で子どもが回復することへの抵抗感，転移性治癒によって一時的に症状が良くなることを回復したととらえてしまうこと，セラピーが進展していくために一時的に症状が強くなるもっと跳ぶための退行を単に悪化としてとらえてしまうことなどが，面接の序盤から中盤において生じることがあり，留意が必要である。

第9章

1. ICIDH は疾患による機能や形態の障害，その結果としての能力障害，それにより生じる社会的不利益，それらすべてを障害ととらえており，ICF は「心身機能」「活動」「参加」のいずれかに制限がある状態を障害ととらえている。いずれのモデルでも，障害のあるとされる個人の疾患や機能の問題だけを障害ととらえるのではなく，社会との関わりや参加の困難さも含めた環境との相互作用における問題も含めて障害ととらえている。

2. 9.1.1 から 9.1.5 の第1段落をそれぞれ参照のこと。

3. 特定の障害や障害特性という視点から子どもの抱える困難さをアセスメントする場合，その障害の特徴を詳細に調べることに特化した検査を使用し，その障害が持

つとされる障害特性の有無を確認することが可能になるというメリットがある。その一方で，障害には重複の可能性があるため，特定の目立つ障害に目を奪われてしまうことで，他の障害や困難さを抱えていることを見落としてしまうリスクが生じるというデメリットがある。

第10章

1.　1人の女性が一生の間に産む子どもの人数に概ね相当するとされる数値を合計特殊出生率というが，長期的に人口が安定的に維持されるために必要な合計特殊出生率の値である人口置換水準は 2.1（人）だとされている。しかし1970年代以降，日本の合計特殊出生率は 2.1 を下回り続け，2017 年は 1.43 となっている。

2.　表10.3「児童虐待の種類とその特徴」を参照のこと。

3.　燃え尽き症候群とは，主に対人援助職など感情労働を要する仕事に就く者に現れる症状であり，極度の身体の疲労と感情の枯渇を示す状態に陥ることを特徴とする。その症状は「情緒的消耗感」「脱人格化」「個人的達成感の低下」の3つからなるとされている。

第11章

1.　青年期は児童期と成人期の間にある，概ね12歳頃から25歳頃までの時期を指し，子どもから大人への移行期とされる発達段階である。思春期は，第二次性徴の出現により心身のバランスが大きく揺らぐ時期を指し，児童期の終盤から青年期の序盤に相当する。

2.　児童期の後半頃より，子どもたちは4〜6名程度の同性の排他的な仲良し集団「ギャング・グループ」を作るようになる。そして思春期頃より，いわゆる "親友" と呼ばれるような関係の3〜5名程度の仲良し集団「チャム・グループ」を作るようになる。ギャング・グループは行動など目で見える形で同じであることを求める傾向があるのに対し，チャム・グループは行動上ではなく内面的に同じであることを求める傾向がある。そして思春期以降には，同じであることではなく，互いの違いを尊重しあう仲間関係である「ピア・グループ」を形成するようになっていく。

3.　キキは魔女である母親のホウキを受け継ぎ，同じく魔女を目指して修行の旅に出ている。作品では彼女が魔女になることを選択したきっかけが描かれていないため断定はできないが，自分自身の職業や価値などに思い悩み選択に苦慮するという危

機を経験することなくキキが魔女を目指しているのだとすれば，それは「早期達成」
の状態にあるといえる。その後，作中で力を失い，居場所や存在価値を見失うとい
う体験は「アイデンティティ拡散」状態であり，その後に自らのホウキを手にして
再び魔女として空に飛び立つ姿は「アイデンティティ達成」の一つの描写としてと
らえることができる。

第12章

1. 教師と児童との信頼関係や，児童相互の良好な人間関係と，それを基盤とした充
実した学校生活。
2. 表12.6を参照のこと。
3. 学級内の児童生徒間，あるいは児童生徒の仲間集団間の地位やステイタスであり，
「自己主張力」「共感力」「同調力」の3要素からなる総合的なコミュニケーション能
力によって決められる。

第13章

1. 13.1.1を参照のこと。
2. 13.1.2を参照のこと。
3. 13.3.3を参照のこと。

第14章

1. 14.1.1を参照のこと。
2. 14.2を参照のこと。
3. 14.3.3を参照のこと。

第15章

1. 15.1を参照のこと。
2. 15.2を参照のこと。
3. 15.3.2を参照のこと。

本文中問題解答

第2章

図 2.11：2（□）。

第4章

記憶実験2：ちらしずし，りっこうほ，クリスマス，ぬすみぐい（やすみたい），ベストテン。

第7章

p.125 問 3
ぶた，ねこ
問 4
C
p.127 問 1
A 和子，B 清太郎，C 吾郎，D 沙織，E 良太，F 奈美，G 勇，H 健一，I 春江，J 里香，K 秋子
問 2
B　（内側はマイナスの値，外側はプラスの値）

p.129 問 1
日本地図参照

p.129 問 3

うさん臭い＝悪いことをしてそう，信用ならない（否定的），怪しい＝怪奇，変（否定を含まない）

p.133 問 2

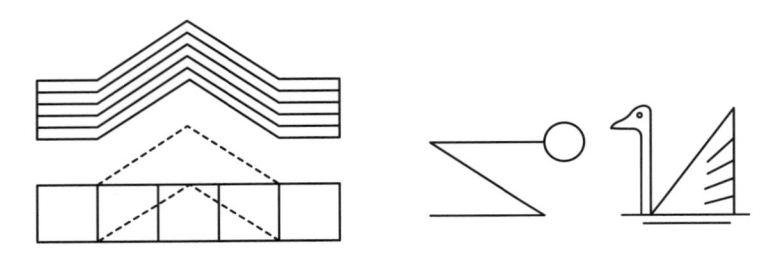

p.137 問 1（独創的な答え）

(a) 三角形，平行四辺形，台形を組み合わせて描いて
5 等分する方法

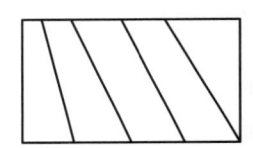

(b) 折れ線や長方形を描いて 5 等分する方法

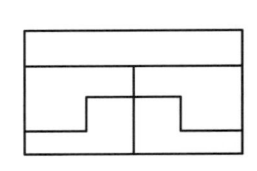

（c）長方形の内側に図形を描き，描いた残りの面積を等分割することによって5等
　　　分する方法

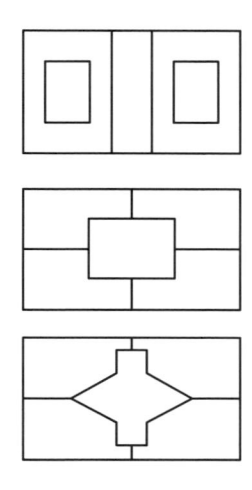

p.137 問2

　　　　$3a + 2b$,　$a^2 + b - 2$,　$-ab - 1$

　　　　$-10a + 3b$

　　　　$2a(a + b) + a + 2b$

　　　　$(a + b)(a - b)$

　　　　（藤田ら，2005 より）

引用文献

第1章

Ainsworth, M. D. S., Blehar, M. C., Waters, E., & Wall, S.（1978）. *Patterns of attachment : A psychological sudy of the strange situation*. New York：Psychology Press.

Bowlby, J.（1969）. *Attachment and loss*. London：Institute of Psycho-Analysis.
（ボウルビィ，J. 黒田 実郎・大羽 蓁・岡田 洋子・黒田 聖一（訳）（1991）. 愛着行動 新版 母子関係の理論1 岩崎学術出版）

Bowlby, J.（1973）. *Separation : Anxiety and anger*. IPA.
（ボウルビィ，J. 黒田 実郎・岡田 洋子・吉田 恒子（訳）（1991）. 分離不安 新版 母子関係の理論2 岩崎学術出版）

Bronfenbrenner, U.（1917）. *The ecology of human development : Experiments by nature and design*. Harvard University Press.
（ブロンフェンブレンナー，U. 磯貝 芳郎・福富 護（訳）（1996）. 人間発達の生態学^{エコロジー}——発達心理学への挑戦—— 川島書店）

Fantz, R. L.（1961）. The origin of form perception. *Scientific American, 204*（5）, 67-72.

George, C., Kaplan, N., & Main, M.（1985）. *Adult attachment interview,* Unpublished manuscript, Department of Psychology, University of California, Berkeley.

市川 伸一（2008）.「教えて考えさせる授業」を創る——基礎基本の定着・深化・活用を促す「習得型」授業設計—— 図書文化社

永澤 美保・岡部 祥太・茂木 一孝・菊水 健史（2013）. オキシトシン神経系を中心とした母子間の絆形成システム 動物心理学研究, *63*（1）, 47-63.

三宮 真智子（2008）. メタ認知研究の背景と意義 三宮 真智子（編著）メタ認知——学習力を支える高次認知機能——（p.9） 北大路書房

瀬尾 美紀子・植阪 友理・市川 伸一（2008）. 学習方略とメタ認知 三宮 真智子（編著）メタ認知——学習力を支える高次認知機能——（pp.55-60） 北大路書房

島 義弘（2014）. 親の養育態度の認知は社会的適応にどのように反映されるのか——内的作業モデルの媒介効果—— 発達心理学研究, *25*（3）, 260-267.

Simion, F., Regolin, L., & Bulf, H.（2008）. A predisposition for biological motion in the newborn baby. *Proceedings of the National Academy of Sciences of the United States of America, 105*（2）, 809-813.

内田 伸子（2016）. どの子も伸びる共有型しつけのススメ——子育てに「もう遅い」はありません—— 福岡女学院大学大学院紀要発達教育学, *2*, 59-68.

内田 伸子・浜野 隆（編著）（2012）. 世界の子育て格差——子どもの貧困は超えられるか？—— 金子書房

第2章

Bem, D. J.（1967）. Self-perception：An alternative interpretation of cognitive dissonance phenomena. *Psychological Review, 74*, 183-200.

Erikson, E. H.（1968）. *Identity : Youth and crisis*. New York：W. W. Norton.
（エリクソン，E. H. 中島 由恵（訳）（2017）. アイデンティティ——青年と危機—— 新曜社）

Freeman, N. H., & Janikoun, R.（1972）. Intellectual realism in children's drawings of a familiar object with distinctive features. *Child Development, 43*（3）, 1116-1121.

藤本 浩一（1979）. 運動姿勢描画の発達的研究　教育心理学研究, *27*（4）, 245-252.

藤本 浩一・芦塚 英子（2006）. フォイヤーシュタインの理論と日本での実践——発達障害から才能教育まで——　神戸松蔭女子学院大学研究紀要, *47*, 37-59.

波多野 完治（1966）. ピアジェの児童心理学（pp.106-191）　国土社

Holzman, L.（2008）. *Vygotsky at work and play*. London；New York：Routledge.
　（ホルツマン, L.　茂呂 雄二（訳）（2014）. 遊ぶヴィゴツキー——生成の心理学へ——　新曜社）

Luquet, G. H.（1977）. *Le dessin enfantin*. Paris：Delachaux & Niestlé.（Original work published 1927）
　（リュケ, G. H.　須賀 哲夫（監訳）（1979）. 子どもの絵——児童画研究の源流——　金子書房）

Marcia, J. E.（1966）. Development and validation of ego-identity status. *Journal of Personality and Social Psychology, 3*,（5）551-558.

文部科学省（2018）. 小学校学習指導要領（平成 29 年告示）解説付録　東洋館出版社

日本ファイナンシャル・プランナーズ協会（2018）. 小学生「なりたい職業」ランキング 2017 年　Retrieved from https://resemom.jp/article/2018/04/24/44242.html

ソニー生命（2017）. 中高生が思い描く将来についての意識調査 2017　Retrieved from https://www.sonylife.co.jp/company/news/29/nr_170425.html

高取 憲一郎（1991）. ヴィゴツキー理論の来し方行く末　教育心理学年報, *30*, 128-138.

山本 利和・藤本 浩一・竹内 伸宜・林 照子・芦塚 英子（2012）. 触覚マトリックス教材の可能性を探る　日本特殊教育学会第 50 回大会

第 3 章

Bandura, A.（1975）. *Social learning and personality development*. New York：Holt, Rinehart & Winston.

児玉 裕巳・石隈 利紀（2015）. 中学・高校生の学習に対する態度についての研究——認知・行動・情緒の 3 側面からの検討——　教育心理学研究, *63*（3）, 199-216.

Lepper, M. R., & Green, D.（1973）. Underming children's intrinsic interest with extrinsic reward. *Journal of Personality and Social Psychology, 28*, 129-137.

Mischel, W., Ebbesen, E. B., & Zeiss, A. R.（1972）. Cognitive and attentional mechanisms in delay of gratification. *Journal of Personality and Social Psychology, 21*（2）, 204-218.

野口 啓示（2009）. むずかしい子を育てるペアレント・トレーニング——親子に笑顔がもどる 10 の方法——　明石書店

岡田 涼（2010）. 小学生から大学生における学習同期づけの構造的変化——動機づけ概念間の関連性についてのメタ分析——　教育心理学研究, *58*（4）, 414-425.

櫻井 茂男（2012）. 夢や目標を持って生きよう！——自己決定理論——　鹿毛 雅治（編）モティベーションをまなぶ 12 の理論——ゼロからわかる「やる気の心理学」入門！——（pp.45-72）　金剛出版

Weiner, B., Frieze, I. H., Kukla, A., Reed, L., Rest, S., & Rosenbaum, R. M.（1971）. Perceiving the causes of success and failure. In E. E. Jones, D. E. Kanouse, H. H. Kelley, R. E. Nisbett, S. Valins, & B. Weiner（Eds.）, *Attribution：Perceiving the causes of behavior*. New Jersey：General Learning Press.

山西 健斗・小倉 正義（2017）．自己効力感が児童・生徒の精神的健康に与える影響——学習
　に関する自己効力感に着目して——　鳴門教育大学学校教育研究紀要, *31*, 143-152.

第4章

Bjorklund, D. F.（1987）. How age changes in knowledge base contribute to the development
　of children's memory：An interpretive review. *Developmental Review, 7*（2）, 93-130.

Church, B. A., & Fisher, C.（1998）. Long-term auditory word priming in preschoolers：
　Implicit memory support for language acquisition. *Journal of Memory and Language, 39*
　（4）, 523-542.

DeLoache, J. S., Cassidy, D. J., & Brown, A. L.（1985）. Precursors of mnemonic strategies in
　very young children's memory. *Child Development, 56*, 125-137.

Flavell, J. H., Beach, D. R., & Chinsky, J. M.（1966）. Spontaneous verbal rehearsal in a
　memory task as a function of age. *Child Development, 37*（2）, 283-299.

藤原 祐貴・宮寺 貴之・久原 恵理子・小林 寿一（2017）．面接の導入段階における質問方法
　が児童の話す情報に与える影響　心理学研究, *88*, 11-20.

Gathercole, S. E.（1999）. Cognitive approaches to the development of short-term memory.
　Trends in Cognitive Science, 3（11）, 410-419.

市川 伸一（2008）．「教えて考えさせる授業」を創る——基礎基本の定着・深化・活用を促す
　「習得型」授業設計——　図書文化社

Justice, E. M.（1986）. Developmental changes in judgements of relative strategy
　effectiveness. *British Journal of Developmental Psychology, 4*, 75-81.

Kreutzer, M. A., Leonard, C., & Flavell, J. H.（1975）. An interview study of children's
　knowledge about memory. *Monographs of the Society for Research in Child Development, 40*
　（1）, 1-60.

仲 真紀子（2012）．面接のあり方が目撃した出来事に関する児童の報告と記憶に及ぼす影響
　心理学研究, *83*（4）, 303-313.

仲 真紀子（2016）．司法面接の展開——多機関連携への道程——　法と心理, *16*（1）, 24-30.

Nelson, T. O., & Narens, L.（1990）. Metamemory：A theoretical framework and new
　findings. In G. H. Bower（Ed.）, *The psychology of learning and motivation：Advances in
　research and theory*. Vol.26（pp.125-173）. San Diego：Academic Press.

Nelson, T. O., & Narens, L.（1994）. Why investigate metacognition? In J. Metcalfe, &
　A. P. Shimamura（Eds.）, *Metacognition：Knowledge about knowledge*（pp.1-25）.
　Cambridge, Massachusetts：MIT Press.

Newcombe, N., & Fox, N. A.（1994）. Infantile amnesia：Through a glass darkly. *Child
　Development, 65*, 31-40.

太田 信夫・多鹿 秀継（編著）（2008）．記憶の生涯発達心理学　北大路書房

Park, D. C., Lautenschlager, G., Hedden, T., Davidson, N. S., Smith, A. D., & Smith,
　P. K.（2002）. Models of visuospatial and verbal memory across the adult life span.
　Psychology and Aging, 17（2）, 299-320.

佐藤 浩一（2008）．日常記憶　太田 信夫・多鹿 秀継（編著）記憶の生涯発達心理学（pp.74-
　87, 167-181）　北大路書房

清水 寛之（2008）．メタ認知　太田 信夫・多鹿 秀継（編著）記憶の生涯発達心理学（pp.48-

59，141-153）　北大路書房

Spitzer, M.（2012）. Digitale Demenz：Wie wir uns und unsere Kinder um den Verstand bringen. Dromer Knaur.
　　（シュピッツァー，M.　小林 敏明・村井 俊哉（監訳）（2014）．デジタル・デメンチア──子どもの思考力を奪うデジタル認知障害──　講談社）

杉村 智子（2008）．4・6歳児の目撃記憶の発達──複数の人物が登場する場合の周辺人物の再認と身長の見つもりについて──　日本心理学会第72回大会　発達1AM035.

杉村 智子（2009）．幼児期の目撃記憶の発達──顔の再認成績におよぼす変装の影響──　日本心理学会第73回大会　発達1AM148.

杉村 智子（2010）．幼児の目撃記憶に及ぼす遅延時間の影響──1日後と1ヶ月後の顔再認課題の比較──　日本心理学会第74回大会　発達2EV114.

鈴木 豪（2013）．小・中学生の学習観とその学年間の差異──学校移行期の変化および学習方略との関連──　教育心理学研究，61，17-31.

上原 泉（2008）．短期記憶・ワーキングメモリ，エピソード記憶・意味記憶　太田 信夫・多鹿 秀継（編著）記憶の生涯発達心理学（pp.21-37）　北大路書房

内田 伸子・鹿毛 雅治・河野 順子・熊本大学教育学部附属小学校（2012）.「対話」で広がる子どもの学び──授業で論理力を育てる試み──　明治図書

Wellman, H. M.（1977）. Preschoolers' understanding of memory-relevant variables. *Child Development, 48*（4）, 1720-1723.

吉野 さやか（2012）．子どもは目撃したシーンをどのように想起するか──シーンの記憶と理解に及ぼす物語の効果──　日本教育心理学会第54回総会　発達PD-025.

湯川 良三（2005）．文化と発達　金児 暁嗣・結城 雅樹（編）文化行動の社会心理学（pp.52-63）　北大路書房

第5章

有光 興記・藤澤 文（編著）（2015）．モラルの心理学──理論・研究・道徳教育の実践──　北大路書房

Baron-Cohen, S., Leslie, A. M., & Frith, U.（1985）. Does the autistic child have a "theory of mind"? *Cognition, 21*, 37-46.

Clements, W. A., & Perner, J.（1994）. Implicit understanding of belief. *Cognitive Development, 9*（4）, 377-395.

林田 美咲・黒川 光流・喜田 裕子（2018）．親への愛着および教師・友人関係に対する満足感が学校適応感に及ぼす影響　教育心理学研究，66（2），127-135.

乾 敏郎（2016）．社会的認知機能を支える神経基盤とその障害　矢野 喜夫・岩田 純一・落合 正行（編著）認知発達研究の理論と方法──「私」の研究テーマとそのデザイン──（pp.23-39）　金子書房

鹿嶋 桃子（2012）．即興的パフォーマンスとしての遊びの創造性と評価の検討──幼児の創造性発達を展望して──　心理科学，33（2），78-91.

河村 茂雄（2001）．ソーシャル・スキルに問題がみられる生徒の検討　岩手大学教育学部研究年報，61，77-88.

小林 哲生・永田 昌明（2012）．日本語学習時の初期語彙発達　情報処理，53（3），229-235.

Kohlberg, L.（1984）. *The psychology of moral development：The nature and validity of moral stages. Essays on moral development.* Vol.2. San Francisco：Harper & Row.

厚生労働省 (2009). 大切なことと思うこと 平成 21 年度全国家庭児童調査結果の概要 (p.23) 厚生労働省

子安 増生 (1999). 幼児期の他者理解の発達──心のモジュール説による心理学的検討── 京都大学学術出版会

前田 健一 (2001). 子どもの仲間関係における社会的地位の持続性 北大路書房

益田 慎・長嶺 尚代・福島 典之 (2016). 小学生に潜む言語発達障碍 小児耳鼻咽喉科, *37* (3), 246-249.

守口 善也 (2011). 心身医学と, 自己・他者の心の理解の脳科学 心身健康科学, *7* (1), 10 -16.

村上 達也・櫻井 茂男 (2014). 児童期中・後期におけるアタッチメント・ネットワークを構成する成員の検討──児童用アタッチメント機能尺度を作成して── 教育心理学研究, *62* (1), 24-37.

中田 基昭 (編著) (2016). 遊びのリアリティ──事例から読み解く子どもの豊かさと奥深さ── 新曜社

小椋 たみ子・小山 正・水野 久美 (2015). 乳幼児期のことばの発達とその遅れ──保育・発達を学ぶ人のための基礎知識── ミネルヴァ書房

小貫 悟・名越 斉子・三和 彩 (2004). LD・ADHD へのソーシャルスキルトレーニング 日本文化科学社

苧阪 直行 (編) (2012). 道徳の神経哲学──神経倫理からみた社会意識の形成── 新曜社

Perner, J. (1991). *Understanding the representational mind.* Cambridge, Massachusetts：MIT Press.

櫻庭 隆浩・松井 豊・福富 護・成田 健一・上瀬 由美子・宇井 美代子・菊島 充子 (2001). 女子高校生における「援助交際」の背景要因 教育心理学研究, *49* (2), 167-174.

嶋田 洋徳 (1998). 小中学生の心理的ストレスと学校不適応に関する研究 風間書房

嶋田 洋徳・戸ヶ崎 泰子・坂野 雄二 (1994). 小学生用ストレス反応尺度の開発 健康心理学研究, *7* (2), 46-58.

高橋 登 (2006). 学童期の語彙能力 コミュニケーション障害学, *23* (2), 118-125.

内田 伸子 (2017). 子どもの見ている世界──誕生から 6 歳までの「子育て・親育ち」── 春秋社

吉澤 寛之 (2015). 反社会的行動とサイコパス──理論的統合に向けた論考── 有光 興記・藤澤 文 (編著) モラルの心理学──理論・研究・道徳教育の実践── (pp.116-127) 北大路書房

第 6 章

海保 博之・楠見 孝 (監修) (2006). 心理学総合事典 朝倉書店

木島 伸彦 (2014). クロニンジャーのパーソナリティ理論入門──自分を知り, 自分をデザインする── 北大路書房

向井 美穂 (2003). 社会的参照のメカニズム──個人差「人指向」・「物指向」の検討── お茶の水女子大学大学院人間文化研究科人間文化論叢, *6*, 83-93.

高橋 雄介・山形 伸二・木島 伸彦・繁桝 算男・大野 裕・安藤 寿康 (2007). Gray の気質モデル── BIS/BAS 尺度日本語版の作成と双生児法による行動遺伝学的検討── パーソナリティ研究, *15* (3), 276-289.

Thomas, A., & Chess, S. (1980). *The dynamics of psychological development.* New York：

Brunner Mazel.

第7章

安藤 寿康（2017）．行動の遺伝学——ふたご研究のエビデンスから—— 日本生理人類学会誌, *22*（2），107-112.

Csikszentmihalyi, M.（1996）．*Creativity : Flow and the psychology of discovery and invention*. New York : HarperCollins.
（チクセントミハイ，M. 浅川 希洋志・須藤 祐二・石村 郁夫（訳）（2016）．クリエイティヴィティ——フロー体験と創造性の心理学—— 世界思想社

江川 玟成（2013）．クリエイティビティの心理学——創造的思考の原理・方略と17のレッスン—— 金子書房

藤永 保・斎賀 久敬・春日 喬・内田 伸子（1980）．初期環境の貧困による発達遅滞の事例 教育心理学年報, *19*, 106-111, 189.

藤田 彰子・齋藤 昇（2005）．数学における創造性の発達に関する研究——「図形」の領域と「数と式」の領域を対象として—— 数学教育学研究, *11*, 177-192.

Gardner, H.（1983）．*Frames of mind : The theory of multiple intelligences*. New York : Basic Books.

Gardner, H.（1999）．*Intelligence reframed : Multiple intelligences for the 21st century*. New York : Basic Books.

子安 増生（2000）．多重知能理論からみた学力低下問題 日本教育心理学会第42回総会発表論文集, S11.

水上 戴子（1978）．妊娠時と授乳時のタンパク質栄養が出生仔の発育におよぼす影響 日本衛生学雑誌, *32*（6），698-711.

中川 八郎（1989）．頭がよくなる栄養学——情報栄養学のすすめ—— 講談社

中野 貴博（2019）．身体活動と非認知能力の関連性——非認知能力は体力・運動能力とも強く関連する—— 体力科学, *68*（1），36.

西浦 和樹（2011）．創造性教育の現状と創造的問題解決力の育成——教育ツールの活用による人間関係構築の試み—— 教育心理学年報, *50*, 199-207.

佐藤 洋（2010）．化学的環境は子どもの発達にどのような影響をおよぼすのか 学術の動向, *15*（4），40-45.

下仲 順子・中里 克治（2007）．成人期から高齢期に至る創造性の発達的特徴とその関連要因 教育心理学研究, *55*（2），231-243.

丹藤 進（1993）．学業成績及び知能のきょうだい間類似についての縦断的研究 教育心理学研究, *42*, 29-37.

弓野 憲一・平石 徳己（2007）．世界の創造性教育 教育心理学年報, *46*, 138-148.

第8章

Axline, V. M.（1947）．*Play theraply : The inner dynamics of childhood*. Oxford, England : Houghton Mifflin.
（アクスライン，V. M. 小林 治夫（訳）（1972）．遊戯療法 岩崎学術出版）

東山 弘子（2004）．遊戯療法 氏原 寛・亀口 憲治・成田 善弘・東山 紘久・山中 康裕（編）心理臨床大事典（pp.384-386） 培風館

Kanner, L.（1972）．*Child psychiatry*（4th ed.）．Springfield, Illinois : Charles C. Thomas.

（カナー，L. 黒丸 正四郎・牧田 清志（訳）（1974）．カナー児童精神医学　第2版　医学書院）

下山 晴彦（2001）．臨床心理学とは何か　下山 晴彦・丹野 義彦（編）講座　臨床心理学1──臨床心理学とは何か──（pp.3-26）　東京大学出版会

第9章

Gillberg, C.（2010）. The essence in child psychiatry：Early symptomatic syndromes eliciting neurodevelopmental clinical examinations. *Research in Developmental Disabilities, 31*（6），1543-1551.
　（ギルバーグ，C. 畠中 雄平（訳）（2013）．児童精神医学の "The ESSENCE"　治療，*95*（7），1380-1392.）

小林 隆児・鯨岡 峻（2005）．自閉症の関係発達臨床　日本評論社

黒田 美保（2018）．公認心理師のための発達障害入門　金子書房

第10章

Bateman, A., & Fonagy, P.（2004）. *Psychotherapy for borderline personality disorder：Menalization-based treatment.* Oxford, England：Oxford University Press.
　（ベイトマン，A.・フォナギー，P. 狩野 力八郎・白波瀬 丈一郎（監訳）（2008）．メンタライゼーションと境界パーソナリティ障害──MBTが拓く精神分析的精神療法の新たな展開──　岩崎学術出版社）

Bernier, D.（1998）. A study of coping：Successful recovery form severe burnout and other reactions to severe work-related stress. *Work and Stress, 12*（1），50-65.

Fraiberg, S., Adelson, E., & Shapiro, V.（1975）. Ghosts in the nursery：A psychoanalytic approach to the problems of impaired infant-mother relationships. *Journal of the American Academy of Child and Adolescent Psychiatry, 14*（3），387-421.
　（フライバーグ，S.・アデルソン，E.・シャピロ，V. 長沼 佐代子（訳）（2011）．赤ちゃん部屋のおばけ──傷ついた乳幼児─母親関係の問題への精神分析的アプローチ──　木部 則雄（監訳）母子臨床の精神力動──精神分析・発達心理学から子育て支援へ──（pp.103-139）　岩崎学術出版社

Lieberman, A. F., & Van Horn, P.（2008）. *Psychotherapy with infants and young children：Repairing the effects of stress and trauma on early attachment.* New York：The Guilford Press.
　（リーバーマン，A. F.・ヴァン ホーン，P. 青木 紀久代（監訳）（2014）．子ども─親心理療法──トラウマを受けた早期愛着関係の修復──　福村出版

杉山 登志郎（2007）．子ども虐待という第四の発達障害　学研教育出版

友田 明美（2017）．子どもの脳を傷つける親たち　NHK出版

第11章

Harter, S.（1986）. Processes underlying the construction, maintenance, and enhancement of the self-concept in children. In J. Suls, & A. Greenwald, A.（Eds.）, *Psychological perspective on the self*（Vol.3, pp.137-181）. Hillsdale, New Jersey：Lawrence Erlbaum Associates.

下開 千春（2008）．子どもの悩みや不満と相談相手──小学4〜6年生と中学生を対象に

　　　── Life Design REPORT，2008 年 7-8 月号，24-31.

Marcia, J. E.（1966）. Development and validation of ego-identity status. *Journal of Personality and Social Psychology, 3*（5），551-558.

日本性教育委員会（編）（2013）.「若者の性」白書──第 7 回　青少年の性行動全国調査報告──　小学館

桜井 茂男（1983）. 認知されたコンピテンス測定尺度（日本語版）の作成　教育心理学研究，*31*（3），245-249.

谷 冬彦（2001）. 青年期における同一性の感覚の構造──多次元自我同一性尺度（MEIS）の作成──　教育心理学研究，*49*（3），265-273.

第 12 章

有村 久春（2011）. カウンセリング感覚のある学級経営ハンドブック──教師の自信と成長──　金子書房

Campbell, D. T.（1958）. Common fate, similarity, and other indices of the status of aggregates of persons as social entities. *Behavioral Science, 3*, 14-25.

Festinger, L., Schachter, S., & Back, K.（1950）. *Social pressures in informal groups : A study of human factors in housing.* Oxford, England : Harper.

Forsyth, D. R.（2006）. *Group dynamics*（5th ed.）. Belmont, California : Wadsworth Cengage Learning.

堀 裕嗣（2015）. スクールカーストの正体──キレイゴト抜きのいじめ対応──　小学館

細谷 俊夫・河野 重男・奥田 真丈・今野 喜清（1990）. 新教育学大辞典　第一法規出版

香川大学教育学部・香川県教育センター（編）（2014）. 達人が伝授！すぐに役立つ学級経営のコツ　「教員の資質能力の向上に係る先導的取組支援事業」平成 25 年度調査研究報告書　香川県教育センター

小石 寛文（1995）. 児童期の人間関係　人間関係の発達心理学 3　培風館

國枝 幹子・古橋 啓介（2006）. 児童期における友人関係の発達　福岡県立大学人間社会学部紀要，*15*（1），105-118.

文部科学省　学校教育法（昭和 22 年 3 月 29 日法律第 26 号）

文部科学省（2011）. 生徒指導提要　教育図書

文部科学省（2017）. 小学校学習指導要領（平成 29 年告示）　東洋館出版社

森口 朗（2007）. いじめの構造　新潮社

森田 洋司・清永 賢二（1994）. いじめ──教室の病──　金子書房

Piaget, J.（1932）. *The moral judgement of the child.* London : Kegan Paul, Trench.

関口 昌秀（2009）. ピアジェは道徳性の発達段階をどのように考えたか？──『子どもの道徳判断』を読む（2）──　神奈川大学心理・教育研究論集，*28*，63-77.

鈴木 翔（2012）. 教室内カースト　光文社

滝口 美樹・吉川 はる奈（2014）. 小学生における仲間集団（ギャンググループ）形成の特徴とその役割　埼玉大学教育学部附属教育実践総合センター紀要，*13*，85-89.

第 13 章

Durkheim, E.（1893）. *De la division du travail social : Étude sur l'organisation des sociétés supérieures.* Paris : Félix Alcan.

　　（デュルケーム，E. 田原 音和（訳）（1971）. 社会分業論　青木書店）

国立教育政策研究所　生徒指導・進路指導研究センター（2016）．いじめ追跡調査2013-2015 いじめ Q&A　国立教育政策研究所 Retrieved from https://www.nier.go.jp/shido/centerhp/2806sien/tsuiseki2013-2015_3.pdf（2018 年 12 月 24 日）

宮川 正文・竹内 和雄・青山 郁子・戸田 有一（2013）．ネット問題とネット相談掲示板実践　〈教育と社会〉研究，*23*，41-52．

文部科学省（2013）．学校における「いじめの防止」「早期発見」「いじめに対する措置」のポイント　文部科学省 Retrieved from http://www.city.joetsu.niigata.jp/uploaded/attachment/99731.pdf（2018 年 12 月 24 日）

文部科学省（2013）．いじめ防止対策推進法交付について（別添 1）　文部科学省 Retrieved from http://www.mext.go.jp/component/a_menu/education/detail/__icsFiles/afieldfile/2018/08/21/1400030_001_1_1.pdf（2018 年 12 月 25 日）

文部科学省（2016）．いじめの正確な認知に向けた教職員間での共通理解の形成及び新年度に向けた取組について（通知）別添資料「いじめの認知について」　文部科学省 Retrieved from http://www.mext.go.jp/b_menu/shingi/chousa/shotou/124/shiryo/__icsFiles/afieldfile/2016/10/26/1378716_001.pdf（2018 年 12 月 24 日）

文部科学省（2017）．いじめ防止等のための基本的な方針（最終改定平成 29 年 3 月 14 日）　文部科学省 Retrieved from http://www.mext.go.jp/component/a_menu/education/detail/__icsFiles/afieldfile/2018/08/20/1400030_007.pdf（2018 年 12 月 25 日）

文部科学省（2018）．平成 29 年度「児童生徒の問題行動・不登校等生徒指導上の諸問題に関する調査」について　文部科学省 Retrieved from http://www.mext.go.jp/b_menu/houdou/30/10/__icsFiles/afieldfile/2018/10/25/1410392_1.pdf（2018 年 12 月 24 日）

森田 洋司・清永 賢二（1994）．いじめ——教室の病——　金子書房

内閣府（2018）．平成 29 年度青少年のインターネット利用環境実態調査　内閣府 Retrieved from https://www8.cao.go.jp/youth/youth-harm/chousa/h29/net-jittai/pdf-index.html（2018 年 12 月 25 日）

滝 充（2011）．いじめの調査結果について　教育委員会月報，*63*（7），7-10．

渡辺 研（2009）．「ぼくたちができることは何だろう…」寝屋川市中学生サミットからのアピール　教育ジャーナル，*11*，8-18．

第 14 章

保坂 亨（2002）．展望——不登校をめぐる歴史・現状・課題——　教育心理学年報，*41*，157-169．

Johnson, A. M., Falstein, E. I., Szurek, S. A., & Svendsen, M.（1941）. School phobia. *American Journal of Orthopsychiatry*, *11*, 702-711.

Johnson, A. M.（1957）. School phobia：Workshop, 1955：Discussion. *American Journal of Orthopsychiatry*, *27*, 307-309.

文部科学省国立教育政策研究所（2014）．生徒指導リーフ　不登校の予防　文部科学省

文部科学省国立教育政策研究所（2015）．生徒指導リーフ　「中 1 ギャップ」の真実　文部科学省

文部科学省（2003）．不登校への対応に当たって（5 つの視点）　文部科学省 Retrieved from http://www.mext.go.jp/a_menu/shotou/futoukou/03070701/001.pdf（2018 年 12 月 29 日）

文部科学省（2011）．不登校　文部科学省　生徒指導提要（pp.187-189）　教育図書

文部科学省（2016a）．不登校児童生徒への支援に関する最終報告——一人一人の多様な課

題に対応した切れ目ない組織的な支援の推進―― 文部科学省 Retrieved from http://www.mext.go.jp/component/b_menu/shingi/toushin/__icsFiles/afieldfile/2016/08/01/1374856_2.pdf（2018 年 12 月 29 日）

文部科学省（2016b）．義務教育の段階における普通教育に相当する教育の機会の確保等に関する法律（平成 28 年法律第 105 号）　文部科学省 Retrieved from http://www.mext.go.jp/a_menu/shotou/seitoshidou/1380960.htm（2018 年 12 月 30 日）

文部科学省（2017a）．不登校児童生徒による学校以外の場での学習等に対する支援の充実――個々の児童生徒の状況に応じた環境づくり――報告　文部科学省 Retrieved from http://www.mext.go.jp/component/b_menu/shingi/toushin/__icsFiles/afieldfile/2017/07/25/1382195_1.pdf（2018 年 12 月 30 日）

文部科学省（2017b）．義務教育の段階における普通教育に相当する教育の機会の確保等に関する基本指針　文部科学省 Retrieved from http://www.mext.go.jp/a_menu/shotou/seitoshidou/__icsFiles/afieldfile/2017/04/17/1384371_1.pdf（2018 年 12 月 30 日）

文部科学省（2018）．平成 29 年度児童生徒の問題行動・不登校等生徒指導上の諸問題に関する調査結果について　文部科学省 Retrieved from http://www.mext.go.jp/b_menu/houdou/30/10/__icsFiles/afieldfile/2018/10/25/1410392_1.pdf（2018 年 12 月 24 日）

Klein, E.（1945）. The reluctance to go to school. *The Psychoanalytic Study of the Child*, *1*, 263-279.

土方 由起子（2016）．文部省の「不登校」概念採用をめぐって――『1992 年報告』の意義――　奈良女子大学社会学論集, *23*, 108-119.

Warren, W.（1948）. Acute neurotic breakdown in children with refusal to go to school. *Archives of Disease in Children*, *18*, 266-272.

第 15 章

石原 一彦（2015）．1 人 1 台の環境における情報教育の教材開発――小中学生向け WEB 教材「情報活用トレーニングノート（情トレ）」について――　岐阜聖徳学園大学紀要, 教育学部編, *54*, 173-187.

警察庁（2018）．平成 29 年における SNS 等に起因する被害児童の現状と対策について　警察庁 Retrieved from https://www.npa.go.jp/safetylife/syonen/H29_sns_shiryo.pdf（2018 年 12 月 29 日）

Latané, B.（1981）. The psychology of social impact. *American Psychologist*, *36*（4）, 343-356.

文部科学省 スポーツ・青少年局青少年課（2008）．青少年が利用する学校非公式サイト（匿名掲示板）等に関する調査について（概要）　文部科学省 Retrieved from http://www.mext.go.jp/b_menu/houdou/20/04/08041805/001.htm（2018 年 12 月 29 日）

総務省（2010）．フューチャースクール推進事業の概要　総務省 Retrieved from http://www.soumu.go.jp/main_content/000161791.pdf（2018 年 12 月 27 日）

文部科学省（2011a）．教育の情報化に関する手引　開隆堂出版

文部科学省（2011b）．教育の情報化ビジョン――21 世紀にふさわしい学びと学校の創造を目指して――　文部科学省 Retrieved from http://www.mext.go.jp/component/a_menu/education/micro_detail/__icsFiles/afieldfile/2017/06/26/1305484_01_1.pdf（2018 年 12 月 27 日）

文部科学省（2017）．情報モラルと現代的な課題に関する指導　小学校学習指導要領（平成 29 年告示）解説――特別の教科道徳編――（pp.97-98）　文部科学省 Retrieved from http://www.mext.go.jp/component/a_menu/education/micro_detail/__icsFiles/afieldfile/2018/09/03/1387017_12_4.pdf（2018 年 12 月 29 日）

内閣府（2018）．平成 29 年度青少年のインターネット利用環境実態調査報告書　内閣府 Retrieved from https://www8.cao.go.jp/youth/youth-harm/chousa/h29/net-jittai/pdf/2-1-1-1.pdf（2018 年 12 月 29 日）

文部科学省（2018）．平成 29 年度　児童生徒の問題行動・不登校等生徒指導上の諸問題に関する調査結果について　文部科学省 Retrieved from http://www.mext.go.jp/b_menu/houdou/30/10/__icsFiles/afieldfile/2018/10/25/1410392_1.pdf（2018 年 12 月 24 日）

Morio, H., & Buchholz, C.（2009）．How anonymous are you online? Examining online social behaviors from a cross-cultural perspective. *AI and Society, 23*（2），297-307.

小野 淳・斎藤 富由起（2008）．「サイバー型いじめ」（Cyber Bullying）の理解と対応に関する教育心理学的展望　千里金蘭大学紀要，*5*，35-47.

Pornari, C. D., & Wood, J.（2010）．Peer and cyber-aggression in secondary school students：The role of moral disengagement, hostile attribution bias, and outcome expectancies. *Aggressive Behavior, 36*（2），81-94.

Smith, P. K.（2012）．Cyberbullying：Challenges and opportunities for a research program：A response to Olweus. *European Journal of Developmental Psychology, 9*（5），553-338.

総務省（2017）．インターネットトラブル事例集（2018 年度版）　総務省 Retrieved from http://www.soumu.go.jp/main_content/000590558.pdf（2018 年 12 月 29 日）

竹内 和雄・戸田 有一・高橋 知音（2015）．青少年のスマートフォン＆インターネット問題にいかに対処すべきか――社会と教育心理学との協働に向けて――　教育心理学年報，*54*，259-265.

山口 真一（2015）．実証分析による炎上の実態と炎上加担者属性の検証　情報通信学会誌，*33*（2），53-65.

人名索引

事項索引

著者紹介

藤本浩一（ふじもと　こういち）　　　　　　　　　　（第1〜7章）

1976年　京都大学教育学部（教育心理学専攻）卒業
1981年　京都大学大学院教育学研究科博士課程（教育心理学専攻）学修退学
　　　　四天王寺大学教育学部教授を経て
現　在　神戸松蔭女子学院大学教育学部教授　博士（教育学）

主要著書・訳書

『子どもの絵と対象の見え方の理解の発達』（風間書房，2000）
『乳幼児期の自閉症スペクトラム障害──診断・アセスメント・療育』（分担訳）（クリエイツかもがわ，2010）
『暮らしの中のカウンセリング入門──心の問題を理解するための最初歩』（分担執筆）（北大路書房，2016）

金綱知征（かねつな　ともゆき）　　　　　　　　　（第12〜15章）

2000年　Department of Psychology, Goldsmiths College, University of London
　　　　（Undergraduate Course）卒業　BSc（Hons）in Psychology
2004年　Unit for School and Family Studies, Department of Psychology, Goldsmiths
　　　　College, University of London（Postgraduate Doctoral Course）修了　Ph.D.
　　　　in Psychology
現　在　香川大学大学院教育学研究科高度教職実践専攻（教職大学院）准教授

主 要 著 書

"School bullying in different cultures? : Eastern and Western perspectives."（分担執筆）（Cambridge University Press，2016）
『絶対役立つ教育相談──学校現場の今に向き合う』（分担執筆）（ミネルヴァ書房，2017）
"Cyberbullying at university in international contexts."（分担執筆）（Routledge，2019）

榊原久直（さかきはら　ひさなお）　　　　　　　　　　**(第8〜11章)**

2010 年　神戸大学発達科学部（心理発達論コース）卒業
2015 年　大阪大学大学院人間科学研究科博士課程（臨床教育学講座）修了
　　　　　博士（人間科学）
現　　在　神戸松蔭女子学院大学人間科学部講師

主要著書・論文

『暮らしの中のカウンセリング入門――心の問題を理解するための最初歩』（分担執筆）
（北大路書房，2016）

「子どもの発達を支えるための視点 "プライム PRIME" ――感覚運動あそびの活動を
通して」（神戸市総合児童センター研究紀要　育ちゆくこども――療育指導事業（発
達クリニック）の実践と研究，9 号，2017）

『生態としての情動調整――心身理論と発達支援』（分担執筆）（金子書房，2019）

ライブラリ 読んでわかる心理学＝7

読んでわかる児童心理学

2019 年 9 月 25 日ⓒ　　　　　初　版　発　行

著　者　藤本浩一　　　発行者　森平敏孝
　　　　金綱知征　　　印刷者　中澤　眞
　　　　榊原久直　　　製本者　米良孝司

発行所　　**株式会社　サイエンス社**

〒151-0051　東京都渋谷区千駄ヶ谷 1 丁目 3 番 25 号
営業 TEL　（03）5474-8500（代）　　振替 00170-7-2387
編集 TEL　（03）5474-8700（代）
FAX　　　（03）5474-8900

組版　ケイ・アイ・エス
印刷　㈱シナノ　　　　　製本　ブックアート
《検印省略》

ISBN978-4-7819-1454-1

PRINTED IN JAPAN

サイエンス社のホームページのご案内
http://www.saiensu.co.jp
ご意見・ご要望は
jinbun@saiensu.co.jp　まで.